本书系国家社会科学基金"十三五"规划 2020 年度教育学一般课题"首批'本科层次高等职业教育试点大学'运行监测研究"（项目编号：BJA200107）部分研究成果。

RESEARCH ON
THE HIGH-QUALITY DEVELOPMENT OF

VOCATIONAL AND
TECHNICAL BACHELOR'S
DEGREE UNIVERSITIES

职业本科大学
高质量发展研究

冯东 —— 著

社会科学文献出版社
SOCIAL SCIENCES ACADEMIC PRESS (CHINA)

序

党的二十大报告明确指出："坚持以人民为中心发展教育，加快建设高质量教育体系……统筹职业教育、高等教育、继续教育协同创新，推进职普融通、产教融合、科教融汇，优化职业教育类型定位。"这为高质量教育体系建设指明了方向、提供了根本遵循。

当前，作为本科层次职业教育试点的职业本科大学正快速发展。政策层面，我国现代职业教育的"类型地位"经历了一个从宏观到具体、从模糊到明确的过程。《国家中长期教育改革和发展规划纲要（2010—2020年）》从中央层面指出要"建立高校分类体系"。2014年的《国务院关于加快发展现代职业教育的决定》提出要加快构建现代职业教育体系。2019年，国务院印发的《国家职业教育改革实施方案》指出职业教育与普通教育是两种不同教育类型，具有同等重要地位，提出并开始职业本科大学试点。2022年新修订的《职业教育法》更是确认和明确了职业教育和普通教育的类型。实践层面，职业本科教育从试点开始，快速发展并呈现增长趋势。2019年，教育部首次批准山东外国语职业技术大学等15所高校进行"本科层次高等职业教育试点"，截至2024年7月，共有51所职业本科大学获批。

2020年，我们团队的"首批'本科层次高等职业教育试点大学'运行监测"研究主题，有幸获批国家社会科学基金。此后课题组围绕一系列问题进行了深入研究，例如："如何确保'试点高校'人才培养的类型和质量？""如何把握'试点高校'因'升格'引发的综合性动态变革？""如何追踪监测'试点政策'的具体实效？"

本研究从历史溯源、宏观分析、微观考察、质量评估、政策诉求以及多重支撑等多个维度展开，力求全面、深入地探讨职业本科大学的高质量发展之路。具体而言，首先要追溯职业本科大学的历史渊源与政策演进，从短期职业大学教育的开启，到专科层次高等职业教育的发展，再到应用型本科教育的起步与本科层次职业教育的试点，每一个阶段都承载着职业教育改革与发展的厚重历史。接着，将从宏观层次与类型视角对我国职业本科大学的运行状况进行整体分析，探讨其层次质量与类型质量的现状与问题。在微观层面，将聚焦教师与学生评价视角，分析职业本科大学在教师评价与学生评价方面的变革与挑战。进而构建职业本科大学办学质量评估指标体系，并对首批 15 所职业本科试点大学的办学质量进行评估，以期为其他职业本科大学提供可借鉴的经验。此外，还将探讨职业本科大学高质量发展的政策诉求与政策扩散问题，分析高职升本政策的试点扩散与风险防控策略。同时，将从发展机制、治理逻辑以及四重保障等多个方面探讨职业本科大学高质量发展的多重支撑体系。最后，在余论部分，将探讨职业本科教育助力新质生产力的逻辑与路径等问题，以期为我国职业本科教育的高质量发展贡献更多的智慧与力量。通过这一系列的研究与探讨，期望能够为职业本科教育的改革与发展提供有益的参考与借鉴。

2024 年 8 月暑期于西外长安 G116

目　录

绪　论 …………………………………………………………………… 001

　　第一节　什么在呼唤职业本科大学高质量发展研究 ……………… 001

　　第二节　国内外相关研究述评 …………………………………… 003

　　第三节　研究设计 ………………………………………………… 018

第一章　职业本科大学的历史溯源与政策试点演进 ………………… 024

　　第一节　职业本科大学的历史溯源 ……………………………… 025

　　第二节　职业本科大学试点的理论准备与意义 ………………… 030

　　第三节　职业本科大学试点推进过程与艰难演进 ……………… 034

　　第四节　职业本科教育发展的动力机制与路径依赖 …………… 041

第二章　我国职业本科大学运行的宏观整体分析：层次与类型维度 …… 050

　　第一节　职业本科大学的层次质量 ……………………………… 051

　　第二节　职业本科大学的类型质量 ……………………………… 064

第三章　我国职业本科大学运行的微观具体方面：教师与学生维度 …… 085

　　第一节　职业本科大学的教师评价变革 ………………………… 086

　　第二节　职业本科大学的学生评价变革 ………………………… 099

　　第三节　职业本科大学学生的生涯教育 ………………………… 116

　　第四节　职业本科大学人才培养方案的制定策略 ……………… 129

第四章 我国职业本科大学办学质量评估指标体系构建与测评············ 147

第一节 职业本科大学办学质量评估指标体系构建·················· 148

第二节 首批 15 所职业本科试点大学办学质量评估 ············· 168

第五章 职业本科大学高质量发展的政策诉求与政策扩散·················· 179

第一节 高职升本政策诉求与政策扩散···················· 179

第二节 职业教育升本政策分析：试点扩散与风险防控·············· 192

第六章 职业本科大学高质量发展的多重支撑················· 205

第一节 职业本科大学高质量发展的机制················· 206

第二节 职业本科大学高质量发展的治理逻辑··············· 221

第三节 职业本科大学高质量发展的四重保障··············· 235

第七章 余论：职业本科大学高质量发展的相关议题··················· 250

第一节 职业本科教育助力新质生产力的逻辑与路径············· 250

第二节 职业本科大学公共英语课程标准编制与实施············· 266

结 语····················· 286

参考文献···················· 288

后 记···················· 316

绪　论

第一节　什么在呼唤职业本科大学高质量发展研究

一　实践层面利益相关者的期待

在当今社会经济快速发展与产业结构不断升级的背景下，职业本科大学的高质量发展研究显得尤为重要和迫切。

本科层次职业试点大学的实践急需经验指导。截至 2024 年 7 月，我国已经有 51 所职业本科试点大学，这些学校在实践操作层面，缺乏理论指导，属于摸石头过河模式，经验缺乏是一个不争的事实。本科层次职业试点大学的质量如何保障，社会对职业本科人才的需要如何体现，专业性、职业性、本科层次性等如何彰显，诸多问题需要通过研究来回应。

本科层次职业试点教育政策需要建立健全。2019 年以来，教育部推进了本科层次职业试点。本科层次职业试点学校是否能够满足社会的需求、能否得到公众或者家长的认同，直接影响本科层次职业教育政策的未来走向。对此，需要理论层面的思考助力本科层次职业教育政策健康发展。近年来，我国职业教育体系不断完善，职业本科大学的设立与发展是其中的重要一环。高质量的职业本科教育不仅关乎个体职业生涯的成败，也是实现教育公平、促进社会整体人力资源水平提升的关键。因此，对职业本科大学高质量发展的研究，是教育改革深化的必然要求。

本科层次职业教育对口的用人单位对培养质量的期待。本科层次职业教育培养的是人才，用人单位对本科层次职业教育的人才培养质量最为期待，他们对人才的类型、层次、专业素养、道德品质等都很重视。在实践层面，厘清本科层次职业教育研究同企业、社会、公众之间的关系，以及开展本科层次人才进入工作场域的质量研究，非常重要。

家长和学生对职业本科大学的认同心理。职业本科教育研究也要回应社会公众特别是家长和学生对职业本科大学的认同。当前，有些省份已经开始职教高考试点，职教高考仍被大多数家长或者学生"判定"为低层次高考，认为其和国家普通高考还有一些距离，这源于长久以来形成的职业教育和本科教育有别的层次教育模式，这是政策历史惯性造成的。不过随着社会对职业教育认识的加深，越来越多的学生和家长开始关注并选择职业本科教育。他们期望通过这一教育路径，成为理论知识和实践能力兼备的专业人才，从而在就业市场中更具竞争力。因此，高质量发展职业本科大学，也是回应广大学生与家长期待的实际行动。

公众对发展职业本科大学的热切关注。党的二十大再次重申要发展职业教育，职业本科教育的未来走向为公众所关注，很多中介机构、社会智库、名人专家都密切关注相关动向，开展职业本科大学的研究成为必然。

二 理论层面研究者的关注与回应

职业教育和高等教育研究者的新问题。改革开放以来，随着"双一流"建设和"双高计划"的推进和进一步发展，越来越多的研究者开始关注职业本科大学这个新事物。本科层次职业高等教育是否具有独特性、是否具有研究对象属性、与专科层次的职业教育的根本区别，诸如此类的问题逐渐被学界所关注或者讨论。

职业本科大学研究的利益相关者研究。有很多相关学科的学者或者利益相关者也在关注职业本科教育，比如用人单位、学生家长、学生，或其他的利益相关者，这些群体中很多人本来就是理论研究的专家或者学者，他们也开始在关注或者回应实践层面的职业本科大学的现状或者未来走向。

多学科视角下的职业本科大学。开展职业本科大学的多视角研究成为可能，从政治学的角度探讨职业教育发展到本科层次的公平性问题、从社会流动的角度谈家长对职业本科教育的认同问题、从教育学的角度谈人的全面发展问题和教育问题、从经济学的角度谈社会对本科层次人才类型的需求分析等，诸如此类的问题都向不同学科领域的学者抛出橄榄枝，进行多视角的研究或者多学科理论的研究，将成为一种趋势。

职业本科大学的元研究。职业本科大学也要开展元研究，当下关于职业本科大学的研究缺乏系统性、全面性、整体性、深刻性、前瞻性、群体性，开展元研究势在必行。开展职业本科大学的元研究，主要关注研究者本身的群体特征。职业本科大学研究要注意哪些问题、自身的研究存在哪些局限（比如说，还是经验式的思维方式、单学科的学理视角等）、职业本科大学研究理论如何构建，这些都是职业本科层次教育元研究必须回答的问题。

职业本科大学高质量发展研究。职业本科大学高质量发展研究是一个复杂而重要的议题。需要从多个角度、多个层面进行深入探讨，以期为职业本科大学的高质量发展提供有益的指导和建议。

第二节　国内外相关研究述评

一　本科层次职业教育发展的宏观进展

整体而言，改革开放以来我国职业教育研究，伴随着我国职业教育的实践，经历了起步探索、规模发展、内涵完善等阶段。从 2002 年国务院提出大力推进职业教育改革与发展以来，高等职业教育领域的研究队伍不断壮大。2006 年，教育部启动了国家示范性高等职业院校建设计划，高等职业教育研究迈上了新的台阶。特别是近年来，我国高等职业教育研究逐渐由规模发展转向高质量发展。针对本科层次高等职业教育，按"理论—政策—实践"的逻辑，大致可分为理论呼吁、政策确立和实践探索三个阶段。

　　第一阶段，理论呼吁阶段。学者们的论述相对充分、观点也较为集中。①分析了高等职业教育相比普通教育的类型属性。大都认为高等职业教育是一种教育类型，不是一个教育层次，职业教育和普通教育同等重要。① ②界定了本科层次高等职业教育的内涵与概念，提出了技术本科、高职本科、本科高职等概念，其内涵大致相近，没有质的区别。②③④ ③提出了发展本科层次高职教育的多重需要。分别从满足社会经济发展⑤⑥、完善现代职业教育体系⑦⑧⑨、满足社会大众及受教育者的需要等方面进行了阐述。⑩⑪⑫ ④介绍了国（境）外高等职业教育发展经验。主要包括德国、英国、美国、澳大利亚和中国台湾地区在现代职业教育体系构建中的成功经验和做法。⑬ ⑤论述了我国发展本科层次高等职业教育的可行性。分别从终身教育理论的诉求⑭、人才结构理论的支撑⑮、现代人才结构理论⑯及《国际教育标准的分

① 潘懋元. 分类、定位、特点、质量——当前中国高等教育发展中的若干问题 [J]. 福建工程学院学报，2005，(2)：103-108.

② 石伟平，徐国庆. 试论我国技术本科的发展 [J]. 职业技术教育，2003，24 (31)：5-9.

③ 曲洪山，杨晓燕. 本科高职与技术本科关系辨析 [J]. 职教论坛，2012，(34)：40-42.

④ 钟云华. 对高职院校举办高职本科教育的探讨 [J]. 职教论坛，2011，(15)：11-14.

⑤ 石伟平. STW：世纪之交美国职业教育改革与发展策略的抉择 [J]. 全球教育展望，2001，(06)：71-76.

⑥ 顾坤华. 积极发展高等职业教育本科是理性选择 [J]. 职业技术教育，2010，31 (36)：58-61.

⑦ 刘春生，马振华. 发达国家职业教育发展趋势述略 [J]. 职教论坛，2003，(21)：62-66.

⑧ 马燕. 发展本科层次职业教育：动因、问题与出路 [J]. 中国职业技术教育，2014 (20)：14-18.

⑨ 王苏苏，朱云峰，马乔林. 发展我国高职本科教育势在必行 [J]. 当代职业教育，2014，(06)：4-7.

⑩ 顾坤华. 积极发展高等职业教育本科是理性选择 [J]. 职业技术教育，2010，31 (36)：58-61.

⑪ 钟云华. 对高职院校举办高职本科教育的探讨 [J]. 职教论坛，2011，(15)：11-14.

⑫ 王苏苏，朱云峰，马乔林. 试论高职本科教育课程体系的构建 [J]. 南通航运职业技术学院学报，2014，13 (03)：89-92.

⑬ 石伟平，徐国庆. 试论我国技术本科的发展 [J]. 职业技术教育，2003，24 (31)：5-9.

⑭ 杨晓燕. 发展本科高职的理论与策略研究 [D]. 沈阳：沈阳师范大学，2014.

⑮ 马振华. 发展本科和研究生层次高等职业教育的理论与实践研究 [D]. 天津：天津大学，2004.

⑯ 崔清源，颜韵. 高职院校人才结构理论探讨 [J]. 教育与职业，2010，(24)：19-21.

类》① 等方面予以阐述。⑥探讨了发展本科层次高等职业教育的选择路径。主要包括新建本科院校转型举办本科层次高等职业教育；② 高职院校升格举办本科层次高等职业教育；③ 高职专科院校品牌或优势专业升本，实施本科层次高等职业教育等。④⑦进行了本科层次高等职业教育人才培养目标定位特点和内涵研究。有学者认为必须体现用人单位对人才类型的判断。⑤ 有学者指出应培养主要服务于实际生产部门的应用型工程、技术人才。⑥ 有学者则认为应面向企业实际生产部门需要培养人才。⑦

第二阶段：政策确立阶段。2014 年 2 月，国务院总理李克强提出要"打通从中职、专科、本科到研究生的上升通道"，为职业教育改革与发展提供了新思路、新方法、新途径，教育职业理论界专家学者们也为之振奋。以姜大源为代表的学者，提出要尽快建立现代职业体系。理论界的研究重点也侧重于发展本科层次高等职业教育的争论和实践。⑧

第三阶段：实践探索阶段。2019 年，教育部批准建立首批 15 所本科层次高等职业教育试点学校。高职类高校直接升格为大学成为现实。由于实践探索工作才刚刚开始，理论界关于高职类学校直接由专科升格为本科学校后的实践探索研究相对较少，仅在人才培养模式、师资队伍结构、课程建设等方面略有论述，大多是在第二阶段的基础上进行拓展性研究。⑨⑩

① 杨金土.我国本科教育层次的职业教育类型问题［J］.教育发展研究，2003，（01）：5-9.
② 张千友.新建本科院校：职业教育转型发展的挑战与应对［J］.职教论坛，2014，（21）：14-18.
③ 石伟平，兰金林，刘笑天.类型化改革背景下本科层次职业教育发展的困境与出路［J］.现代教育管理，2021，（02）：99-104.
④ 王明伦.发展高职本科须解决好三个关键问题［J］.职业技术教育，2013，34（34）：12-15.
⑤ 王明伦.发展高职本科须解决好三个关键问题［J］.职业技术教育，2013，34（34）：12-15.
⑥ 许红菊.浅谈本科层次高职教育人才培养目标的定位［J］.机械职业教育，2013，（07）：8-10.
⑦ 涂向辉.本科层次高等职业教育培养目标及其内涵探析［J］.中国职业技术教育，2012，（27）：15-20.
⑧ 姜大源.论职业教育体制机制改革的应然之策——关于《职业教育法》修订的跨界思考［J］.中国职业技术教育，2015，（27）：5-9.
⑨ 陆素菊.试行本科层次职业教育是完善我国职业教育制度体系的重要举措［J］.教育发展研究，2019，39（07）：35-41.
⑩ 邹吉权，刘斌.中国特色高水平高职院校建设的理论与行动框架［J］.中国职业技术教育，2018，（34）：35-42.

放眼国际，德国的工程师学院、美国的社区学院、日本的高等专门学校和短期大学等，都是本科层次高等职业教育。早在 20 世纪 70 年代，德意志联邦就将工程师学院等三年制高等专科学校改为四年制的应用型科技大学。美国政府积极推行"生计教育运动"，促进了普通教育和职业教育的相互融合。20 世纪 90 年代，美国的社区学院开始创办本科层次高等职业教育，但是它们绝大多数是同四年制大学合作完成本科层次教育，仅有一部分社区学院单独授予学士学位。日本也早在 1976 年就新建了长冈技术科学大学、丰桥技术科学大学 2 所国立本科高职大学，且学制都是四年制，采取本硕相贯通的专业人才培养模式。

综上所述，现有的研究对推进我国现代高等职业教育从理论到政策，再到实践，功不可没，但仍存在需进一步研究的问题。第一，从研究的取向上看，缺少建设性意见。现有研究主要侧重是否应该开展本科层次职业教育，关于如何建设本科层次高等职业教育的实践性、操作性和建设性意见比较少。第二，对本科层次高等职业教育的特征挖掘不够。比如其与普通教育"类的区别"以及与研究生层次、专科层次职业教育"层次"之间的不同，在这些特质上的挖掘仍需继续推进。第三，从研究的对策来看，缺乏未来指向。对试点以来高校的发展困难或者前景中的"立交桥"外部搭建问题，以及内部人才方案如何调整等战略性、关键性问题的研究不充分。

二　本科层次职业教育研究的主题进展

随着一系列政策措施的出台以及试点工作的开展，本科层次职业教育的发展引起广泛关注。有学者对近 20 年核心期刊、CSSCI 期刊发表的相关研究成果进行了梳理，发现研究内容主要集中在以下几个方面。[①]

（一）发展本科层次职业教育的必要性

有学者认为发展本科层次职业教育是完善中国特色现代教育体系的需

---

① 孟瑜方，徐涵．本科层次职业教育研究综述［J］．高等职业教育探索，2020，19（06）：9－15.

要。中国特色现代教育体系在学历层次、形式以及涉及对象方面都有明确划分，层次分明、类型齐全，但在职业教育发展中，职业教育的最高层次仅限于专科教育，没有本科及以上层次的高等职业教育。① 因此，发展本科层次职业教育是对中国特色现代教育体系的完善。

完善现代职业教育体系的需要。作为高等教育的一种类型，高等职业教育理论上应该包括专科、本科与研究生三个层次，而我国高等职业教育限于专科层次。高职毕业生通过专升本等途径接受本科教育，但接受的教育也是传统本科式的教育，虽获得了学历上的提升，但职业能力并未得到提高，故应建立职业教育体系内部上升通道以满足人才发展的需要。本科层次职业教育下接中职中专、高职高专教育，上接研究生层次职业教育，在现代职业教育体系建设中发挥着承上启下的重要作用，发展本科层次职业教育是对现代职业教育体系的完善。

树立职业教育作为类型教育的地位的需要。《国家职业教育改革实施方案》将职业教育定位为"类型教育"，肯定了职业教育的价值，而开展本科层次职业教育试点，对职业教育作为一种类型教育的发展具有重要推动作用。一方面，本科层次职业教育的发展有利于打破职业教育层次低于普通教育的传统认识；另一方面，本科层次职业教育的发展在职业教育体系内为学生提供了升学通道，改变了职业教育依附于普通教育的现状，对于职业教育的类型发展具有重要意义。②

满足社会发展对高层次技术人才的需求。随着社会经济的发展，产业结构的调整、转型、升级速度加快，劳动力市场需求从数量转变为质量，所需要的人才层次有所提高，但我国高层次技术人才短缺，难以满足产业发展的需要。人才需求的缺口以及劳动力市场需求的变化，需要发展本科层次职业教育培养高层次技术人才，满足社会需求。

满足受教育者实现自身发展的需要。社会经济发展对高职人才需求的转

---

① 周建松. 发展本科层次高职教育：借鉴与举措 [J]. 职业技术教育，2011 (33)：55-57.
② 陈群. 新时期我国本科层次职业教育试点研究 [J]. 教育与职业，2020 (7)：19-25.

变以及高等教育大众化冲击下高职生就业压力的增大，使高职生接受高层次职业教育的愿望越发强烈。因此，发展本科层次职业教育，可以在满足社会对高层次技术人才需求的同时，促进受教育者个人发展。

应对国际竞争对我国高层次职业教育发展的挑战。一方面，全球化背景下，一部分学生因为在国内考不上好大学而被迫出国，但国外高校教育水平参差不齐，一些大学门槛低、风险高，不稳定性较强，这促使我国高等职业教育体系在设置专科层次职业教育的基础上设置本科、研究生层次职业教育，为学生提供更多选择空间。① 另一方面，发达国家已逐步建立起本、硕、博层次完备的职业教育体系，而我国除台湾外，本科层次职业教育的发展缓慢，提升职业教育的质量和层次，对我国职业教育国际地位的提升具有重要意义。②

通过上述分析可知，在本科层次职业教育发展的必要性方面的研究成果丰硕，且学者们达成了较为统一的认识，认为发展本科层次职业教育在教育体系的完善、市场需求的满足以及个人发展等方面具有积极意义。但当前研究关注点多在于本科层次职业教育发展的客观需求，关于其本身为什么要发展的本质性的研究不足，存在一些需要进一步深入思考的问题，例如，发展本科层次职业教育是否有其必然性，它所培养的人才能否被高职或普通本科替代；如果能够被替代，是否还有发展的必要，如果不能被替代，原因何在等。这种更深层次的论证恰恰是发展本科层次职业教育的关键所在，应成为接下来研究重点关注的问题。

（二）本科层次职业教育办学形式

高职与本科合作举办本科层次职业教育。基于高职院校原则上不升格或并入本科的政策困境、固有的理念偏差、高职教育自身基础不足以及发展能力不强等现实情况，高职院校优势专业与本科院校联合培养本

---

① 梁艳清，杨朝晖，侯维芝．关于发展本科层次高等职业教育的几点思考［J］．教育与职业，2010（26）：5-7.

② 郭福春，徐伶俐．本科层次职业教育发展路径探析［J］．中国职业技术教育，2017（33）：23-26.

科层次应用技术型人才是一项有效措施。① 例如，北京电子科技职业学院以机电一体化技术专业为试点，和北方工业大学电气工程及其自动化专业采用"3+2"分段联合培养的方式开展本科层次人才培养，从人才培养定位以及课程体系设计入手，探索具有"职业本科"特色的教学模式。② 合作开展本科层次职业教育获得了一些成功经验，如建立合作机构并确定机构运行规范、合作制定并实施专业人才培养方案以及强化职业实践能力培养等，但仍存在本科高校合作参与度较低，课程内容简单叠加增加教师和学生负担，以及资源配置不合理导致高职院校办学成本增加等问题。③

应用型本科举办本科层次职业教育。《国务院关于加快发展现代职业教育的决定》提出"引导一批普通本科高等学校向应用技术类型高等学校转型，重点举办本科职业教育"，《国家职业教育改革实施方案》提出"推动具备条件的普通本科高校向应用型转变，鼓励有条件的普通高校开办应用技术类型专业或课程"。普通本科院校转型主要是地方本科院校的转型，地方本科院校的前身多为高职高专，蕴含职教发展基因，这就为其转型奠定了良好基础。普通本科院校转型要从发展定位转型、学生评价体系转型、教师队伍转型以及人才培养平台建设等方面入手，④ 以培养高级技术应用型人才为目标，设置适应区域市场需求的特色专业，以职业过程为导向设置相应的课程，以行动为导向营造真实的教学情境，大力加强"双师型"教师队伍培养。⑤ 要实现普通本科院校的成功转型，需要扩大高校办学自主权，充分发

① 朱爱胜，孙杰. 高职教育培养本科应用技术型人才的问题分析与路径探索［J］. 职业技术教育，2017（18）：31-33.

② 陈小荣，朱运利，周海君. "3+2"分段培养本科层次职业教育的探索与思考［J］. 中国职业技术教育，2016（13）：58-61.

③ 肖凤翔，赵懿璨. 合作开展本科层次职业教育的经验与困惑［J］. 中国职业技术教育，2019（31）：41-45.

④ 刘晓，乔飞飞. 发展本科层次职业教育：路径选择与机制保障［J］. 职教论坛，2015（22）：35-39.

⑤ 郝天聪，庄西真. 地方本科院校转型之路：回归职业教育的本质［J］. 中国职业技术教育，2015（30）：80-84.

挥市场的作用，积极发挥政府的作用，① 同时要具备配套的保障机制，对转型的地方本科院校给予更加优惠的政策保障机制，完善行业、企业参与应用技术型本科办学的保障机制，构建高职专科与本科的一体化衔接机制，有效发展本科层次职业教育。②

民办高校举办本科层次职业教育。2018 年，国家提出由独立民办高校试点举办民办高校的新举措，并逐步确定民办高校试点学校，本科层次职业教育的发展进入新阶段。独立本科职教试点改革需要探索专业设置以及形成专业特色的有效方法，创新师资队伍建设道路，构建符合本科职教的课程体系和实践教学体系，探索产教融合、校企合作的新体制机制，联合企业探索跨界办学路径。③ 由于本科层次职业教育试点学校是从专科层次升级而来的，因此要处理好学科建设与专业建设、职业教育与本科教育的关系，④ 同时，两批试点学校除南京工业职业技术学院外，均为民办院校，还要处理好公益属性与民办体制的关系。⑤

应用型本科和民办高校是两个易被混淆的概念，二者之间既有相同又有不同之处。从政策角度来说，作为职业教育发展的政策文件，《国务院关于加快发展现代职业教育的决定》《国家职业教育改革实施方案》均提出发展应用型本科，因此，从这一角度上可以认为二者是相同的。从高等教育的类型划分来说，《教育部关于"十三五"时期高等学校设置工作的意见》将高等教育划分为研究型、应用型和职业技能型三类，从这一层面来说，二者又

① 庄西真. 普通本科院校转型：为何转转什么怎么转 [J]. 中国职业技术教育，2014 (21)：84-89.
② 刘晓，乔飞飞. 发展本科层次职业教育：路径选择与机制保障 [J]. 职教论坛，2015 (22)：35-39.
③ 方泽强. 本科层次职业教育：概念、发展动力与改革突破 [J]. 职业技术教育，2019 (13)：18-23.
④ 阙明坤，武婧，李东泽. 本科职业技术大学的兴起背景、国际经验及人才培养机理 [J]. 教育与职业，2019 (20)：43-48.
⑤ 阙明坤，武婧，李东泽. 本科职业技术大学的兴起背景、国际经验及人才培养机理 [J]. 教育与职业，2019 (20)：43-48.

完全不同。① 从人才培养类型来说，按照学术/研究型人才、应用型人才两分法进行划分，二者又是相同的。对应用型人才的类别和层次进一步划分，按照人才类型多分法，本科职教属于应用型本科。因此，基于不同视角，二者之间既有差异，又有共性。② 本科层次职业教育的发展仍然处于探索与尝试之中，无论哪种形式的办学方式都有其合理性与可行性，应结合具体情况进行具体分析，但其中存在一些共性的需要注意的问题。第一，准确定位。本科层次职业教育在层次上高于专科层次职业教育，在类型上又不同于普通本科教育，具有复杂性。因此，要兼容本科教育的高等性和职业教育的职业性特点，准确定位，避免成为普通本科教育的附庸或降低层次成为专科教育。第二，特色发展。职业教育服务于地方发展，发展本科层次职业教育也应立足地方。在专业设置等方面，结合地方发展实际，设置区域特色优势专业，探索专业设置以及形成专业特色的有效方法。第三，贯通衔接。一是在教育体系内部与高职高专、普通本科教育的衔接；二是与市场、企业的衔接，以市场需求为导向，加强与企业在人才培养方案制定、实践教学等方面的联系，同时与企业合作探索联合办学之路。第四，自我优化。由于本科层次职业教育的发展尚不完备，存在诸多问题，因此，要从合作机构建立、师资队伍建设、课程体系优化、评价体系转型以及培养平台搭建等方面入手，不断增强自身能力，优化发展。

（三）本科层次职业教育人才培养目标

培养什么样的人是发展本科层次职业教育首先要考虑的问题，人才培养目标的制定就显得尤为重要。要坚持符合我国教育目的和职业教育总目标、促进人才全面发展、以社会职业（岗位）需求为导向、突出技术应用特色几项原则，以本科层次职业教育与普通本科、专科人才类型与层次岗位职责的区别为前提，以经济发展和科技进步对人才规格和质量的要求为根本依

---

① 方泽强. 本科层次职业教育的人才培养目标及现实问题 [J]. 职业技术教育，2019（34）：6-11.

② 方泽强. 本科层次职业教育：概念、发展动力与改革突破 [J]. 职业技术教育，2019（13）：18-23.

据，以人才的知识、能力和素质要求为基本内涵确定人才培养目标。① 关于本科层次职业教育人才培养的具体目标，学者们的表述不同，如面向一线的本科层次技术型人才②、"师化"人才③、高级技术应用型人才④、高层次技术型人才、复合型人才以及具备行业性可持续发展能力的人才⑤等。对其内涵进行解读不难发现，这些培养目标具有共同指向性，即既体现本科教育的学术性，又体现职业教育的应用性，能够将二者很好地融合。可以认为，本科层次职业教育要培养的是既掌握理论知识，又具有实践操作能力，同时具有创新精神和发展潜力且职业道德良好的复合型人才，这类人才既不同于研发设计的研究型人才，也不同于直接从事生产过程的技能型人才，而是一种介于二者之间的"衔接型"人才，能够指导生产一线的工人将研究人员研发的新产品、新技术具体应用在实际生产过程中。要实现本科层次职业教育的人才培养目标，人才培养方案的开发、校企深度合作的开展以及"双师"队伍的建设与教师的发展是需要解决的关键问题。⑥

（四）本科层次职业教育的课程体系

课程是体现本科层次职业教育特色的关键。有学者认为，本科层次职业教育应该建立注重情境、基于过程的课程体系，坚持工作导向，以工作过程为依据制定教学大纲，以具体工作环节为依据设置情境，传授知识、技能。⑦

---

① 涂向辉．本科层次高等职业教育培养目标及其内涵探析［J］．中国职业技术教育，2012（27）：15-20.

② 阙明坤，武婧，李东泽．本科职业技术大学的兴起背景、国际经验及人才培养机理［J］．教育与职业，2019（20）：43-48.

③ 宗亚妹，刘树青，贾茜．本科层次职业教育实践教学的综合改革［J］．职教论坛，2018（11）：56-60.

④ 涂向辉．本科层次高等职业教育培养目标及其内涵探析［J］．中国职业技术教育，2012（27）：15-20.

⑤ 方泽强．本科层次职业教育的人才培养目标及现实问题［J］．职业技术教育，2019（34）：6-11.

⑥ 方泽强．本科层次职业教育的人才培养目标及现实问题［J］．职业技术教育，2019（34）：6-11.

⑦ 阙明坤，武婧，李东泽．本科职业技术大学的兴起背景、国际经验及人才培养机理［J］．教育与职业，2019（20）：43-48.

有学者认为，职业不同，对应的学习领域也不同，课程开发应以职业过程为导向，灵活安排。[①] 还有学者提出课程设置模式应采用综合化、模块化的方式，课程开设顺序根据岗位/岗位群对人才的要求设计，理论教学与实习实训可以交替进行，课程设置强调理论与实践并重。[②] 另有学者认为本科层次职业教育的价值取向是促进产业发展，课程设置依据能力目标体系，课程建设遵循"简单—中等—复杂"的过程，提出以"通识课+专业核心课+技术知识课+实践课"为核心的模块化课程结构。[③] 综合来看，本科层次职业教育的课程体系建设在价值取向上，应致力于促进产业发展；课程开发上，应坚持以工作或职业过程为导向；课程内容上，应以不同职业的要求为依据安排课程内容，并坚持理论与实践并重；课程开设顺序上，应以岗位工作流程为依据，同时遵循由易到难的规律；课程具体实施过程中，既可以"理论—实践—理论"，也可以"实践—理论—实践"，理论课程与实践课程交替进行。此外，有学者对台湾本科层次职业教育课程进行研究，认为其课程目标呈现实用化取向，课程的发展与完善由多方参与，课程发展兼顾个人和社会需求，课程体系针对能力培养进行设计，同时开设跨专业领域特色学程和"最后一哩学程"以实现教育和产业的结合，[④] 这对于大陆本科层次职业教育课程体系建设具有一定的借鉴价值。

（五）本科层次职业教育的教学改革

本科层次职业教育的教学研究主要是对实践教学的研究。当前，本科层次职业教育的实践教学在课程的综合应用、时间占比以及教学设计等方面存在问题，为实现优化发展，应强化实践教学的四个特征：实践训练的系统性、实践内容的跨界性、实践载体的综合性、教学评价的科学性，对实践教学进行综合改革，具体包括：第一，重构实践体系，主要包括改取向、增主

① 郝天聪，庄西真. 地方本科院校转型之路：回归职业教育的本质 [J]. 中国职业技术教育，2015（30）：80-84.

② 钟云华. 对高职院校举办高职本科教育的探讨 [J]. 职教论坛，2014（5）：11-14.

③ 陈群. 新时期我国本科层次职业教育试点研究 [J]. 教育与职业，2020（7）：19-25.

④ 梁燕. 台湾高等技术与职业教育本科层次课程述评 [J]. 现代教育管理，2010（3）：63-66.

体、分层次、选资源四个步骤；第二，重组实践内容，与行业企业专家一起，依据岗位群分布，确定对学生的能力要求，建立能力要求与实践内容的对应关系，整合实践内容，设计实践环节；第三，重构实践模式，项目教学是一种有效途径，本科层次职业教育的项目教学要遵循工程性原则、综合性原则、创新原则以及可评价原则，基于工程能力设计，遵循从目标到项目的路径，设计实践教学项目。打破校企之间的界限，聘请业界专家、研究人员加入项目教学指导团队，提高胜任力。实践评价上，应重视学生的知识能否向应用转化、创新能力能否提升，增加评价主体，实现多方评价。[①]

（六）本科层次职业教育人才培养案例

有学者以烹饪专业为例，对本科烹饪专业的人才培养目标进行阐述，并对如何进行人才培养进行分析，认为需要从专业教学标准的制定、1+X 证书的应用、教材建设、培养模式创新、特色实训基地建设以及"双师型"教师队伍的建设方面入手，结合烹饪专业实际，实现本科层次烹饪专业人才培养。[②] 广西财经学院探索应用型本科高校独立创办会计专业群本科层次职业人才的基本模式，确立了以培养会计类高级复合型应用人才为主的培养目标，以服务地方经济发展为导向设置专业（方向），设计"双体系"课程体系，建设"双师型"师资队伍，实行"双实训"教学体系，采用"双评价"质量体系，培养本科层次会计类专业人才。[③] 从以上两个案例中可以看出，本科层次职业教育人才的培养需要制定相应的专业教学标准，纳入相关职业技能等级考核，加强教材建设，优化师资队伍，建立适切的课程、教学、评价体系，培养满足需求的领域内本科层次职业教育人才。可见，在目前学者们的研究中，对于如何制定本科层次职业教育的人才培养目标、本科层次职业教育应该培养什么类型的人才，以及实现人才培养目标所应设置的

---

① 宗亚妹，刘树青，贾茜．本科层次职业教育实践教学的综合改革［J］．职教论坛，2018（11）：56-60．

② 杨铭铎．基于专业建设的本科职业教育发展思考——以烹饪专业为例［J］．中国职业技术教育，2019（26）：21-25．

③ 王秋霞，莫磊．会计专业群本科层次职业人才培养模式的实践探索——以广西财经学院为例［J］．中国职业技术教育，2019（23）：81-87．

课程、教学方面应如何实施都有了一定的研究成果，在一些具体领域也对人才培养目标以及如何实现目标进行了研究与探索。但目前的研究仍然以泛化、普遍性的研究为主，对具体领域的专门研究较少，导致可操作性不强。

（七）发展本科层次职业教育面临的问题及建议

传统观念的影响。受"学而优则仕""重学轻术""重普教轻职教"等传统观念的影响，学生的院校选择以及学校的自身定位都期望远离职业教育，政府的经费支持、资源分配也更倾向于普通教育，企业薪酬等次划分以学历为依据，公务员、事业单位在职位选择、发展前景及福利待遇等方面对职校生有所限制，这些都会影响本科层次职业教育的发展。

顶层设计的欠缺。本科层次职业教育的发展在顶层设计方面存在许多问题，例如：衔接不畅，本科层次职业教育与中高职衔接不完善，与普通教育的衔接机制也未建立；学校的办学自主权有限，虽然地方政府一直号召扩大学校办学自主权，但实际执行并非如此；校企合作制度法规不健全，企业参与校企合作的积极性不高；[①] 专业学位体系断层，没有设置与本科层次职业教育相对应的专业学士学位，致使学生在升学、就业时面临问题[②]等。这些制度性障碍均影响本科层次职业教育的发展。

人才培养脱离市场需求。一方面，国家出台的促进产学研合作的政策法规刚性约束不强，可操作性差，导致学校寻求产学研合作的积极性不高；另一方面，学生能力难以满足企业需求、设备消耗以及安全等现实问题导致企业参与合作的热情不高。企业与学校合作过程中存在问题，致使校企合作深度不够，人才培养效果不佳，高校人才培养不能紧贴市场和企业需求，本科层次职业教育吸引力降低。[③]

实施中的问题。本科层次职业教育实施过程中，人才培养、专业设置、

---

① 郭福春，徐伶俐. 本科层次职业教育发展路径探析［J］. 中国职业技术教育，2017（33）：23-26.

② 张弛，张磊，徐莉. 困境与路径：举办本科层次高等职业教育之思考［J］. 职教论坛，2013（16）：58-61.

③ 马燕. 发展本科层次职业教育：动因、问题与出路［J］. 中国职业技术教育，2014（20）：14-18.

专业课程体系、教学方法、师资队伍建设、教学评价体系以及校企合作等方面存在的问题，导致本科层次职业教育在实践层面容易走入普通本科或高职专科层次的误区，不利于本科层次职业教育的发展。[①]

可见，发展本科层次职业教育面临许多问题，既包括学校自身方面的问题，也包括传统观念以及相关配套措施等方面的问题。因此，发展本科层次职业教育，需要多方参与，统筹规划，通力合作解决问题。一方面，要实现内部自我优化，从专业设置、课程体系入手，建立职业教育的内部衔接；加强与普通教育的联系，建立普职融通的人才成长"立交桥"；深化校企合作，一体化培养人才。另一方面，要加强外部保障，形成职业资格等级体系，开展专业认证和评估，完善升入学制度，建立专业学位制度，健全第三方评价机制。同时，本科层次职业教育发展还要坚持两个特点，一是坚持地方性特点，立足地方、服务地方；二是坚持实践应用型的类型教育特点，实现高等性与职业性的统一。

三　关于本科层次职业教育的代表性著作及其贡献

2019 年以来，我国学界和教育管理工作者，以职业本科教育、职业本科大学、本科层次职业教育为主题展开了系列研究，代表性著作如下。

第 1 本，《职业本科教育中现代学徒教育理论与实证》。这本书首先对四所院校的现代学徒制进行了调研，发现治理情况存在的问题主要包括顶层设计不到位、校企合作流于形式、有效制度不健全、企业参与热情度不高。其次，探讨了现代学徒制的深层内涵与必要性，以及现代学徒制存在的制约因素，包括顶层设计法律制度不到位，国家资格认证与教学不匹配。还有现代学徒制教学的逻辑体系等内容。还基于现代学徒制的育人模式，对独立学院选矿专业的生产实训课程进行改革，积极探索实训内容与教学内容对接等。[②]

---

① 张弛，张磊，徐莉．困境与路径：举办本科层次高等职业教育之思考［J］．职教论坛，2013（16）：58-61.

② 曾元源，伍自强，胡海祥．职业本科教育中现代学徒教育理论与实证［M］．北京：中国纺织出版社，2019：2-4.

第 2 本，《职业本科教育办学的思考与探索》。全书分为"认识篇""实践篇""案例篇"三个部分，共十三章，旨在为高职院校的改革发展、升本申报以及不同办学主体申办职业本科教育专业提供启发，并为职业本科教育的理论丰富与实践发展贡献力量。其中，"认识篇"主要围绕职业本科教育的基本问题展开，基于南京工业职业技术大学的实践探索和理论思考来阐述对职业本科教育的认识；"实践篇"则聚焦职业本科教育人才培养的具体实践，从多个方面阐述了具体的做法、经验与思考；"案例篇"则结合办学实践的内容，介绍了人才培养、师资队伍、产教融合等领域的一些特色案例。全书内容贯穿着南京工业职业技术大学"五有三性"人才培养定位的逻辑主线，并聚焦"两个高端"的服务方向。[①]

第 3 本，《职业本科教育发展之道》。本书共分十章，分别介绍了职业本科教育的重要意义、人才培养、院校发展、专业建设、课程开发、实践教学、师资队伍、质量评价、国际经验、发展路径和保障机制，是我国第一本系统论述职业本科教育的理论著作。[②]

第 4 本，《创新与突破：职业本科教育发展研究》。本书第一章再现了我国职业本科的发展历程，界定了职业本科的概念内涵，并解析了发展职业本科教育的必要性；第二章描述了国外职业本科（应用型本科）的发展历程与典型模式，揭示了其对我国的借鉴启示意义；第三章在相关层次和类型的教育辨析基础上，着重剖析和评价了职业本科教育的人才培养定位；第四章分别就职业本科学校与专业设置，从现状、依据、评价与优化策略四个层面展开论述；第五章从职业教育聚焦到职业本科，描述了职业本科特色人才培养模式，凸显了职业性和高端性两大特性的交汇；第六章结合典型工科、商科职业本科教学实例，从课程体系构建、课程开发、教学改革实施、实践教学改革等方面对职业本科专业（群）教学体系进行了详尽解读；第七章从教育支持体系视角重点阐释了职业本科教育师资队伍、实训基地以及教学

---

① 吴学敏等．职业本科教育办学的思考与探索［M］．南京：南京大学出版社，2022：3-5.
② 曾天山．职业本科教育发展之道［M］．北京：北京理工大学出版社，2022：9.

资源三大要素建设要旨；第八章分别构建了职业本科学校办学水平以及职业本科专业人才培养的评价体系，并探讨了职业本科教育质量保障体系建设；第九章立足职业教育的外部性特征，从内外联动视域论述了职业本科教育的产教融合、招生就业、技能培训与技术服务，并在此基础上剖析了职业本科教育在社会认同中的形势与对策；最后一章从宏观到微观、从社会到学校，就治理层面探讨了职业本科人才培养的制度与保障。[①]

第 5 本，《职业本科教育理论与实践》。本书主要研究了我国高等教育的发展历程和政策演变，继续探讨新时代高等职业教育高质量发展的关键问题，以及国内外典型职业本科教育的实践模式。涉及职业本科教育的理论基础，职业本科教育的类型特征与目标定位，职业本科教育的现实困境与疏解路径，职业本科教育的专业建设，产教融合建设质量保障，职业本科教育的实践成效、挑战与展望等问题。[②]

第三节　研究设计

一　研究思路及方法

在本科层次职业教育理论层面，当下研究缺少系统性、经典性和中国式研究的著作。缺少系统性表现在本科层次职业教育的性质、属性、特征、人才培养、类别、层次、保障等问题，都缺乏学理层面的系统性。缺乏经典性是因为现有的研究几乎找不到关于此主题的经典著作，代表性不够。缺乏中国式研究主要体现在关于这方面的学术期刊、学校的学者群等对中国式本科层次职业教育缺乏一个中国范式的聚焦研究。

在教育体系层面进行概括性的、教科书式的、框架式的研究是本书的首

---

① 余闯，施星君. 创新与突破：职业本科教育发展研究 [M]. 上海：上海社会科学院出版社，2022：目录 1-2.

② 王兴，吴向明. 职业本科教育理论与实践 [M]. 杭州：浙江大学出版社，2022：目录 1-3.

要任务。任何一个学科发展到一定水平以后就需要学术团体，或者学界，或者高等学校的某一个学科，或者一个学科领域的研究生群体，或者研究学问者，共同构成具有丰富性、长久性的研究群体、组织、机制保障。

本科层次职业教育的实践也需要学理性的理论指导。本科层次职业教育的实践现在属于试点阶段，试点学校的运行需要有理论支撑，试点政策需要评估和改进，试点学校的未来走向也需要理论支撑。本科层次职业教育研究的逻辑进路，以本科层次职业教育的基本问题为研究起点，以历史溯源和试点政策为研究过渡，以高考招生、专业建设、人才培养、课程教学、师资建设、制度支撑为研究重点，进而借助发达国家职业教育的域外经验，提出完善我国本科层次职业教育的发展方略。

首批"本科层次高等职业教育试点大学"运行监测的微观研究，整体围绕指标构建、追踪监测、系统分析、总结提炼四个环节推进。

第 1 个环节的主要任务是构建一个指标体系。以培养合格的高层次、技能型、应用型技术人才为逻辑起点，在专家的指导下编制出一套科学有效的本科层次高等职业学校评价指标体系。第 2 个环节的主要任务是对 15 所试点学校进行事中运行追踪监测和事后政策效果评价。对 15 所学校的质量、类型等多个维度进行内部指标观测，对他们的招生、就业等多项外部指标进行调查研究，并进行前后纵横比较。第 3 个环节的主要任务是展开综合分析。在前期用指标体系进行追踪调研的基础上，收集资料，形成质量监测报告，同时对影响本科层次高等职业学校试点大学人才培养质量以及发展的因素进行理论分析。第 4 个环节是总结提炼。凝练政策建议和学术成果，期待对利益相关者提供理论、政策和实践帮助。

在具体研究方法方面，主要采用德尔菲法和层次分析法、问卷调查和访谈结合、政策监测评估理论等具体研究方法。

采用德尔菲法和层次分析法，构建评价指标体系。聘请 8~10 名高等职业教育研究专家、教育评价学专家、学校高层管理者、企业领导，采用匿名函询的方法，以本科层次高等职业学校为评价对象，以质量评价和类型评价为主要监测层面，通过单独访谈先构建一个评价指标草案，然后经过 3~5

轮的匿名"背靠背"多次征求意见、再反馈，直至得到一致的意见。最终构建出一个监测指标体系。

采用问卷调查和访谈结合的方法，全面掌握评价对象成员信息。在前面评价指标体系构建的基础上，对具体的教师、管理者、学生、用人单位采用问卷调查和访谈结合的方法，对试点学校进行全方位了解。具体的过程包括确定研究主题、编制问卷项目、选取样本、小范围预测、实施调查、统计调查资料等。着重在招生、就业等层面了解家长和学生的认同情况，学生和用人单位的满意度及薪酬等情况，借以弥补评价指标体系不能全面透彻了解研究对象不足的缺陷。

借用政策监测评估理论，规范处理运行监测和效果监测两种关系。本研究旨在监测和评估项目监测评估在高等教育领域的应用，在研究中充分借助"大数据"时代的科技支持，充分满足公众以及利益相关者随时了解高等教育发展动态的需要，在对试点大学的发展进行评估的同时，又可以动态监测试点大学运行过程，有效地改善试点政策的缺陷。监测阶段偏重过程，评估阶段注重结果。

二 概念界定与选择

（一）职业本科及相关概念

职业本科大学、职业本科教育、本科层次职业教育、高等职业本科、应用型本科、普通本科这些概念之间既存在联系，又各有其特定的内涵和侧重点。以下是对这些概念的详细梳理。

1. 职业本科大学

职业本科大学是指以本科职业教育、职业本科教育为主的职业院校或本科院校。它们以培养具备专业技能和实际操作能力的高素质技术技能人才为目标，强调理论与实践相结合的教育模式。

2. 职业本科教育

职业本科教育是职业技术型本科教育的简称，是应用本科的一个亚类。它侧重于对学生实际工作和职业发展的准备，与实际职业需求紧密相关，强调职业技能和实践能力的培养。职业本科教育不仅是本科教育的一个新成员，也是职业教育体系向上延伸的重要体现。

3. 本科层次职业教育

本科层次职业教育是具有高等教育属性的职业技术教育，面向基层，旨在培养会动手、会研发、会管理、会发展的"四会型"高等职业技术人才。它是实施应用型人才培养的一种新理念和新模式，开展的是本科层次的学历教育，但在教育类型上又属于职业教育体系。本科层次职业教育与职业本科教育在本质上是一致的，都强调职业教育在本科层次的发展和应用型人才的培养。可以说，职业本科教育是本科层次职业教育的重要组成部分和实现形式。

4. 高等职业本科

高等职业本科是全日制本科学历教育的一种，学位为学士学位。它与普通本科共同构成我国高等教育体系的全日制本科层次。高等职业本科教育强调职业技能和实践能力的培养，是面向生产、建设、服务和管理第一线需要的高素质技术应用型和职业技能型高等专业人才的培养基地。高等职业本科与职业本科教育在内涵和外延上高度重合，都指向了在本科层次开展的职业技术教育。两者在实际应用中往往可以互换使用，但高等职业本科更侧重于描述其学历层次和学位属性。

5. 应用型本科

应用型本科是一种注重应用和实践能力培养的本科教育形式，旨在培养具备扎实理论基础、较强实践能力和创新精神的高素质应用型人才。应用型本科不仅强调理论知识的学习，更注重将理论知识转化为实际应用的能力培养。应用型本科与职业本科教育在培养目标上有一定的相似性，都强调实践能力和职业技能的培养。然而，应用型本科的涵盖范围可能更广，它不仅包括职业本科教育，还可能包括其他类型的注重应用能力培养的本科教育。

6. 普通本科

普通本科是指传统的本科教育形式，强调在广泛学科背景下提升学生的综合素质和学术水平。它涵盖基础科学、人文科学和社会科学等广泛领域，并侧重于学科的延伸和研究能力的培养。普通本科与职业本科教育在培养目标、课程设置和教学方法等方面存在显著差异。普通本科更注重学术水平和综合素质的培养；而职业本科则更侧重职业技能和实践能力的培养。两者在本科教育体系中都是不可或缺的重要组成部分。

职业本科大学、职业本科教育、本科层次职业教育、高等职业本科等概念在内涵上高度相关，都指向了在本科层次开展的职业技术教育；而应用型本科则是一个更广泛的概念，涵盖了包括职业本科在内的多种注重应用能力培养的本科教育形式；普通本科则代表了传统意义上的本科教育形式，与职业本科教育在培养目标和方法上存在显著差异。这些概念之间既相互联系又各有侧重，体现了我国高等教育体系的多样性和丰富性。

（二）高质量发展

1. 高质量发展的内涵

职业本科大学高质量发展的内涵丰富，主要包括以下几个方面。一是人才培养质量提升。职业本科大学应注重学生职业素养和技能水平的提升，同时关注其综合素质和创新能力的发展，以满足社会对高素质技术技能人才的需求。这要求学校优化课程设置，强化实践教学，推动产学研用深度融合，确保人才培养质量与社会需求紧密对接。二是服务社会发展能力增强。职业本科大学应积极参与社会服务，利用自身专业优势和技术力量，为行业企业提供技术支持和解决方案，推动产业升级和经济发展。同时，学校还应关注社会热点问题，开展科学研究和社会调研，为政府决策提供智力支持。三是内部治理体系完善。高质量发展要求职业本科大学不断完善内部治理体系，建立健全各项规章制度，优化管理流程，提升管理效能。这有助于保障学校的稳定运行和持续发展，为高质量人才培养和社会服务提供有力支撑。

2. 高质量发展的意义

随着科技的不断进步和产业结构的升级，经济社会对高素质技术技能人才的需求日益增加。职业本科大学高质量发展能够确保人才培养质量，满足经济社会发展对人才的需求，为产业升级和经济结构调整提供有力的人才保障。高质量发展能够提升职业本科大学的办学水平和教育质量，增强职业教育的吸引力和社会认可度。这有助于改变社会对职业教育的偏见和误解，推动职业教育与普通教育平等发展。职业本科大学高质量发展有助于拓宽高等教育路径，为更多学生提供接受高等教育的机会。同时，它还能够丰富高等教育体系，推动教育多样化发展，满足不同学生的发展需求和兴趣爱好。职业本科大学作为高等教育的重要组成部分，承担着培养高素质技术技能人才的重要使命。高质量发展能够提升学校的办学水平和教育质量，为国家创新驱动发展战略、制造强国战略等提供有力的人才保障和智力支持。

3. 高质量发展的路径

职业本科大学应明确自身的办学定位和特色优势，聚焦行业企业需求和社会发展热点，优化专业设置和课程结构，确保人才培养质量与社会需求紧密对接。实践教学是职业本科教育的重要组成部分。学校应加大实践教学投入力度，完善实践教学设施和设备条件；同时加强与行业企业的合作与交流，推动产学研用深度融合，共同培养高素质技术技能人才。教师是人才培养的关键力量。职业本科大学应重视师资队伍建设工作，引进和培养一批高水平、有实践经验的教师；同时建立健全教师激励机制和评价体系，激发教师的工作积极性和创造力。高质量发展要求职业本科大学不断完善内部治理体系。学校应建立健全各项规章制度和管理流程，同时加强信息化建设工作，提高管理效能和服务水平；此外还应重视校园文化建设工作，营造良好的育人环境。国际化是职业本科大学高质量发展的重要方向之一。学校应积极参与国际交流与合作项目，引进国外优质教育资源和管理经验，同时加强留学生教育和管理工作，推动学校在国际上的知名度和影响力不断提升。

第一章　职业本科大学的历史溯源与政策试点演进

职业本科教育在现代社会与经济发展中扮演着至关重要的角色。它不仅是高等教育体系的重要组成部分，更是连接学术理论与职业技能、对接市场需求与人才培养的桥梁。[①] 通过提供针对性强、实用性高的专业课程，职业本科教育旨在培养具备扎实理论基础、丰富实践经验和高度职业素养的应用型人才。[②] 随着科技的迅速发展和产业结构的不断升级，社会对高素质、高技能人才的需求日益迫切。职业本科教育正是为响应这一需求而生，它注重培养学生的实际操作能力、创新精神和团队协作能力，使其能够迅速适应并融入职场环境，为企业的创新发展和行业的转型升级提供有力支持。此外，职业本科教育还承担着促进教育公平、拓宽人才发展路径的社会责任。它为广大在职人员、中高职学生等提供了接受高等教育的机会，打通了不同类型教育之间的衔接通道，有助于构建更加开放、灵活、多元的教育体系。[③]

本研究旨在探究我国职业本科教育（广义的本科层次职业教育包含了应用型大学，但狭义的本科层次职业教育专指 2019 年以来我国本科层次职

---

① 袁广林. 职业本科教育的本质内涵与实践逻辑［J］. 现代教育管理，2024，（01）：119-128.

② 石伟平. 稳步发展职业本科教育助推技能社会建设［J］. 国家教育行政学院学报，2021，（05）：42-44.

③ 曾天山，汤霓，王泽荣. 发展职业本科教育的重要意义、目标定位与实践路径［J］. 中国高等教育，2021，（23）：35-37.

业教育试点大学）制度在发展过程中，受到哪些内外部因素的影响，以及这些因素如何相互作用，共同推动制度的变迁。同时，研究还将关注制度变迁过程中的内在逻辑，即各种因素之间的因果关系和演变规律。① 研究我国职业本科教育制度变迁的动力机制与内在逻辑，具有重要的理论和实践意义。首先，在理论层面，通过对制度变迁的深入分析，可以揭示我国职业本科教育发展的内在规律和特点，为构建更加科学、完善的理论体系提供有力支撑。其次，在实践层面，研究成果可以为政府和教育部门制定相关政策、优化资源配置、推动教育改革提供重要参考和依据。此外，对于高校和企业等市场主体来说，了解职业本科教育制度变迁的动力机制与内在逻辑，也有助于其更好地把握市场脉搏、调整发展战略、提升人才培养质量和效益。

第一节 职业本科大学的历史溯源

在我国，有较长的专科层次高等职业教育发展史，却只有很短的本科层次职业教育发展阶段。当然，现代意义上的高等职业教育在我国的发展历史也并不长。1978 年，中国共产党第十一届中央委员会第三次全体会议的召开，标志着我国迈入了社会主义现代化建设的新阶段。随着经济建设对高层次现代化人才需求的不断增加，高等职业教育应运而生。有学者回顾过去的40 多年，指出我国高等职业教育遵循了酝酿发展、稳定发展、加速发展的逻辑路径，其整体结构调整主要围绕两条主线展开：一是纵向上的高等职业教育层次逐步提升；二是横向上的高等职业教育学制多样化改革。② 整体而言，我国高等职业教育政策具有目标指向明晰、注重多元价值追求、在有机融合中不断完善、转向特色化内涵式发展等特点。③

---

① 孙凤敏，孙红艳，邵建东.稳步发展职业本科教育的现实阻碍与破解进路 [J].大学教育科学，2022，(03)：120-127.

② 井文.改革开放 40 年我国高等职业教育结构的历史演进与未来展望 [J].职教通讯，2019，(07)：53-59.

③ 曲铁华，王瑞君.40 年来我国高等职业教育政策演进历程与特点 [J].沈阳师范大学学报（社会科学版），2019，43（04）：96-105.

一 短期职业大学教育的开启阶段

20 世纪 80 年代，我国高等职业教育的发展以职业大学的成立为起点。此前，党的十一届三中全会作出了将全党工作重点转移到经济建设上来的重大决策。为了适应社会和经济发展对技术应用型人才的迫切需求，我国一些经济较为发达的地区提出了创办职业大学的设想。1980 年，江苏省人民政府发布了《关于同意创办金陵职业大学的批复》，标志着我国第一所职业大学的诞生。同年，教育部也相继批准了无锡职业大学、江汉大学等 12 所职业大学的成立。1982 年，第五届全国人民代表大会第五次会议审议并通过了《中华人民共和国国民经济和社会发展第六个五年计划（1981—1985）》，在该计划的第二十八章"高等和中等专业教育"中明确提出："要提高大学专科的比重。试办一批花钱少、见效快、酌收学费、学生尽可能走读、毕业生择优录用的专科学校和短期职业大学。"①

为了贯彻党和国家领导人将教育视为推动我国现代化建设重大战略决策的方针，尽快改变教育与国民经济和社会发展不相适应的状况，1983 年，国务院发布了《国务院批转教育部、国家计委关于加速发展高等教育的报告的通知》。该通知鼓励采用"多层次、多种规格和多种形式"促进高等教育的快速发展，并强调要确保发展质量，协调好高等教育系统内部各要素的比例及相互关系。同时，通知要求切实考察社会实际情况，注重发展一些社会建设急需的专科学校及实用短线专业。此外，该文件还提出了多种创办短期职业大学的方式，包括有条件的大中城市、大型企业单独创办或与有基础的院校合办，以及鼓励民主党派、群众团体和爱国人士参与创办。1984 年，教育部在《关于高等工程教育层次、规格和学习年限调整改革问题的几点意见》中进一步强调，可以通过创办短期职业大学的方式来丰富高等职业教育的办学形式。1980～1985 年，经过国家的鼓励和国家教育委员会的批

① 第五届全国人民代表大会. 中华人民共和国国民经济和社会发展第六个五年计划（1981—1985）［EB/OL］.（1982-12-10）［2019-03-16］. http：//www.npc.gov.cn/wxzl/gongbao/1982-11/30/content_1478459.htm.

准，全国各地共兴办了 120 多所职业大学。这些职业大学面向地方、服务社会，具有投入小、节约资源的特点。同时，它们的大量建立为学生提供了更多的上学机会。这些以职业性、实用性、短期性著称的职业大学快速培养了一批技术应用型劳动者，有效缓解了当时社会人才匮乏的局面。

二 专科层次高等职业教育的发展

20 世纪 90 年代，我国高等职业教育进入了结构调整与快速发展的关键时期。随着社会各界对高等职业教育认识的不断深化，各级政府对高等职业教育的发展给予了高度重视，并出台了一系列相关政策进行改革与调整。这些政策的重点在于厘清高等职业教育的发展思路，明确其办学形式。1994年，第二次全国教育工作会议召开，明确提出将"三教统筹"和"三改一补"政策作为我国高等职业教育未来发展的基本方针。基于此方针，国家开始对高等职业教育的结构进行初步调整与完善。四年后，《面向 21 世纪教育振兴行动计划》再次强调，"三改一补"是推动我国高等职业教育规模发展的重要方针。该计划提出对现有高等专科学校、职业大学和独立设置的成人高校进行改革、改组和改制，并选择部分符合条件的中专进行改办，以此方式来发展学历高等职业教育。[①]

"三教统筹"与"三改一补"政策在高等职业教育领域的总体思路是值得肯定的。这些举措显著提升了我国高等职业教育的地位，倡导职业教育与普通教育、成人教育的统筹发展，明确了高等职业教育的发展路径，并优化了其办学结构，从而有效扭转了短期职业大学专科化、高等专科教育本科化的混乱办学局面。同时，该政策通过改革同一层次的高等专科学校、职业大学、成人高校的办学形式和调整培养目标，为 20 世纪末我国高等职业教育的大规模扩充提供了明确的路径和有力保障。

然而，深入分析"三改一补"政策后，我们发现其仍存在一些不足之

---

① 教育部. 面向 21 世纪教育振兴行动计划 [EB/OL]. (1998 - 12 - 24) [2019 - 03 - 16]. http://old.moe.gov.cn/publicfiles/business/htmlfiles/moe/s6986/200407/2487.html.

处，因此该政策只能作为大规模扩大高等职业教育的临时性策略。具体原因有以下三点。首先，"三改"中涉及的三种学校实际上是我国高等教育系统中发展最为薄弱的部分。这些学校办学定位模糊，发展目标不明确，职业特色不鲜明，师资力量匮乏，学校基础薄弱。因此，由这三类学校改制而成的高等职业院校存在"先天不足"和"营养不良"的问题，严重缺乏发展后劲。其次，有些学校自身的实力水平并未达到高等教育的标准要求，仅仅是为了扩大高等教育规模而改办高等职业教育。这种做法导致这些学校发展高等职业教育的质量严重下降，人才培养的质量也大大降低。最后，"一补"中涉及的重点中等专业院校虽然在师资力量、教学水平、办学条件及实践基地等方面比"三改"中的学校更适合办高等职业教育，但它仅仅是作为补充部分，对高等职业教育整体发展的推动作用非常有限。

三　应用型本科教育的起步与发展

应用型本科教育是一种本科层次的职业教育。随着社会主义市场经济体制的建立，国企改制大规模推行，许多经营不善的国企纷纷倒闭。此外，我国于 1996 年开始进行双向选择、自主择业的试点，1998 年取消大学生毕业包分配制度，大学毕业生开始自主择业。为适应社会政策变化，缓解就业压力，我国开始实施高校扩招政策，推进高等教育大众化，采取多样化教育形式培养不同类型的人才，由此，应用型本科教育应运而生。回顾应用型本科院校发展路径，主要有三条：一是原有高职高专院校升格为应用型本科院校；二是满足条件的民办高等职业院校升格为应用型本科院校；三是一些普通本科院校转型为应用型本科院校。

原有高职高专院校升格。受我国高等教育体制改革和国家大力发展高等教育的影响，许多办学历史较长、条件达到要求并有意愿提高学校办学层次的专科院校纷纷向教育部递交升格为本科院校的申请。1998~2005 年，我国共增设本科院校 191 所，这些新增本科院校均为高职高专院校升格或由多所高职高专院校合并而成。如：2002 年，教育部批准黄山高等专科学校升格为本科高校，升格后校名定为黄山学院，同时，撤销黄山高等专科学校的建制；2003 年，教育部批准在辽宁财政高等专科学校、丹东职业技术学院合并的基础上建立辽东学院，同时，撤销原两所学校的建制。高职高专院校升格为应用型本科院校后，其办学层次的提升有助于学校培养高层次技术技能人才，对我国高等职业教育事业的发展具有重要意义。然而，在实际操作过程中，有一部分高职高专院校升格为本科院校后，其职业教育特色逐渐削弱，开始向普通本科教育靠拢，并未转型成为真正意义上的应用型本科院校。而且，从职业教育层次结构的内生性看，专科层次的高等教育原来的办学定位、培养目标等较本科层次教育还有些差异，也缺乏一定的教育积淀。基于此，国家开始控制专科院校申请升格为本科院校。2004 年，教育部等七部门对我国职业教育工作进行规范，禁止专科院校再升格为本科院校。2005 年，《国务院关于大力发展职业教育的决定》中再次强调此项规定。至此，我国高职高专院校升格为应用型本科院校的局面告一段落。

民办高等职业院校升格。值得一提的是，在本科层次高等职业教育发展过程中，我国民办高等职业院校对应用型本科院校规模的扩大起到了至关重要的作用。民办高等职业院校最初的办学定位多是高职高专教育，重点培养技术技能人才。经过多年发展，部分民办高等职业院校在人才培养、专业建设、教学模式及师资队伍等方面具有了一定声望，实训基地、信息化设备等硬件设施也配备得力，已具备了办好应用型本科院校的综合实力。基于此，2006 年，教育部在《教育部关于"十一五"期间普通高等学校设置工作的意见》中提出："民办高等专科层次的学校，在办学条件较好、教育质量较高、毕业生届数超过三届以上，符合地方经济社会发展和高等教育事业发展的实际需要，并列入地方省级人民政府'十一五'期间高等学校设置规划的，可以在原有资源基础上申请组建本科学校。"① 在上述政策的推动下，部分优质民办高等职业院校升格为本科院校，直接促进了应用型本科院校规模的扩大。

---

① 教育部.教育部关于"十一五"期间普通高等学校设置工作的意见 [EB/OL]. (2006-09-26) [2019-03-16] . http://www.moe.gov.cn/s78/A02/s7049/201006/t20100610_ 180459. html.

普通本科院校转型。为促进应用型本科教育的健康发展，完善具有中国特色的现代职业教育体系，我国开始推进地方普通本科高校向应用型本科院校转型。2014 年，国务院总理李克强对加快发展现代职业教育工作作出安排，任务之一就是"引导一批普通本科高校向应用技术型高校转型"[1]。这是 21 世纪以来，我国首次以纲领性文件的方式对普通本科院校转型成为应用型本科院校的路径进行明确，为未来我国应用型本科教育的发展提供了保障。同年，《国务院关于加快发展现代职业教育的决定》发布，正式在国家文件中明确"探索发展本科层次职业教育……引导一批普通本科高等学校向应用技术类型高等学校转型，重点举办本科职业教育……支持一批本科高等学校转型发展为应用技术类型高等学校"[2]。2015 年，教育部、国家发展和改革委员会、财政部发布《关于引导部分地方普通本科高校向应用型转变的指导意见》，从顶层设计的高度为我国普通本科院校转型提供了专门的规划与指导意见，使转型方向更加明确。

第二节 职业本科大学试点的理论准备与意义

在我国，本科层次职业教育从理论到试点，经历了一个很长的理论准备期和一个很短的政策试点期。下文梳理了理论准备阶段学界对本科层次职业教育的不同观点。

一 理论准备

早在 2014 年《国务院关于加快发展现代职业教育的决定》提出开展本科职业教育试点之前，关于创建职业本科的学术讨论就已经出现，这一研究

---

① 国务院办公厅 . 李克强主持召开国务院常务会议——部署加快发展现代职业教育审议通过《事业单位人事管理条例（草案）》［EB/OL］.（2014-02-26）［2019-03-16］. http：//www. gov. cn/ldhd/2014-02/26/content_2622673. htm.

② 国务院 . 国务院关于加快发展现代职业教育的决定［EB/OL］.（2014-05-02）［2019-03-16］. http：//www. gov. cn/zhengce/content/2014-06/22/content_8901. htm.

热点也一直持续至今。概括起来，大致可以分为三个阶段。一是突破层次论阶段。即认为高职教育不应局限于专科层次，而应有自己的本科教育阶段。如潘懋元先生在 2005 年就提出："多科性或单科性职业技术型高校走专科—职业本科—进入专业硕士的培养阶梯。"① 高职院校的掌门人也纷纷提出要在高职院校里升格一批本科院校。② 这一论调几乎与高职院校在 2000 年之后批量新建同步出现。因高职院校的主体几乎都是在这一阶段从中专、技校升格而来的，这些院校一夜之间从中等教育变成了高等教育，这也让多数高职院校觉得再次升格为本科院校是可期的。不过，这个时候突破层次论的呼吁，还没有真正要往职业本科走的意思，仅是为了"升本"而"升本"。事实也证明，此后升格为本科的高职院校纷纷抛弃了自己的"职业"属性，走的依然是普通本科的路。二是类型教育论阶段。即反对将高职教育作为高等教育的一个层次，认为整个职业教育应该是与普通教育对等的教育类型，也就是在我国建立起"双轨制"。这一论调占据上风，既是对突破层次论急功近利的反正，也在理论上为高职院校的升本找到了一个科学的依据。这一呼吁已经在《国家职业教育改革实施方案》中得到采纳，成为职业本科出现的一个重要的政策依据。尽管类型教育论写进了国家政策文本，但国家并未放开公办高职升本政策。目前出现的职业大学主要是以前民办高职升本政策的延续，南京工业职业技术学院只是一个"意外"；因推动独立学院的转设而有了高职院校的身影，也不过是一种临时的"搭便车"行为。三是发展周期论阶段。厦门大学别敦荣教授基于对境外职业院校的成长周期的考察，提出英国城市大学、多科技术学院等从专科到本科的发展历程大概为二三十年，中国台湾地区的技职教育体系的升格也大致经历了这么长的时间。③ 而中国的高职院校群体若从世纪之交算起，如今正好经历了 20 年左右的时间，也到了提质升级的时间节点。这是从实践比较的角度来论证职业

① 潘懋元. 分类、定位、特点、质量——当前中国高等教育发展中的若干问题 [J]. 福建工程学院学报，2005（2）：103-108.
② 杜时贵. 高职应适度发展本科层次教育 [J]. 教育与职业，2008（31）：6.
③ 别敦荣. 大学管理与治理——演讲录 [M]. 青岛：中国海洋大学出版社，2021：218.

本科设立的必然性。可见，无论是情势使然，还是理论探讨，都为职业本科提供了足够的生成空间和论证基础。[①]

二　试点意义

本科层次职业教育是我国现代职业教育体系的重要构成，实施本科层次职业教育试点是我国目前深化职业教育类型教育改革的关键。当前我国还缺乏建设本科及以上层次职业教育的经验，在前期试点阶段，各相关主体应在充分认识本科层次职业教育定位的基础上，深刻把握试点工作在落实类型教育改革方面的重要意义。[②]

（一）树立了职业教育作为类型教育的地位

《国家职业教育改革实施方案》（以下简称"职教 20 条"）明确了职业教育作为类型教育的定位，但如何体现职业教育与普通教育的平等地位、彰显其同等重要性，是重要而又现实的问题。职业教育作为类型教育发展，不仅是一个认识问题，更是一个实践问题，正因为如此，"职教 20 条"强调要开展本科层次职业教育试点。2019 年 12 月，教育部发布了《关于拟批准设置本科高等学校的公示》，本科层次职业教育的 6 所院校试点建设工作正式启动。本科层次职业教育试点具有极其重要的象征意义，意味着职业教育将作为一个独立的类型教育体系来建设发展。在思想上，本科层次职业教育试点有利于扭转全社会对职业教育的认知。在很长一段时间里，最高级别的职业教育就是专科教育，专科学历以上的本科、硕士、博士三级学历教育都属于普通教育。在这种教育结构的影响下，普通民众理所当然地认为职业教育属于次等教育。随着本科层次职业教育试点工作的启动，硕士层次职业教育可期，社会各界、普通民众也会随之调整自身的认知，树立起职业教育与普通教育地位平等的意识。不仅如此，在教育实践层面，过去由于缺失本科以上层次的职业教育，职校学生想要继续深造，就必须按照普通教育的要求

---

①　伍红军. 职业本科是什么？——概念辨正与内涵阐释 [J]. 职教论坛，2021，37（02）：17-24.

②　陈群. 新时期我国本科层次职业教育试点研究 [J]. 教育与职业，2020，（07）：19-25.

来学习。在这种状况下，职业教育根本不可能摆脱对普通教育的依附性。随着本科层次职业教育试点的启动，所有职校学生都拥有了属于自身所在教育类型的升学通道，由此便可以让职业教育在教学实践中真正摆脱普通教育的影响，走上独立发展的道路。

（二）完善了纵向贯通的现代职业教育体系

打通中职教育、高职教育、本科层次职业教育的纵向贯通渠道，加强职业教育体系内部学历层次的有效衔接，是我国深化职业教育改革、构建现代职业教育体系的内在要求和长远目标。2019 年 12 月 5 日，在北京隆重召开的"赢未来：职业教育发展国际研讨会"上，教育部副部长田学军指出，未来 5~10 年，我国将推动职业教育完成"三个转变"，努力实现"五个目标"，其中一个非常重要的目标就是建立从中职到专业学位研究生、从学历教育到职业培训的纵向贯通、横向融通的现代职业教育体系。本科层次职业教育向下联结着中职教育、高职高专教育，向上联结着研究生层次职业教育。可以说，本科层次职业教育试点，对构建纵向贯通的现代职业教育体系具有"里程碑"式的意义。实际上，启动本科层次职业教育试点工作，改变长期以来职业教育是"终结教育"的现状，其影响并不限于职业教育领域内，还将有力推进我国社会终身教育体系的形成。在我国国民教育体系中，普通教育和职业教育一直是两大主要教育类型，但由于过去职业学历教育的最高层次只到专科，导致大量职校学生无法通过升学来接受更高层次的职业教育，只能在工作岗位上自学，严重挫伤了技术技能人才持续学习的信心和积极性。国家启动本科层次职业教育试点工作，初步构建起纵向贯通的现代职业教育体系，不仅对广大职校学生是重大"利好"，更将为数以亿计的技术技能劳动者打开接受更高层次职业教育的大门，激励他们树立终身学习的意识，从而推动我国学习型社会、终身教育体系的形成。

（三）深化了职业教育办学体制和模式改革

体制和模式分别是职业教育办学的规则框架和行为方式，两者共同构成我国职业教育办学的实践体系，实施职业教育改革，关键就在于改革创新职业教育办学体制和模式。"职教 20 条"提出开展本科层次职业教育试点，正是要通过完善职业教育学历层次结构，带动职业教育办学体制和模式改革走向深入。开展本科层次职业教育试点对深化职业教育办学体制和模式改革具有重要意义。一方面，有利于健全国家职业教育制度框架。"职教 20 条"提出要完善职业教育体系，为现代制造业、现代服务业、现代农业发展和职业教育现代化提供制度保障与人才支持。现代产业以及传统产业的现代化都需要大量高素质技术技能劳动者。在专科层次高职教育已经无法满足经济社会发展需求的形势下，适时启动本科层次职业教育试点工作，把技术技能人才的培养规格及时推向更高层次，对健全国家职业教育制度，完善职业教育层次体系无疑具有非常重要的意义。另一方面，能够有效推动职业教育办学模式由参照普通教育向自主探索转变。我国职业教育办学模式长期参照普通教育有两方面的原因：一是改革开放以来，我国职业教育的理论研究和实践基础都比较薄弱，缺乏自主探索办学模式的现实条件；二是职业学历教育体系不健全，职业教育办学必须在一定程度上向普通教育"看齐"。本科层次职业教育试点工作，是在职业教育规模扩张接近尾声、内涵式发展初见成效的背景下实施的，职业教育已经具备了自主探索本科层次职业教育办学体制和模式的现实条件，而探索发展本科层次职业教育，显然是健全职业学历教育体系的关键一步，确立了职业教育作为类型教育的地位，这就为凸显职业教育的办学特色开辟了空间，将有力推动职业教育办学模式由参照普通教育向自主探索转变。

第三节　职业本科大学试点推进过程与艰难演进

一　推进过程：从政策制定到政策执行的视角

发展本科层次职业教育是推进高校分类管理的重要抓手，党和国家关于本科层次职业教育的政策一直有相关表述，且越来越清晰、越来越明确。2014 年，国家文件首次提出探索发展本科层次职业教育，至今已经有 10 年的时间，相关政策大致可以概括为如下两个阶段。

（一）政策明确阶段（2014~2018年）

2014年，《国务院关于加快发展现代职业教育的决定》明确指出，今后我国将探索发展本科层次高等职业教育，构建中专、专、本、研一体的现代职业教育体系，并要求"接受本科层次职业教育的学生达到一定规模"[①]。该决定是第七次全国职业教育工作会议的重要成果，也是国家层面第一次提出发展本科层次职业教育，这对构建现代职业教育体系而言是历史性的。同年，教育部等六部门印发的《现代职业教育体系建设规划（2014—2020年）》指出"培养本科层次职业人才"[②]，强调发展本科层次职业教育的迫切性，这也是教育部等部门对国家政策的回应[③]。2015年，教育部《高等职业教育创新发展行动计划（2015—2018）》指出，完善高等职业教育结构要"重点举办本科层次职业教育"，并在任务一览表中明确工作任务为"探索本科层次职业教育实现形式和培养模式"[④]，按照任务要求，江苏、浙江、山东、河北等省开展了试点并取得良好成效，但探索的方式主要是高职院校和普通高等学校合作。2014~2017年，先后有70所高职高专院校升格为普通本科院校，其中，2015年天津中德职业技术学院整合天津海河教育园区图书馆教育资源建立天津中德应用技术大学。这一时期的主要特点是，尽管发展本科层次职业教育有明晰的政策依据，但在实践中却以地方探索为主，发展本科层次职业教育的渠道不畅通。

（二）试点阶段（2019年至今）

2018年12月，教育部致函各地政府，明确15所职业学院升格为本科层次职业学校，开展本科层次职业教育试点，并在2019年5月经过地方政

---

① 国务院关于加快发展现代职业教育的决定［EB/OL］.（2014-05-02）［2019-03-16］. http://www.gov.cn/zhengce/content/2014-06/22/content_8901.htm.

② 教育部等六部门关于印发《现代职业教育体系建设规划（2014—2020年）》的通知：教发〔2014〕6号［A］. 2014-06-16.

③ 周建松. 新型本科：国家示范性高职院校发展的新路径［J］. 职业技术教育，2014，35（9）：69-71.

④ 教育部关于印发《高等职业教育创新发展行动计划（2015—2018）》的通知：教职成〔2015〕9号［A］. 2015-10-19.

府层面测评指导后，批准更名为"职业大学"。

2019 年 1 月，《国家职业教育改革实施方案》指出"职业教育与普通教育是两种不同教育类型，具有同等重要地位"，明确了职业教育的定位。此外，该方案还明确提出要"开展本科层次职业教育试点"。在此背景下，教育部允许一批高职学校试点开展本科层次职业教育。[①]

2019 年 5 月，教育部正式公布除西安汽车科技职业学院外的其他 14 所职业学院更名的消息。6 月，公布了西安汽车科技职业学院的更名结果。全国首批 15 所职业本科试点学校，实现了更名为"大学"，成为本科"职业大学"。

2020 年 1 月，教育部发函公布南京工业职业技术大学等 6 所学校升格为本科层次职业学校。5 月，教育部办公厅下发《关于加快推进独立学院转设工作的实施方案》。在转设路径中，首次提出"可探索统筹省内高职高专教育资源合并转设"。7 月，教育部发函同意湖南软件职业学院升格为本科层次职业学校。10 月，河北省教育厅发布关于 2020 年高等学校设置事项的公示，河北科技大学理工学院、河北工业职业技术学院合并转设为河北工业职业技术大学，河北工业大学城市学院、承德石油高等专科学校合并转设为河北石油职业技术大学。11 月，燕山大学里仁学院与秦皇岛职业技术学院合并，组建秦皇岛职业技术大学；河北师范大学汇华学院与石家庄信息工程职业学院合并，组建石家庄工程职业技术大学。学校名称中使用"职业大学""职业技术大学"字样，强调专科升本后仍需坚持职业教育办学定位，保持职业教育属性和特色。2020 年，教育部等九部门印发的《职业教育提质培优行动计划（2020—2023 年）》明确指出，"稳步推进本科层次职业教育试点，支持符合条件的中国特色高水平高职学校建设单位试办职业教育本科专业"，并在"重点任务（项目）一览表"中明确了具体任务。[②]

---

① 国务院关于印发国家职业教育改革实施方案的通知：国发〔2019〕4 号［A］. 2019-01-24.
② 教育部等九部门关于印发《职业教育提质培优行动计划（2020—2023 年）》的通知：教职成〔2020〕7 号［A］. 2020-09-16.

2020 年 6 月，南京工业职业技术学院经教育部批准更名为南京工业职业技术大学，这是第一所公办专科层次高职学校独立升格为本科层次职业技术大学，拉开了公办专科职业院校独立升格为本科的序幕。

2021 年 1 月，为规范本科层次职业学校设置工作，教育部印发《本科层次职业学校设置标准（试行）》，涉及办学定位、治理水平、办学规模、专业设置、师资队伍、人才培养、科研与社会服务、基础设施、办学经费等方面，[①] 该标准基于职业教育的类型要求，从服务行业企业及地方经济社会出发明确学校设置指标，也成为后续职业院校升格为本科层次院校的基本遵循。为进一步规范和完善本科层次职业教育专业设置管理，教育部办公厅印发《本科层次职业教育专业设置管理办法（试行）》，从总则、专业设置条件与要求、专业设置程序、专业设置指导与监督等方面明确了本科层次职业教育专业设置的有关内容。[②] 可见，国家发展本科层次职业教育已经有着明确的政策导向，并在逐步推进和落实。概括来说，发展本科层次职业教育的政策已经在落地，探索的形式已经实现突破，扭转了高职高专院校升格为普通院校的局面。

二　艰难演进：历史制度主义的视角

有学者从历史制度主义视角出发分析了我国本科层次职业教育的发展历史，发现其大致经历了层次定位、类型探索、学制确立和独立建制四个阶段。[③]

（一）层次定位：高职升本与学术漂移

尽管具有本科职业教育性质的应用型本科萌芽于 20 世纪八九十年代，但本科层次职业教育正式进入政策视野需要追溯至 1996 年的全国职

---

① 教育部关于印发《本科层次职业学校设置标准（试行）》的通知：教发〔2021〕1 号［A］. 2021-01-27.

② 教育部办公厅关于印发《本科层次职业教育专业设置管理办法（试行）》的通知：教职成厅〔2021〕1 号［A］. 2021-01-22.

③ 庄西真. 我国本科层次职业教育的前世今生——一个历史制度主义视角的分析［J］. 教育研究与实验，2021，（02）：57-62.

业教育工作会议以及《职业教育法》的颁布。"一会一法"使高职教育的高等教育性质得以明确。[①] 1998 年，教育部《面向 21 世纪教育振兴行动计划》则将本科职业教育推向了规模化发展的时代。该计划明确提出了本专科在校生的增长目标，并提出在过去"三改一补"的基础上允许部分本科院校设立高等职业技术学院。计划的出台刺激了一大批高职院校合并和升格为本科院校，从 1999 年到 2006 年的短短 7 年间全国新建本科院校 200 余所，占当时全国高校总数的 1/3，[②] 缓解了高等教育供给不足的问题。由此，我国初步形成了"具有职业教育基因的本科高校"与"本科内部高职学院"并存的本科职业教育双重办学格局。然而，由于本科职业教育办学要求不清、方向不明，由高职升格后形成的新建本科无法找准办学定位和人才培养定位，部分高校出现了"学术漂移"的发展趋向。[③] 为解决这一问题，教育部等七部门通过 2004 年的《关于进一步加强职业教育工作的若干意见》明确指出"专科层次的职业院校不再升格为本科院校"。这一政策背后的逻辑反映了职业教育在教育体系中的"层次性"而非"类型化"。高职院校迫切希望通过"升本"和"学术漂移"实现学校在高等教育学制层面的合法性。学校层面，新建本科高校自发成立联盟并召开"应用型本科人才培养模式研讨会"等学术会议，[④] 试图通过观念层面的范式建构，形成在该领域内建立"应用型本科"的观念和思想共识，并反作用于政策的制定。细究可知，"应用型本科"属于职业教育一直存在争议，这与政府、学界以及办学主体缺乏对"应用型"教育的深入认识密切相关。

（二）类型探索：高等职业教育的有限类型化

2005 年，全国职业教育工作会议提出建设百所示范高等职业院校，我

---

① 杨旭辉. 高职教育类型定位的政策意蕴 [J]. 职业技术教育，2013，34（01）：10-15.

② 李泽彧，陈杰斌. 关于我国新建本科院校研究动态的探讨——基于 1999—2006 年"中国知网"的统计与分析 [J]. 教育研究，2008（03）：95-99.

③ 聂永成，董泽芳. 新建本科院校的"学术漂移"趋向：现状、成因及其抑制——基于对 91 所新建本科院校转型现状的实证调查 [J]. 现代大学教育，2017（01）：105-110.

④ 朱建新. 地方应用型大学变革研究 [D]. 杭州：浙江大学博士学位论文，2019.

国高等职业教育迎来了重要战略机遇期。① 2006 年，教育部印发的《关于全面提高高等职业教育教学质量的若干意见》明确提出"高等职业教育作为高等教育发展中的一个类型，肩负着培养面向生产、建设、服务和管理第一线需要的高技能人才的使命"②。与 1996 年的"类型高等教育"相比，10 年后"高等教育类型"的提法进一步确认了高职教育作为高等教育类型的合法性地位，其目的是避免高职教育的"本科化""学术化"倾向。③ 与此同时，高职举办本科或与本科联合办学逐渐出现在政策视野中，产生了"高职本科"这一新兴概念。高职举办本科主要是由高职学院独立举办本科教育，如 2001～2007 年深圳职业技术学院曾有过独立举办本科教育的试点经历。④ 或由本科高校的职业技术学院举办本科教育。与本科联合办学则是较为普遍的做法，如"2+2""3+2""2+0.5+1.5"等多种形式的"高本贯通"学制设计。总的来看，这一时期虽然在政策层面明确了高等职业教育的类型地位，但是政策文本中"禁止升格"的表述，意味着这种教育类型仍将被限制在专科层次，是一种有限的"类型化"发展。示范性高等职业院校的推出，强化了高职院校在专科层次的类型特征，壮大了一批高职院校的办学实力。在这一大环境下，来自高职院校内部的发展需求与政府对高等职业教育的狭义认识之间形成了一定的张力。"2+2""3+2"等"曲线救国"的方式逐渐出现，这是高职在政策夹缝中举办的本科职业教育。这种本科层次职业教育显然并未达到"实体化"办学的目的，也未实现职业教育人才培养模式在本科层面的延伸，甚至有将人才培养扭曲化、学术化的倾向。⑤ 高职联合的本科

① 孙长远，齐珍. 应用型本科发展的历史脉络、困厄与出路［J］. 河北师范大学学报（教育科学版），2014，16（05）：68~72.

② 教育部关于全面提高高等职业教育教学质量的若干意见［EB/OL］.（2006-11-16）［2020-08-31］. http://old. moe. gov. cn/publicfiles/business/htmlfiles/moe/moe _ 737/201001/xxgk_79649. html.

③ 杨旭辉. 高职教育类型定位的政策意蕴［J］. 职业技术教育，2013，34（01）：10-15.

④ 周建松，唐林伟. 本科层次高等职业教育：现状、挑战与方略［J］. 大学教育科学，2015（05）：102-108.

⑤ 周建松，唐林伟. 本科层次高等职业教育：现状、挑战与方略［J］. 大学教育科学，2015（05）：102-108.

高校中有相当一部分是"应用型本科"。彼时应用型本科发展遭遇办学特色不明显、学术漂移现象严重、招生优势不突出等困境，因此转型办职业教育、补充职业教育发展的短板被提上日程。

（三）学制确立：地方本科转型举办职业教育

有限的"类型化"并未解决职业教育长期存在的"断头发展"问题，2005年提出的"构建中国特色的现代职业教育体系"目标并未在学制层面落地，本科层次职业教育的制度合法性仍未得到落实。这一问题在2010年颁布的《国家中长期教育改革和发展规划纲要（2010—2020年）》（以下简称《纲要》）中得到了解决。《纲要》明确提出要构建中高职协调发展的职业教育体系，将职业教育体系的构建体现在了学制层面。在《纲要》的指引下，2014年，《国务院关于加快发展现代职业教育的决定》首次提出"探索发展本科层次职业教育"。同年颁布的《现代职业教育体系建设规划（2014—2020年）》明确将"应用技术本科"作为本科层次职业教育的主要载体，且需要达到一定规模。2015年，教育部、国家发展改革委和财政部联合印发《关于引导部分地方普通本科高校向应用型转变的指导意见》，从发展定位、发展方式、建设要点、保障举措等多个维度阐释了举办应用型本科的基本原则和路径。然而转设之路并非一帆风顺。一项涉及65所新建本科院校的调查显示，尽管学校对转型办学有较高的认同度，但在实际工作中遇到顶层设计缺位、制度供给不足、公平与质量疑虑、社会传统观念制约、舆论环境不佳、办学自主性和能力不够等多重问题，学术漂移现象也屡见不鲜。① 转型的尴尬现实有着十分复杂的原因，比如什么是本科层次职业教育始终未有明确界定，国家也并未出台相关指导政策。此外，本科高校对举办"职业教育"仍存在观念和制度层面的排斥。尤其需要厘清，应用型大学所标榜的"工程教育"，与职业教育向本科层次延伸所形成的技术技能教育，是否属于同一种性质的"本科层次职业教育"。这些理论和实践层面

---

① 董泽芳，聂永成. 关于新建本科院校转型分流现状的调查与分析 [J]. 高等教育研究，2016，37（04）：23-30.

的困惑，在 2019 年得到了回应。

（四）独立建制：本科职业教育独立设置

2019 年，《国家职业教育改革实施方案》（以下简称《方案》）旗帜鲜明地确立了职业教育的类型地位。这一举措将过去有限的"类型化"扩展为体系的"类型化"。《方案》不仅继续提出"推动具备条件的普通本科高校向应用型转变"，同时部分继承了 1999 年的政策，"鼓励有条件的普通高校开办应用技术类型专业或课程"。更重要的是，《方案》单独提出了"开展本科层次职业教育试点"。这意味着政策层面允许本科层次职业教育在应用型本科院校之外实现独立建制。在《关于〈中华人民共和国职业教育法修订草案（征求意见稿）〉的起草说明》中，"高等职业学校"也被改称为"职业高等学校"，更加突出高等教育的职业教育类型属性。2019 年，教育部批准了首批本科层次职业教育试点院校。在2020 年进行的《职业教育专业目录》修订中，除原有的中高职专业目录外，还新增了本科层次的专业目录。这一系列举措都表明本科层次职业教育在学制层面实现了新的突破，在办学层面至少存在两条路径：一是将应用型本科视为本科层次职业教育的一部分，通过应用型本科培养工程技术人才；二是由职业教育内部延伸出本科层次的职业大学，培养高层次技术技能人才。

第四节　职业本科教育发展的动力机制与路径依赖

一　动力机制：多元主体行动与外部环境作用的互动分析

（一）多元主体的联合行动

在行业、高校、政府和家长的多元主体行动与外部环境需求（如产业发展、人才供需变化等）的多重交互作用下，形成了一个复杂的动力机制，共同推动着职业本科大学制度的演进和发展。在职业本科教育的发展过程中，行业、高校、政府、家长和学生作为关键的参与主体，各自发挥着不可替代的作用。①

1. 行业作为职业本科教育人才的需求者与培养参与者牵引变迁

行业是推动职业本科教育制度变革的核心动力。一方面，随着经济转型和产业升级的加速，行业对高层次应用型专门人才的需求日益增长，并凭借其对市场趋势的敏锐洞察，产生了对此类人才的强烈内在需求。人力资源作为行业发展的核心要素，是实现竞争力的关键，而高层次应用型专门人才更是推动行业可持续发展的核心动力。这种对人才的迫切需求，进一步转化为推动政府实施职业本科教育制度的强烈愿望。教育部等相关部门在制定相关政策时，也明确要求职业本科教育的专业设置需要相关行业主管部门和行业产业协会的积极参与，并提交论证报告。

另一方面，职业本科教育的应用性特征与行业的职业资格紧密相关。要实现高层次应用型专门人才的培养目标，必须与行业规范和用人标准相匹配。作为产教融合育人的重要参与者，行业积极投身于校外导师队伍建设、案例教学与实践基地的建设，成为促进教育链、人才链与产业链、创新链有机融合的关键力量。这种紧密的合作关系不仅有助于引导高校人才培养与行业需求的有效对接，更成为推动职业本科教育制度变革的重要驱动力。②

2. 高校作为职业本科教育制度的倡导者与执行者推动变迁

在我国职业本科教育制度的变迁过程中，高校扮演着主要推动者的角色。一方面，高校凭借其人才培养的独特禀赋，不断推动教育制度的改革，以适应社会对人才的需求。高校的改革行动和提出的建议意见，往往会对政府的教育制度变革产生积极影响。例如，多所高校提出的关于职业本科教育类型的培养建议，在获得教育部的原则同意后，得以试点实施，这充分体现了高校在推动职业本科教育制度变革方面的重要作用。

---

① 牛晶晶，刘惠琴. 我国专业学位教育制度变迁的动力机制与内在逻辑 [J]. 教育研究，2023，44（11）：115-126.
② 国务院办公厅关于深化产教融合的若干意见 [EB/OL]. （2017-12-19）[2024-02-13]. http：//www.gov.cn/zhengce/content/2017-12-19/content_5248564.htm.

另一方面，高校也是职业本科教育的实践主体。通过积极参与职业本科专业设置的研究、承担职业本科教育改革的相关课题，高校在职业本科教育制度的建设方面发挥了积极作用。同时，高校还结合实际情况，出台了具体的职业本科招生、培养、管理等措施，并在培养模式上注重创新、打造特色、形成品牌，从而进一步推动了职业本科教育制度的发展。

3. 政府作为职业本科教育制度的决策者与设计者主导变迁

我国学位条例明确了学位制度的国家属性，在职业本科教育制度的变迁过程中，政府始终发挥着主导作用。职业本科教育的创立建设阶段，正值我国由计划经济向市场经济转变的关键时期，市场对能够适应市场经济发展需求的高层次应用型专门人才，如管理类、工程类、教育类等专业人才，以及能够解决市场经济运行问题的法律类专业人才的需求量急剧增加。为适应这一市场需求，促进市场经济的发展，政府主导开设了相应的职业本科专业，并进行了相应的设置与管理。

进入巩固发展阶段，政府从完善市场经济扩展到满足经济社会发展这一更为宏观的全局目标，再次强调了发展职业本科教育是社会主义现代化建设的需要。在这一阶段，政府设置了多种职业本科专业类别，以满足经济社会发展的多样化需求。

在战略推进阶段，政府更是从国家战略需求、经济增长、社会需要等多方面统筹制定职业本科教育制度，旨在加快培养高素质、应用型人才，为实现国家创新发展提供坚实的人才支撑。例如，为适应国家战略发展需要，2022版《学科专业目录》中交叉学科门类下专门设置了与新兴产业相关的职业本科专业。在高等教育日益普及的背景下，职业本科教育的发展不仅在一定程度上缓解了社会的就业压力，还为经济社会发展注入了新的活力。

（二）外部环境作用

外部环境对职业本科教育的发展也有着重要影响，其中最为突出的是人才供需失衡和产业发展需求。

1. 人才供需失衡呼唤职业本科教育制度改革

近年来，高层次应用型专门人才的供求矛盾日益凸显，主要体现在两个方面。

一是高层次应用型专门人才供需总量的失衡。随着经济的快速发展，企业、事业单位等各行各业对这类人才的需求不断增加。然而，我国传统的学位制度以培养学术型专门人才为主，难以满足市场对高层次应用型专门人才的迫切需求。

二是高层次应用型专门人才供需的结构性失衡。技术进步与产业升级对这类人才的质量提出了更高要求，而传统的学术型学位研究生往往难以胜任应用型职位的实际需要。实践领域领军型人才的匮乏、实践创新能力不足等人力资源供需结构性问题，已成为制约经济社会发展的重要因素。

因此，高层次应用型专门人才供需失衡的问题可以促使政府部门加大改革力度，着手开展职业本科专业类别的设置工作，逐步建立起完善的职业本科教育制度。

2. 产业发展需求形成职业本科教育发展的外部压力

管理、工程、法律等领域对职业型人才的需求与实际供给之间出现了明显的差距。随着经济体制改革的深入，企业管理人才的重要性日益凸显，社会迫切需要大量具备现代化管理能力的企业家和高级管理人才。同时，工业化发展和城市化趋势极大地刺激了对建筑、设计等领域人才的需求。此外，与经济行为和社会稳定密切相关的法律事务也急需大量高素质的专业法律人才。中小学教师及管理干部队伍也亟须更新知识结构并提升个人素养。工矿企业和工程建设部门更是迫切需要高级工程技术和工程管理人才。

产业出于自身发展的考虑，对高层次应用型专门人才的需求愈加明显，并发出强烈的信号。而高质量的人才资源依赖于高等教育。因此，在行业的牵引下，工商管理、建筑、法律、教育、工程等职业本科专业相继设立。这表明，职业本科教育制度是我国产业发展客观要求的产物，是随着产业发展需求应运而生的。

3. 职业本科教育制度的国际经验为我国职业本科教育发展提供参考

职业本科教育制度也是主要发达国家培养高层次应用型专门人才的有效途径，各国在职业本科的类别与覆盖领域上各具特色。例如，美国和英国的职业本科数量众多且覆盖领域广泛，涵盖了工、农、商、教育、医学等多个领域，能够及时适应社会发展对多样化人才的需求。而德国和法国的职业本科则主要聚焦应用型学科，并呈现鲜明的职业导向。

第二次世界大战后，为适应工业领域以及社会、经济、文化等领域对人才的需求，美国开始设置职业本科类型。截至 2020 年，美国已经设立了 40 多种学士职业本科、约 110 种硕士职业本科和约 50 种博士职业本科。这些职业本科教育为社会培养了大批高质量的应用型人才，有效推动了美国经济的增长。其中，美国的医学类、工程类等职业本科由于设置较早，在设置可行性、培养方案、质量评价等方面为我国相应职业本科的设置提供了一定的参考。

从 20 世纪 90 年代开始，英国面向在职人员设立了博士职业本科，这一举措为我国工程博士职业本科的设置方案提供了一定的借鉴。总体来看，发达国家的职业本科教育制度是随着经济社会发展的需要应运而生的，其职业本科的类别也会根据经济社会的发展及时调整。这对我国职业本科教育制度的设立与发展有一定的借鉴作用。

二　路径依赖：普通型教育向职业型教育的转变逻辑

在高等教育的发展历程中，学术型教育长期占据主导地位，但随着经济社会的发展和产业结构的升级，专业型教育的需求逐渐凸显。职业本科教育作为专业型教育的重要组成部分，其发展也呈现明显的路径依赖特征。

历史制度主义视角关注制度的历史继承性和延展性，主要用路径依赖作为制度的自我强化机制来解释制度何以维系、稳定和发展。[1] 职业本科教育

---

[1] Pierson, P. Increasing Returns, Path Dependence, and the Study of Politics [J]. *American Political Science Review*, 2000, 94 (2): 251-267.

制度的变迁亦需从历史继承性和延展性出发，运用路径依赖来分析其发展的内在逻辑。一方面，学位制度起源之初便承载着学术属性，围绕知识的生产与传承展开，强调知识的发现与理解，呈现理论性、结构化、抽象性的特征。我国学位制度建立初期，以培养以学术为业的教师和研究者为目标，从而具有学术属性。另一方面，职业本科为适应经济社会对高层次应用型专门人才的需求而设置，以培养行业需要的应用型专门职业人才为目标，重视培养学生运用知识解决实际问题的能力，培养模式以产教融合的现实场景为主，呈现实践型、技能型与应用型的特征，具有明显的职业性属性。我国职业本科教育是从学术型学位中剥离出来的，高校在培养过程中也不可避免地延续了学术性的教育取向。然而，职业本科的职业性属性要求高校在制度建设中不断强化职业性理念、坚持产教融合、坚持实践创新。

（一）人才培养源于高校学术性教育取向的路径依赖

现代大学确立了教学与研究相统一的原则，威廉·冯·洪堡（Humboldt）的高等教育思想不仅强调科研的发展，也注重培养具备科研能力和从事学术研究的人才。在这一原则的指导下，实验室、研讨班等从事知识生产活动的教学形式贯穿人才培养的全过程，从而形成了现代大学教学与科研紧密结合的传统。

我国大学的研究生培养同样坚守学术型教育理念，致力于培养知识精英。学术型人才培养模式积淀深厚，职业本科教育是在这一模式形成后才得以开展的。因此，职业本科教育在招生、课程设置、教学方式、导师队伍等方面都不可避免地受到了学术型人才培养模式的影响，未能充分体现出其职业性目标的培养理念。

当前，校外导师指导和实践基地建设的现状依然严峻。全日制与非全日制招生并轨后，招考机制存在隐形失衡的问题。以高校为主导的育人方式未能有效激发企业的参与积极性，导致企业在人才培养过程中的作用有限。这种情况使创新精神和实践能力的培养要求难以落实，一定程度上影响了职业本科教育的效果。对学术型人才培养的路径依赖，也反映出大学场域规则的黏性。

（二）培养目标坚守职业性导向

在职业本科教育制度的变迁过程中，坚守并强化培养目标的职业性导向十分重要。

首先，职业性导向的重要性日益凸显。我国学位制度的建立经历了从单一的学术型人才培养到学术型与专业型人才并重的转变。以职业为导向的职业本科教育的重要性日益凸显，这既是国家经济社会发展的客观要求，也是研究生教育服务社会的内在需求。

其次，职业性导向的渗透力持续增强。职业性作为职业本科人才培养目标的核心特点，在培养模式的改革与发展过程中得到了不断强化。通过强调案例教学、联合培养基地建设、加强职业本科教育与行业实践的联系以及完善职业本科教育制度保障等举措，职业本科教育的职业性导向得到了充分体现。

最后，职业性导向推动主导机构升级。职业本科教育的相关文件发文机构不仅限于国务院学位委员会和教育部，还扩展到了国家发展改革委、财政部、人社部等部门。通过比较发文机构的层级可以发现，职业本科人才培养的驱动力在持续增加，即推动职业本科教育适应行业需求、提升实践创新能力的主导引擎在不断升级。

（三）培养模式坚守产教融合之道

职业本科教育不仅注重理论知识的传授，更在培养模式上强调与行业的紧密联系，致力于加强实践创新能力的培养，并始终坚持推行产教融合的培养制度。具体体现在以下几个方面。

一是积极探索联合培养基地建设，旨在提升"产—学—研"协同育人的水平。自2009年我国职业本科教育生源拓展到应届毕业生以来，为深入推进培养模式的改革，政府相继出台了一系列相关政策，以加强校企联合培养基地的建设，为学生提供更多接触实践的机会。依托这些培养基地，构建应用型课程，优化了校企导师的合作机制，使学生能够运用所学知识解决实际问题，并在实践中不断提升应用创新能力。

二是紧密连接行业企业，为职业本科课程建设提供有力支持。在教育部、人社部等部门的文件指引下，高校与各类行业逐步建立了良性的互动互通机制，根据行业需求设置职业本科教育的类别，调整人才培养方案，加强案例教学，共同开设实践课程，共同编写教材，以优化教学内容并提高课程质量。

三是充分借助行业资源，加强校外导师队伍的建设。行业实践工作者是职业本科教育实现产教融合培养的有效人力资源支撑。高校积极聘请实践经验丰富的行业专家担任校外导师，与校内导师共同承担职业本科生的培养工作。这一举措不仅优化了师资队伍建设，还进一步提升了学生的实践创新能力。

坚守产教融合的培养模式，是职业本科教育适应产业需求的必然选择。通过持续的自我强化，产教融合已成为职业本科教育制度变迁的重要路径之一。

（四）质量评价坚守实践创新导向

职业本科教育的质量评价始终坚守实践创新导向，并不断完善其评价机制。在学位论文的选题上，鼓励学生面向领域前沿，开展重要的实际问题研究。同时，在学位论文的评价标准设计上，摒弃"唯论文"的评价方式，更加注重学生在实际问题解决能力、实践创新能力以及研究结果的应用价值与经济效益等方面的表现。在具体评价过程中，除了强调技术创新性，还会综合考察学生在解决技术难题、组织技术研究开发工作等方面的能力。

在职业本科教育的发展过程中，政府充分发挥了专业学位教育指导委员会的指导作用，并完善了专业学位授权点的质量评估机制。同时，鼓励社会第三方参与质量评价，与政府、高校共同探索具有中国特色的职业本科教育质量保障制度。这一质量保障制度主要体现在以下三个方面。

一是发挥专业学位教育指导委员会的指导作用，规范质量标准。专业学位教育指导委员会汇聚了专业领域内的优秀人才，其重要使命和任务就是提出指导性的培养方案和学位基本要求。通过履行研究、咨询、指导、评估和交流合作等职能，专业学位教育指导委员会为职业本科教育的高质量发展提供了坚实保障。

二是重视专业学位授权点的评估，以保障人才培养质量。制定严格的学位授权点评估标准，并对所有学位授权点进行合格评估。这一举措打破了学位授权点的终身制，推动学位授予单位建立自我评估制度，将自主、自律与他律相结合，坚守了职业本科人才培养的质量底线。

三是鼓励社会第三方参与评价，强化外部质量保障。行业协会、用人单位等第三方机构是职业本科教育外部质量保障的重要力量。积极支持这些机构开展产教融合效能评价，并健全统计评价体系，强化监测评价结果的运用，将其作为绩效考核、投入引导、试点开展、表彰激励的重要依据。

第二章 我国职业本科大学运行的宏观整体分析：层次与类型维度

在当今社会经济的快速发展和产业结构不断升级的背景下，职业本科大学作为高等教育体系中的重要组成部分，其运行质量和效果对于满足社会对高素质技术技能人才的需求、推动教育公平与多样化发展以及完善国家教育体系等方面具有重要意义。特别是关于职业本科大学层次与类型维度的探讨，更是关乎其能否准确定位、特色发展、有效供给和产业匹配的关键所在。

本章首先聚焦于职业本科大学的层次质量，从多个维度剖析其对于大学自身发展、学生生涯延展、社会产业人才供给匹配以及国家教育体系完善等的多重意义。进而，通过内涵、系统论以及程序与结果等多元视角，对职业本科教育层次质量进行深入探讨，揭示当前试点大学在层次质量上存在的问题表征，如认识不到位、需求不匹配、培养不达标、政策不配套以及评价不一致等，并针对这些问题提出层次质量提升的系统性、特色性、对接性和责任性等路径。

紧接着，本章进一步转向职业本科大学的类型质量分析，探讨其经历学界、政策和实践三重发展后的理论逻辑，明确职业本科教育质量是结合层次与类型属性的综合考量，同时阐述类型质量与层次质量的相关但不同之处，以及类型质量理论的关系分析与本质属性。在此基础上，本章着重讨论了职业本科教育类型质量的当代价值与问题表征，指出类型问题对于大学发展、学生生涯、社会产业人才供给和国家教育体系完善的重要意义，并深刻剖析了职业本科大学在服务技能强国建设过程中存在的诸多类型质量问题，如学校类型坚守不执着、人才类型培养不充分、培养评价类型未落实、培养类型质量未认可以及师资支撑保障不到位等。

最后，本章提出了职业本科教育类型高质量发展的内外实践体系，强调构建全方位保障与提升制度体系的重要性，包括宏观层面的制度体系搭建、"同等"支持制度的建立、招生与学位配套制度的推进落实，以及体现类型质量的评估与监管制度的设计与完善。同时，坚守职业类型定位、类型发展、人才培养与评价标准，确保职业本科大学在发展过程中能够定位准确、特色鲜明、保障条件和契合评价，从而实现类型质量的高水平发展。

第一节 职业本科大学的层次质量

一 研究的缘起

随着职业本科教育试点大学的推进进入深层次阶段，质量问题随之成为大家关注的热点。职业本科教育质量的核心问题是类型质量和层次质量。关注职业本科大学的层次质量，源自职业本科大学的实践发展态势、高质量政策目标和学界对质量的关注三个层面。

实践发展层面，职业本科大学试点学校逐渐增加。2021 年，全国共有1238 所普通本科高校，招生 444.60 万人；共有 32 所本科层次职业学校，招生 4.14 万人；1486 所高职（专科）院校，招生 552.58 万人。[①] 2021 年，在职业教育发展史上具有里程碑意义的《关于推动现代职业教育高质量发展的意见》（以下简称《意见》）进一步明确指出，到 2025 年，"职业本科

---

① 2021 年全国教育事业统计主要结果 ［EB/OL］. （2022 - 03 - 01）［2022 - 05 - 20］. http： //www. moe. gov. cn/jyb_xwfb/gzdt_gzdt/s5987/202203/t20220301_603262. html.

教育招生规模不低于高等职业教育招生规模的 10%"①。这意味着在未来的 2~3 年，职业本科大学的在校生要扩大约 9 倍，达到 40 万人左右。职业本科大学办学质量如何保障，是一个很重要的现实问题。

政策目标层面，高质量的职业本科大学是推动现代职业教育高质量发展的重要方面。《意见》明确规定，"到 2035 年，职业教育整体水平进入世界前列，技能型社会基本建成。技术技能人才社会地位大幅提升，职业教育供给与经济社会发展需求高度匹配，在全面建设社会主义现代化国家中的作用显著增强"②。如何确保本科层次职业教育能够达到世界水平，服务技能型社会，达到职业本科大学的层次质量是高质量的政策目标之一。

学界关注层面，对职业本科大学质量的研究已经成为高职教育研究的重中之重。有学者阐述了高等教育层次结构技术进步和经济高质量发展之间的关系，发现高层次结构可以有效地促进经济高质量发展。技术进步在高等教育层次结构促进经济高质量发展过程中起到了中介作用。③ 有学者强调，高质量的本科教育必须达到法定的教育目标。关键特征在于教育性、职业性、技术性、技能性和实践性。高质量本科教育的高阶特征在于高等性、应用性、创新性、复合性和发展性。推进高质量职业本科教育的策略在于坚持类型特色，加强顶层设计，坚持立德树人，遵循人才规律，坚持学生中心，找准发展路径，坚持内涵建设，推进课程改革，坚持科学评价，强化支撑保障。④ 还有学者根据职业教育质量监测指标提出了关于质量监测指标的内在逻辑，包括需求逻辑、办学逻辑、管理逻辑、成长逻辑和发展

① 中共中央办公厅　国务院办公厅印发《关于推动现代职业教育高质量发展的意见》［EB/OL］.（2021-10-12）［2024-02-13］. https：//www. gov. cn/zhengce/2021-10/12/content_5642120. htm？eqid=ef85b41d0000cf39000000046497a127.

② 中共中央办公厅　国务院办公厅印发《关于推动现代职业教育高质量发展的意见》［EB/OL］.（2021-10-12）［2024-02-13］. https：//www. gov. cn/zhengce/2021-10/12/content_5642120. htm？eqid=ef85b41d0000cf39000000046497a127.

③ 卢卓. 高等教育层次结构、技术进步与经济高质量发展［J］. 统计与决策，2023，39（01）：115-119.

④ 郭广军，李昱，刘亚琴. 高质量职业本科教育的教育目标、关键特征及推进策略［J］. 教育与职业，2022，（22）：44-47.

逻辑等五个方面。[①]

可见，关于职业本科大学与普通本科大学的区别的研究相对较多。但对于层次质量、职业本科大学和职业专科大学之间的关系、职业本科和专业硕士之间的关系，理论界和实践层面关注得并不够。研究职业本科大学的层次质量问题，对保障职业本科大学质量具有重要的时代意义、现实意义和理论意义。

二　发展职业本科大学层次质量的多重意义

高质量发展职业本科教育是助推我国教育体系不断完善的动力，是撬动国家高质量发展的重要支点，回应了人民群众对高质量美好生活的需要。[②] 职业本科大学层次质量事关职业本科大学自身，事关学生职业发展生涯，事关社会产业行业，事关国家教育生态体系。

（一）层次质量对于职业本科大学的发展意义

层次质量是职业本科大学的内在属性之一（另外一个属性是它的职业性），层次在这里指的是本科层次，如何彰显、体现、渗透、拆解本科层次的质量，既是职业本科大学区别于原有的职业专科大学的重要依据，更是决定职业本科大学如何彰显本科层次属性的突破路径。故而，职业本科大学的层次性，影响着职业本科大学的发展。职业本科大学的层次决定着职业本科大学的专业设置人才培养方案、师资队伍的绩效分配方案，以及面向产业人才类型的规格。

（二）层次质量对职业类学生生涯的延展意义

职业本科大学的层次质量对于职业学校的学生生涯发展，具有重要的延展意义。层次质量对于学生的意义是为从专科层次到本科层次，乃至研究生层次的延展，起到了桥梁的作用。这个作用表面看来是对某个个体学生，事

---

① 聂伟，王军红. 论职业教育质量监测指标的逻辑及其自洽［J］. 中国高教研究，2020，（07）：98-102.

② 罗克各，高芳芳. 夯实职业本科教育高质量发展根基［J］. 中国高等教育，2022，（21）：59-61.

实上是为某类学生乃至职业教育类的学生构建了一套体系，同时也为专科层次普通教育类的学生进入职业教育学生生涯体系搭建了立交桥。横向延展是整个高等教育学制立交体系里边的重要环节，实现了真正意义上的"普职融通"。

（三）层次质量对社会产业人才供给的匹配意义

层次质量对于社会产业人才需求的供给来说，具有一定的匹配意义。专科层次的人才培养和本科层次的人才培养有着"质"的不同。职业教育学生和普通教育学生之间的"不同"与此相似，一个是类别的差别，一个是层次的差别，基于本科层次社会产业需求的人才供给需要满足社会产业对本科人才的需求。这一方面源自产业对高水平高层次专业技术人才的需要，另一方面也满足了企业对于本科层次职业技术人才规格的诉求。此外，对于本科层次职业教育产业人才的供给意义，一是使本科层次人才直接与社会产业对接；二是从需求侧对本科层次职业教育人才供给，增加了更加广阔的吸引力。所以，层次对于职业教育来说，可以提供源源不断的人才，是一种持久的人才供给。所以，作为层次质量的高质量本科职业人才对社会产业人才来说具有匹配意义。

（四）层次质量对国家教育体系完善的生态意义

层次质量对于国家教育体系的完善具有多重意义。首先，源于国际高等教育分类体系。现阶段国际高等教育分类体系将本科层次职业教育作为一种单独的体系。其次，源于其他发达国家本科层次职业教育的实际情况，现阶段英国、日本、澳大利亚、美国等发达国家都有本科层次职业教育。最后，也源于当下我国职业教育进入类型化本科层次的发展阶段。由于种种历史原因，我国职业教育和普通教育的"分类和分层"关系没有理顺，出现了高等职业教育发展到专科层次的天花板。现阶段发展本科层次职业教育，向下可以衔接专科层次职业教育，向上可以对接专业学位，横向可以对接普通教育。本科层次的职业教育对于完善我国的教育学制体系，具有重要的生态意义。

三　多元视角下的职业本科教育层次质量

本科教育层次质量从不同的视角或者视域可能有不同的逻辑，这些逻辑和视角的学理，能够为分析职业本科层次质量提供借鉴和帮助。一方面要区别职业本科大学的质量和层次，另一方面要从内涵、系统论、程序与结果等理论视角审视职业本科层次质量问题。

（一）内涵视角的职业本科教育层次质量

所谓职业本科教育质量，一般是指职业本科教育的若干固有教育服务特性，满足内外部要求的程度。此处的"要求"包括明示的、通常隐含的或必须履行的需求或期望。要厘清职业本科教育质量内涵，还应从职业本科教育特性的视角加以分析。有学者认为职业本科教育至少具有六大特性：层次性、高等性、职业性、本科性、技术性和实践性。[①] 从这个逻辑出发，可见层次性和高等性、本科性有直接的关系，与技术性、职业性、实践性有间接的关系。职业本科大学的层次质量在这里所倡导的高等性指的是职业本科大学属于高等教育学段，相对的是基础教育阶段，倡导的本科性指的是职业本科，大学属于本科层次，区别于专科层次，也区别于研究生层次。职业本科大学的技术性间接地体现在职业本科大学人才培养属于技术性层面，相对于中专层次的技能型，也相对于研究生层次的工程型、应用型。职业本科大学的层次性和职业性相关联，体现在职业本科大学所培养的人才可以直接满足职业岗位需要，而非学术性导向。职业本科大学层次性与实践性相关联，职业本科大学的人才培养也重视实践性的环节。可见，如要深层次把握职业本科大学的层次质量，必须同职业本科大学其他相关属性结合分析，深层理解。

基于上述逻辑，本科层次职业教育要体现职业教育的层次性质量。主要体现在如下三个方面，好用与耐用相结合，宽厚与专精相结合，技术与人文相结合。一是对于本科层次的职业教育来说，培养的人才是否耐用取决于理论基础知识和实践知识的厚度。对于技术技能人才不能仅限于知其然，还必须做到知其所以然；必须从较低层次的经验本位，提升到本科层次的方法本

[①] 崔奎勇，蔡云，史娟. 职业本科教育质量指数构建研究［J］. 中国高教研究，2022，（03）：94-98.

位。二是宽厚与专精方面，与高职高专人才培养的窄口径相比具有较宽的口径。三个高端的定位决定了培养人才不再是单一的技术技能型，而是技术性、探究性、创新性的综合应用，这意味着人才的培养是宽厚而不是单一的。强调学生对技术系统的全面了解，多学科知识的基层应用，以及应用创新的能力，成为通才基础上的专才。三是本科层次职业教育的高端性，其人才培养价值必须从赋能提升为增值，必须从面向器物的需求强调学以致用，强调"三教融合"学生的人文性。在通识教育、专业教育、创新教育的融合基础上，培养学生的科学思维和批判精神，提高人文素养，教会学生如何做人。把工匠精神作为本科层次职业教育的核心价值，彰显高层次技术技能人才理想素养。[①] 可见，类型质量和层次质量共同构成了职业本科的质量问题，本科层次职业教育的层次质量和本科层次职业教育的类型质量紧密相关，既有区别又有联系。

（二）系统论视角的职业本科教育层次质量

系统论是一个独特的哲学体系，主要从系统和要素，以及要素之间的关系和过程出发分析问题。从系统论的视角了解职业本科教育层次质量颇有价值。有学者从结构论、价值论和方法论的系统哲学逻辑解读职业本科教育层次质量。结构论促进质量要素的结构重塑，回答了培养什么人的质量本质；价值论释放质量价值的应用属性，确认了为谁培养人的质量功能；方法论化解质量问题矛盾，明确了如何培养的质量路径。[②] 系统论的视角总是从系统的元素、关系和过程三个层面来讨论问题。职业本科教育也从学生和学校进出系统视角，分为职业本科教育的招生、培养和就业三个层面。宏观上讲，职业本科教育的系统论与专科层面和研究生层面的职业本科教育有关，横向又同普通本科教育的职业有关。从职业本科教育的招生、培养和就业三个层面的系统视角来看职业本科教育层次质量的问题。首先，从职业本科的招生口径来看，职业本科教育的学生必须是基础够用、水平相当的，其理论素养

---

① 沙鑫美. 类型目标：本科层次职业教育的必要指向 [J]. 教育与职业，2020，(19)：5-11.

② 邓丰，赵昕，赵哲. 系统哲学视域下职业本科教育质量的解读及形成 [J]. 中国职业技术教育，2022，(12)：5-10.

或者前提素养达到了职业本科现有人才培养的基本要求。其次，培养过程也要满足职业本科教育层次质量的需要。师资、课程、教学，以及其他的管理保障都必须能够满足职业本科教育的层次性要求。最后，从就业来讲，就是职业本科的出口能够达到本科水准。

（三）程序与结果视角的职业本科教育层次质量

形式合法性与实质合法性是衡量质量标准的重要视角。职业本科教育层次质量，如果理解为水平层次质量，这个水平包括了实质性的水平和形式性的水平。实质性的水平，指的是职业本科教育培养的学生，真正地达到具有本科层次的毕业条件和学位条件；形式性的水平指的是他们获得了职业本科教育层次所要求的学历证书和学位证书，以及相应的其他从业证书。所以形式的合法性指的是职业本科教育最终培养出的人才获得了相应的证书及相应的竞争力。而所谓实质性的本科层次质量指的是它不见得具有形式上的证书，但是倾向于培养的人才具有了真正的本科层次的水平和能力，能够满足岗位所需的基本素养和要求。

此外，程序与实质视域的职业本科教育层次质量，存在一个标准问题，形式的职业本科教育层次质量可以通过获得证书以及达到标准来衡量。

四 职业本科试点大学层次质量的问题表征

关于当前我国职业本科试点大学层次质量的问题，学者们从不同的角度进行了分析。核心观点认为，职业本科教育的双重属性带来了职业性与高等性并重、专业建设与学科建设并重、人才培养与科学研究并重等双重任务，而双重属性下的驱动发展会引起本科层次矮化直角轨道偏离等问题。[①] 本科层次职业教育试点大学层次质量现阶段存在的问题主要反映在对职业本科人才层次质量的认识问题、对接需求问题、培养问题、政策问题以及保障问题等方面。

---

① 唐柳. 处于交叉地带的职业本科教育——兼论高质量职业教育体系建设 [J]. 职业技术教育，2022，43（28）：18-23.

（一）职业本科教育人才层次质量的认识不到位问题

对职业本科教育层次质量的认识问题包含两个方面，一是认同问题，二是认知问题。认同问题是社会公众重视学历背景和忽视技能的偏见造成的，这使得职业本科教育的组织者、受教育者（如学生和家长）、雇主等对职业本科教育产生了偏见。虽然职业本科教育也挂着"本科"二字，属于本科教育水平，但实际地位和普通本科仍有差异。即使近年来，也不乏建议职业学校将"职业"改为"应用"或"技术"等名称的争论。表面上看是职业本科教育国家政策意图和教育类型定位不清楚，实质上依然是没有意识到职业本科教育的重要性和应然地位。① 此外，职业本科层次大学的层次质量动态的实现过程中包括了人才的招生制度、人才培养过程制度，以及人才最终性质上和事实上是否达标的问题，现阶段关于招生的问题机制还没有解决，实际人才培养过程中难以保障培养出的人才能被用人单位认可，它本身也存在一种不确定性。所以说本科层次职业教育试点大学毕业生的就业前景还有待证明。

认知问题主要表现在职业本科大学对职业本科人才的层次质量标准的认知能力问题。具体表现在认识层面不能严格地区别专科层次、本科层次、研究生层次的高职教育人才。表现在职业本科人才培养方案的制定、职业本科人才课程和教学过程的本科化，以及职业本科教育人才层次质量的毕业评价标准等方面。现阶段国家出台了《本科层次职业教育试点专业目录（试行）》《本科层次职业教育专业设置管理办法（试行）》，这些文件为推动本科层次职业教育高质量发展提供了基本保障。但是本科层次人才的层次质量是一种静态的规制，是一个设置的标准，实际上还需要一个建设的过程。

（二）职业本科教育人才层次质量的需求不匹配问题

职业教育层次体系难以满足产业结构转型是职业本科教育人才层次质量的需求逻辑。"十三五"期间，中国技术工人数量增加到 2 亿人，高技能人

---

① 罗克全，高芳芳. 夯实职业本科教育高质量发展根基［J］. 中国高等教育，2022，（21）：59-61.

才已经超过了 5000 万人，但技术工人仅占总就业人口的 26%，高技能人才仅占总技能人才的 28%，在德国、日本等制造大国，高技能人才占熟练人才的比重为 70%~80%，相比之下差距较大。①

我国高等职业教育多处于专科层次，职业本科教育发展规模相对较小，无法供给社会需求的职业本科教育层次人才。高职本科教育人才的水平、质量供给与行业实际需求之间还存在一定的差距。即使职业本科教育的复合性要求培养和输出的技术人才在知识水平上达到本科水平，并高于高职院校的技术技能水平。然而，这只是一个看似明确但仍是通用的人才培养标准，而在实践中距离跟随产业创新升级和经济结构调整的具体行业需求还很远。如果职业本科教育高层次人才供给不能实现与产业创新发展所产生的高端就业需求的真正联动，恐怕就无法彻底打破"高职本科教育只在学制上比高职专科教育长"的社会刻板印象。②

（三）职业本科教育人才层次质量的培养不达标问题

大多数职业本科可能仍然只停留在培养高端技术技能人才的教学目标和人才培养方案上，缺乏具体的、可操作的实施方案。可见，本科职业教育虽然已成为职业教育的一个独立层次，但以往办学模式或人才培养模式的"惯性"依然长期存在。具体表现在如下三个方面。一是学校人才培养定位不是很明确，不能达到本科层次性。具体表现在人才培养定位和培养过程标准、考核评价标准不完善，在职业本科教育人才培养目标与专科职业教育人才培养目标的区分度上并不明确，在认识和教学标准设计上还都比较模糊，可能存在"穿新鞋、走老路"的情况，导致培养层次质量不达标。二是专业内涵建设相对滞后，不能体现本科层次性和职业性。主要表现在专业建设过程中，存在专科与本科、职业本科与普通本科的理念冲突。在教学过程仍然比较重视理论学习，相对轻视技能训练，课程建设重视学科体系，相对轻

---

① 事关就业、落户！国务院印发重磅文件，官方解读来了 [EB/OL]. (2021-08-30) [2022-04-04]. https://www.ifnews.com/news.html? aid=201318.

② 罗克全，高芳芳. 夯实职业本科教育高质量发展根基 [J]. 中国高等教育，2022，(21)：59-61.

视实践体系，导致专业建设与人才培养不能达到职业本科教育的层次要求。三是办学的软硬件条件相对薄弱。表现在硬件条件建设上相对不够，"双师型"师资队伍建设的整体数量、结构比例和实际胜任力相对不够，职业本科人才培养的制度建设层次提升不够，导致对职业本科教育层次质量支撑不够。①

（四）职业本科教育人才层次质量的政策不配套问题

教育部相继出台的《本科层次职业教育专业设置管理办法（试行）》和《本科层次职业学校设置标准（试行）》只解决了职业本科教育行政许可的门槛问题。但是职业本科教育的内涵、实践形式、办学规律等问题，均需要长时间、全方位、深入的理论支撑、实践探索和具体化的配套政策来落地。发展职业本科教育是国家对高等职业教育服务经济发展的政策要求，既要从外延上提出要求，又要不断探索其内涵，不能让本科水平只成为一个指标水平。②

（五）职业本科教育人才层次质量的评价不一致问题

职业本科教育人才层次质量保障问题主要与质量评价活动和评价指标体系相关。一方面，职业教育质量评价的种类繁多，对职业本科教育的专项评价缺失。鉴于高职教育评价活动的目的、主体、对象和要求的不同，自然产生了多种评价指标。高职院校水平评价、教学工作诊断与改进评价、高职院校适应社会需求能力评价和年度质量报告制度等，名目繁多。这些评价活动、项目选择、工作制度和机构排名都遵循各自的评价指标。在这里所说的本科层次职业教育的质量保障问题是国家层面的问题，国家层面虽然已经颁布了几个文件来强调本科层次职业教育的门槛问题，但实际上对于本科层次职业教育人才培养的过程和结果的关注相对来说还不够。

另一方面，现阶段本科层次职业教育的制度体系还不能够满足本科层次

① 马廷奇，陈辉. 现代职业教育体系建设与职业教育高质量发展 [J]. 职业技术教育，2022，43（21）：7-12.

② 唐柳. 处于交叉地带的职业本科教育——兼论高质量职业教育体系建设 [J]. 职业技术教育，2022，43（28）：18-23.

职业教育试点大学正常运行的需要。如缺少专业群人才培养标准，缺少针对本科层次职业试点大学的质量水平评估，还缺少本科层次职业教育大学内部质量监管的机制，更缺少本科层次职业教育水平的诊断性的社会评估活动或组织。现阶段本科层次职业教育水平究竟如何？社会认同度怎么样？它的质量保证机制如何？从现有的高职学校质量年度报告完成质量来看，并没有体现本科层次特殊性，且很多职业本科大学教学质量报告完成质量堪忧。① 此外对职业本科大学层次质量的评价，还要考虑到民办高校、公办高校的差异性，东部、西部、中部职业本科大学的特殊性，也要考虑到不同专业大类层次质量的差异性。所以构建职业本科教育层次质量的评价体系，是保障职业本科教育层次质量的重要抓手，具有紧迫性、重要性和特殊性。

五　职业本科教育层次质量的提升路径

提升职业本科教育层次质量的基本路径，应从内部与外部的视角，从行政、市场与教育融合来考虑，采用多元路径的目标来实现质量提升，按照权利和义务相对等原则来明确层次质量的办学相关主体的责任，大力促进职业本科大学层次高质量发展。推动职业教育区域化发展，优化升级职业教育人才培养的层次体系。

（一）层次质量提升系统：内部与外部成体系

职业本科教育不是一种孤立的教育，而是一种职业教育，是教育制度不可或缺的一部分，不应把职业本科教育与现行教育制度分隔开来。② 对职业本科教育层次质量提升从内外部系统来分析，主要是把教育系统作为一个半开放的系统来考虑的。职业本科教育层次质量提升的内外部系统主要有三个层面。第一个层面是职业本科教育和职业中职教育、职业专科教育、职业硕士教育，乃至职业博士教育之间的系统内纵向层次设计。建立一套完整的专

---

① 陕西省社会科学院.《首批试点职业大学 2022 年度质量年报分析报告》发布［EB/OL］.（2022-07-01）［2024-02-13］. http://www.sxsky.org.cn/detail/7154.

② 罗克全，高芳芳. 夯实职业本科教育高质量发展根基［J］. 中国高等教育，2022，（21）：59-61.

业人才培训系统，使职业教育在通识教育以外，成为一个独特的自成一体的人才发展机制。第二个层面是职业本科教育和普通教育之间的横向系统融通。通过建立国家资格框架体系，搭建职业教育和普通教育之间多层级、多类型、多场域、多系统的融会贯通，建立以职业本科教育为核心的普通教育和职业教育的立交桥。第三个层面是职业本科教育和继续教育、成人教育、终身教育搭建建立层次沟通体系，实现学制体系和终身教育的立交桥。

（二）层次质量提升特色：行政、市场与高校相协同

首先，职业本科大学要立足自身发展的实际情况，贯彻落实学校的章程规定。进一步明确行业、产业等相关主体参与学校本科层次质量提升的内部治理。加强学校内部组织，特别是教授委员会、教职工代表大会、学术委员会等组织的建设在质量提升中的作用。围绕学校职业本科层次专业群建设的需要，调动院系两级管理人员的积极性，出台相关制度政策理顺相关关系，明确权利和义务，赋予二级学院制定本科层次人才培养质量的自主权。①

其次，要尽快完善政府、学校、企业、第三方合作的内外治理体系。提高职业本科大学的现代管理能力，这是保证职业本科特色发展的组织基础。政府要做好职业本科层次高质量发展的统筹规划和服务支持，结合地方产业布局和经济社会发展的独特优势，召集校企业专家，为区域职业本科层次定位和专业群体本科层次布局提供有针对性的指导。帮助职业本科大学确立层次质量发展目标，完善特色专业群布局，为职业本科大学实现高质量的本科层次人才培养提供充足的人力和财力支持。

最后，要合理、规范和灵活地利用好不同的政策工具对职业本科大学层次质量提升的不同功效与作用。推进职业本科教育的途径包括行政手段、市场手段和学校自主手段的三方协同。行政手段是政府颁布相关政策，市场手段通过建立市场机制、竞争机制和市场条件来实现，学校自主手段则是指学校通过自己的方法来提高人才的质量。

①　李天源，石伟平. 职业本科院校在高质量发展阶段的特色发展之路：理论原则、关键任务与保障策略［J］. 中国职业技术教育，2022，（12）：16-20+70.

（三）层次质量提升体系：对接专业研究生培养

围绕新时期职业教育高质量发展，国家应该在学校层面构建中等职业教育、高等职业专科教育、高等职业本科教育、职业研究生教育为一体的现代职业教育体系。

一是在基础教育阶段建立职业启蒙教育体系，推动基础教育改革向职业生涯教育渗透。二是强化中等职业教育基础地位，坚持办好中等职业教育的战略，建立绿色有活力、特色鲜明、高质量的高等职业教育体系。三是招收职业教育研究生，打通各级职业教育衔接渠道，通过建立职业教育学分银行进行教师交流、课程交流、学分互认等。搭建技能型人才的"立交桥"，建立职业教育高考制度，通过实施文化课程考试加职业技术、职业技能考试的职业教育高考制度，采用分层分类的方式选拔人才进入专科、本科职业教育学校，获得相应的学位；建立职业教育专业硕士人才选拔机制。对符合选拔条件的技术人才，实行职业教育高层次应用型人才培养，对符合毕业要求的，授予硕士学位，认定为应用型高层次技术技能研发人员。[①]

（四）层次质量责任主体：权利与义务相对等

要实现职业本科教育人才培养层次质量，必须明确人才培养的责任主体，明确层次质量责任主体的关键在于明确人才培养的权利和义务。

规范办学是职业本科院校特色发展的前提，适应创新是职业本科院校特色发展的动能。[②] 职业本科教育人才培养层次质量的责任主体主要有职业本科学校、政府、企业、学生等。一方面，职业本科学校必须严格按照职业本科人才培养层次的要求进行人才培养，提供相关支撑。相关企业在参与职业本科教育人才培养的过程中主动承担学生实习的义务，接纳学校师资进厂进企进修等。相关政府必须履行职教高考框架搭建、职业教育本科层次人才培养过程监管、职业本科人才与普通人才就业平等薪酬地位的落实。另一方

[①] 刘绪军. 新时代职业教育高质量发展的机遇、挑战及应对策略［J］. 教育与职业，2022，（20）：43-48.

[②] 李天源，石伟平. 职业本科院校在高质量发展阶段的特色发展之路：理论原则、关键任务与保障策略［J］. 中国职业技术教育，2022，（12）：16-20+70.

面，相关的责任主体也拥有相对等的权利，职业本科学校相对要拥有人才培养的自主权，在外部物质和经费保障方面，获得相关企业的支持。地方政府拥有能够协调区域职业本科教育发展的统筹权，并且对一些不履行职业本科教育的学校和不能接纳职业本科学校学生实习的企业事业单位进行政策调控。对本科教育提供相应支持的企业、事业、产业单位，政府应予以减免税收或者提供相对等的资源。

第二节　职业本科大学的类型质量

党的二十大报告明确指出要"坚持以人民为中心发展教育，加快建设高质量教育体系""优化职业教育类型定位"。[①] 当前，作为本科层次职业教育试点的职业本科大学正快速发展。然而，如何确保职业本科教育既坚守职业教育本色，又能实现高质量的发展，是我们面临的双重挑战。因此，从理论层面对此进行深入分析显得尤为重要。由此可见，对职业本科教育的"类型质量"进行研究，不仅十分必要，而且具有深远的理论和实践意义。

一　职业本科教育类型质量的三重发展与理论逻辑

职业本科教育发展有着较长的学界争论期，也有较短的政策和实践期，这为职业本科教育高质量发展与职业本科教育类型质量提供了理论养分。

（一）职业本科教育经历了学界、政策和实践的三重发展

学界层面，高等职业教育与普通本科的区别在于类型还是层次，在学界经历了一个较长的争论期。[②] 早在 20 年前，就提出本科院校要办好高职与本科教育的类型改革，认为开办本科层次高等职业教育是社会发展的客观需

---

① 党的二十大报告全文［EB/OL］.（2022-11-02）［2024-02-13］.https：//jbm.cq.gov.cn/article/2022-11/02/content_1899.html.

② 李鹏，石伟平.中国职业教育类型化改革的政策理想与行动路径——《国家职业教育改革实施方案》的内容分析与实施展望［J］.高校教育管理，2020，14（01）：106-114.

要，普通教育和职业教育是类型的差别。① 我国高等教育学科创始人潘懋元先生很早就呼吁职业高等教育和普通高等教育是类型教育，并且大力倡导应用型本科教育。② 也有研究者认为，即便在美国、德国这些职业教育发达的国家，也没有独立于普通教育学之外的职业本科教育学，所以也不应该存在普通教育之外的职业本科教育。③ 还有学者研究发现，在我国台湾地区，职业教育发展到博士层，并没有区别职业教育和普通教育。④

政策层面，我国现代职业教育的"类型地位"经历了一个从宏观到具体、从模糊到明确的过程。《国家中长期教育改革和发展规划纲要（2010—2020年）》从中央层面强调要"建立高校分类体系"。2014年的《国务院关于加快发展现代职业教育的决定》明确了职业教育与普通教育是两种不同教育类型，具有同等重要地位⑤。2019年国务院印发《国家职业教育改革实施方案》，提出并开始职业本科大学试点。⑥ 2022年新修订的《职业教育法》更是确认并明确了职业教育和普通教育的类型。

实践层面，从2019年职业本科大学试点开始，职业本科教育快速发展。2022年，我国有32所本科层次的职业学校，同时职业本科的招生数量也攀升至7.63万人，相比上年大幅增长了84.39%。进入2023年，全国的高等学校数量增至3074所，较上年增加了61所。这些学校中，普通本科学校共有1242所，包含164所独立学院。高等教育总在校人数已经达到4763.19万人，比上年增长了108.11万人，提升了2.32%。在各类高等教育机构中，本科层次职业学校增至33所，高职（专科）学校有1547所，成人高等学

① 杨金土. 本科院校办好高职与本科教育的类型结构改革［J］. 职业技术教育，2002，23（01）：5-8.
② 潘懋元. 中国高等教育的定位、特色和质量［J］. 中国大学教学，2005，（12）：4-6.
③ 孟景舟. 文本之误：职业教育的语言学与历史学视角（下）——职业教育名称之争的原由［J］. 机械职业教育，2005（11）：5.
④ 陈宝华. 本科层次高职教育问题研究综述［J］. 职教通讯，2013，（07）：53-56.
⑤ 国务院关于加快发展现代职业教育的决定［EB/OL］.（2014-05-02）［2019-03-16］. https：//www.gov.cn/gongbao/content/2014/content_2711415.htm.
⑥ 中华人民共和国职业教育法［EB/OL］.（2022-04-21）［2022-04-22］ https：//www.moe.gov.cn/jyb_sjzl/sjzl_zcfg/zcfg_jyfl/202204/t20220421_620064.html.

校有 252 所。特别值得注意的是，职业本科的招生人数增长至 8.99 万人，比上年增长 17.82%。此外，全国高等教育专任教师总数已达 207.49 万人，其中在本科层次职业学校任教的教师有 3.08 万人。这显示了我国职业本科教育的蓬勃发展态势。①

（二）职业本科教育类型质量的理论分析

职业本科教育质量问题主要在于类型质量和层次质量，研究类型质量对职业本科教育高质量发展具有重要的实践和理论指导意义。职业本科教育类型问题与职业教育的大学、学生、产业和政府等各方面都息息相关。研究类型问题、类型质量问题具有多重的意义。职业本科教育的质量主要包括两个层面，一是职业本科教育的层次质量，二是职业本科教育的类型质量。职业本科教育的质量有客观的标准，也有主观的标准，有事实判断的标准，也有价值判断的标准。类型问题对职业本科大学相关类主体的多重意义，决定了类型问题的质量意义。

1. 职业本科教育质量是结合层次与类型属性的综合考量

质量是一个在多学科中都有涉及且具有不同界定的概念。在物理学中，质量被定义为物体的一种物理属性，是物质惯性大小的量度，它是一个正的标量。在工程学和技术领域中，质量通常被定义为一个事物在设计和制造过程中所具备的特性和属性，如强度、硬度、密度等。在管理学领域，质量则被理解为事物满足用户需求的程度，即从用户角度来评价事物的一个关键指标。质量管理则是一套系统性的方法和措施，旨在监控、控制和提升事物的质量水平，它涉及整个生产过程中的各个环节。在心理学中，也有对质量的研究，如质量心理学，它是研究产品质量形成的全过程中涉及的心理现象及其规律的科学。教育质量是一个多维度的概念，涉及教育活动的各个方面。在具体的层面上，教育质量涵盖了诸如教学水平、师资力量、教学设施、学生素质、教育环境等多个方面。例如，教师的专业素养、教学能力和敬业精神会直接影响学生的学习效果和兴趣，进而影响教育质量。同样，学校的教

---

① 教育部：全国共有各级各类学历教育在校生 2.91 亿人 [EB/OL]. （2024-03-01）[2024-03-22]. http://www.moe.gov.cn/fbh/live/2024/55831/mtbd/202403/t20240301_1117755.html.

学设施、教育资源的投入以及学校文化等也会对教育质量产生重要影响。此外，教育质量还关注学生的全面发展，包括知识掌握、能力提升、道德品质、身心健康等方面。可见，教育质量是评价教育活动是否达到预期目标、是否满足学生和社会需求的重要依据，也是教育改革和发展的核心目标之一。

职业本科教育质量要综合多方面的考量，必须结合自身的学校层次与类型属性，主要包括以下几个维度。一是适应性。职业本科教育需要紧密对接区域主导产业、支柱产业和战略性新兴产业，其质量体现在提供的高层次技术技能人才的数量和质量是否满足这些产业的需求。同时，产教融合的程度也是衡量其质量的重要指标。二是高等性。作为高等教育的一种，职业本科教育需要立德树人，培养达到高等教育人才要求的学生。其质量还体现在学生按时就业的程度，以及为地方经济和社会发展作出的贡献。三是职业性。职业本科教育以职业为逻辑起点，其质量体现在专业对接高级复杂职业岗位的程度，课程和职业岗位工作的衔接程度，以及培养的技术技能人才胜任高级复杂工作岗位的能力。四是本科性。作为本科层次的教育，职业本科教育需要满足培养本科层次职业人才的基本办学条件，如生师比、"双师型"教师比例、生均占地面积等。其质量也体现在毕业生技术技能水平是否达到高级的程度，以及学生是否达到要求并取得本科学位。

2. 职业本科教育类型质量与职业本科教育层次质量相关但不同

职业本科教育类型质量与层次质量是相辅相成的。类型质量强调其职业教育属性和实践性的本质特征，而层次质量则注重其达到本科层次教育的标准和要求。两者共同构成了职业本科教育的整体质量观。

职业本科教育的类型质量主要体现在其职业教育属性上。这意味着职业本科教育应紧扣职业发展需求，遵循工作体系逻辑，其本质上是实践性的。从质量发展、相关利益者要求、新时代高等教育理念等视角来看，职业本科教育的类型质量应树立学生中心、产出导向、持续改进的质量观。这要求各方面质量应以学生为中心来设计、实施，并突出学生成果的质量，以学生学会多少、获得多少为质量依据。

职业本科教育在层次上属于本科层次，因此其基本办学条件应达到《普通高等学校基本办学条件指标（试行）》中本科的要求。例如，具有高级职务教师占专任教师的比例等，都应达到相应的标准。职业本科教育的层次质量还体现在其人才培养适应度、条件保障度、质量保障有效度、培养目标达成度、学生用人单位满意度以及技术创新和社会服务贡献度等关键质量要素上。这些要素共同构成了职业本科教育层次质量的评价体系（见表2-1）。

表 2-1 职业本科教育的类型质量和层次质量的比较

维度	类型质量	层次质量
培养目标	培养具有鲜明行业面向和职业特色的高素质技能人才	培养达到本科层次要求的高等技术技能人才
教育定位	侧重于特定行业或职业领域,强调实用性和专业性	强调高等教育的层次,注重知识的深度和广度
课程设置	与行业企业需求紧密对接,注重实践性和应用性	兼具理论与实践,注重学科知识的系统性和完整性
教学方法	强调产教融合,注重实践教学和职业技能训练	灵活运用多种教学方法,注重创新思维和解决问题能力的培养
师资队伍	具备丰富实践经验和专业背景的"双师型"教师	高水平、专业化的教师队伍,注重学科研究和学术能力
实践教学	充足的实践教学课时和先进的实践教学条件	一定比例的实践教学,与理论教学相互支撑
学历认证	毕业证书和职业资格证书的双重认证	本科毕业证书和学位证书
就业导向	紧密对接市场需求,注重就业竞争力和职业发展	注重综合素质和就业能力的培养,兼顾升学需求

3. 职业本科教育类型质量理论的关系分析与本质属性

"类型"与"质量"在职业本科教育中是相互关联、相互影响的。类型决定了质量标准的方向和重点，而质量则是类型特点的具体体现。职业本科教育的特定类型决定了其质量标准的不同。与学术本科或其他应用本科相比，职业本科教育更注重职业技能和实际应用能力的培养。因此，其质量标准应侧重于评估学生的实践操作能力、职业技能掌握情况以及解决实际问题的能力。职业本科教育的质量是其类型特点的集中体现。高质量的职业本科教育应能够培养出具备高度职业素养和实际操作能力的学生。这些学生的综合素质和专业技能水平，直接反映了职业本科教育的质量高低。职业本科教育的独特类型要求其必须追求高质量的教育教学。而高质量的教育教学又会进一步凸显职业本科教育的类型特点。两者之间是相互促进、相辅相成的关系。通过不断提升教育质量，可以培养出更多符合社会需求的高素质技术技能人才，进而彰显职业本科教育的独特价值和优势。

职业本科教育类型质量的本质属性主要体现在其职业性、技术性、应用性、产学研结合以及学位效力等同性等方面。职业性和技术性：职业本科教育具有鲜明的职业性和技术性，这是其最本质的属性。它侧重于培养学生具备特定职业技能和知识，强调对学生实际工作和职业发展的准备。这种教育类型紧密联系实际职业需求，注重实践和行业经验的培养，通过实践课程、实习和实训等方式，使学生能够更好地适应职业环境和工作需求。应用性：职业本科教育的目标是培养能处理复杂问题和进行复杂操作的高层次技术技能人才。因此，其课程设置和教学内容都更加注重应用性知识的传授和技能的训练，以满足社会对高素质技术技能人才的需求。产学研结合：职业本科教育走的是产学研结合之路，其培养目标是以社会需求为导向的，这意味着职业本科教育不仅注重课堂教学，还积极与企业、行业合作，共同研发项目，培养学生的实践能力和创新精神。学位效力等同性：根据相关法律法规，职业本科教育学士学位和普通本科教育学士学位具有同等效力。这意味着职业本科教育的毕业生在就业、升学等方面享有与普通本科毕业生同等的待遇和机会。

二　职业本科教育类型质量的当代价值与问题表征

研究职业本科教育的类型质量问题，具有多重意义，但是现阶段我国职业本科教育类型高质量发展却存在较多问题。

（一）讨论职业本科教育类型具有多重意义

实践层面，随着职业本科试点大学数量的逐渐增加，类型质量问题成为大家关注的热点。研究职业本科教育类型质量具有多重意义。一是对于职业本科大学的发展意义。二是对职业类学生生涯的延展意义。三是对社会产业人才供给的匹配意义。四是对国家教育体系完善的生态意义。

1. 类型质量问题对职业本科大学的发展意义

类型质量问题与职业本科大学的生死存亡息息相关。美国质量管理专家朱兰提出了大质量观，认为质量意味着产品在必须满足顾客的需求之外，还要对质量产品产生的全过程进行完整定义。对于本科层次职业大学来说，大质量观包括了拓展的范畴。一是人才培养。涉及人才培养实施、学生的生活服务、学生的就业、技术研发和社会服务等方面。二是办学的结果和过程的统一。要保证办学条件、专业设置适应产业发展需要，还要包括人才培养方案、人才设计的课程、学生的成长及毕业条件等过程。三是组织质量。包括本科层次职业大学所有涉及质量管理的部门和产品的全部供应链，把质量本科层次职业教育作为一个系统，不仅包括学生管理组织、后勤人事等多个子系统，还包括外部的教育政策和环境。①

可见，类型质量是本科层次职业教育试点大学的重要方面，类型质量问题是本科层次职业教育试点大学的应有之义和本质要求，类型质量问题决定了职业本科层次试点大学社会认可程度，以及它能否指引内部各个专业、课程设置、人才培养过程等，是其和普通教育相比较为独特的。职业本科大学的类型质量问题决定了职业本科大学能否走远、试点能否成功、下一步如何做，是职业本科大学发展的最核心的、最关键的、最具有前瞻性的问题。

2. 类型质量问题对职业类学生生涯的延展意义

学校的核心是学生，学生的存在是这个教育机构和教育组织存在的根本要义。本科层次职业教育的类型质量问题，给现在的专科层次学生的学习生

---

① 崔奎勇，刘广耀，史娟. 我国本科职业教育质量辨析 ［J］. 中国高教研究，2021，（02）：98–103.

涯，提供了一个同类型的上升渠道，对于这些学生来说，他们不再需要转换角色或者是转换轨道去通过普通教育、普通高职教育、普通高等教育来实现自己的学历提升。可以通过同类型的职业本科实现自己的本科层次提升，对于以职业教育技术逻辑为起点的未来的学生，他们看到了职业教育学生生涯的突破，增加了其对职教高考的信赖，为他们提供了希望、拓宽了路径。类型质量问题对职业类的学生的生涯规划和生涯拓展，都有极强的延展意义。

在我国历来有重视教育的传统，加上中国式的职业教育和高等教育现代化，接受教育可以实现自己的兴趣，并且能够满足人们对高学历、高回报的需求。办好人民满意的教育，国家必须从学生生涯的发展和人民的对职业教育本科层次的需求角度来考虑问题。

3. 类型质量问题对社会产业人才供给的匹配意义

类型质量问题对社会产业供给的匹配意义比普通教育更为紧密。因为职业本科试点大学与不同生态位的人才需求和社会产业结构的匹配，与行业、企事业单位的结合较普通教育相对紧密。类型质量问题对于职业本科试点大学来说，最主要的是提供的人才同外部的需求有极强的匹配意义，能够满足社会产业对非普通教育人才类型的需要。

基于匹配的人才社会供给能力，反过来支持本科层次教育类型的良性循环，能让本科层次的职业教育或本科教育具有更广阔的社会需求侧，需求侧的增加，可以提高职业本科试点大学人才培养的积极性，促进供给侧的改革。如此良性循环，有利于实现社会产业和职业本科教育共同发展。

4. 类型质量问题对国家教育体系完善的生态意义

生态学视域下可把职业教育看成系统进行分析，认为高等职业教育和普通职业教育构成了整个职业教育的生态。有学者专门论述了高等学校的差序格局及其变革，认为高等学校之间存在基于教育分工的横向分类，基于办学水平分等的纵向分层，以及跨越不同分类的学校沟通等三层关系。这三层关系共同构成了中国高等学校结构关系中的差序格局。[①] 教育生态体系内的职

---

① 陈伟. 高等学校的差序格局及其变革 [J]. 高等教育研究，2015，36（06）：1-8.

业本科教育和普通教育，其类型差别体现在国际教育质量分类的这个层次上。一是本科层次职业教育试点大学，它的存在在一定程度上完善了国家教育体系同国际教育体系的对接，具有教育系统的生态意义。二是当下国家教育体系的类型质量问题，它也暗含了我国职业教育体系对民生问题的关注，类型质量问题在当下来说不仅仅是人才供给的问题、体系完备的问题，更是教育、科技和人才生态系统的支撑。

（二）职业本科教育服务技能强国建设类型质量问题

既然本科层次职业教育的类型特征属于职业本科教育的重要特征之一，那么类型的彰显与否、类型的体现程度，直接就关系到职业本科教育的生死存亡，和其赖以生存的环境以及其未来的走向。有学者基于科学逻辑认为职业本科高校发展存在办学定位不清、专业设置趋同、评价体系单一、社会认可度低等问题。[1] 本研究认为，职业本科教育的特征主要体现在学校类型、人才类型和培养评价类型三个层面。

1. 职业本科大学的学校类型坚守并不执着

与职业本科大学关系密切的地方应用型本科转型的效果不佳。这些学校前身大多是高职层次的职业学校，也有地方的本科学校，或者是私立大学。受传统观念的影响，在转型过程中，很多从原有的职业教育转化为以学术逻辑为主的普通教育类型大学。前些年，国家大力号召新建本科院校向应用型本科院校转型，要求这些学校从学术逻辑转为职业教育逻辑。虽然2014年有178所院校参加并达成了《驻马店宣言》，虽然在政府官方规定普通教育和职业教育之外，不存在第三种教育类型，但到现在为止没有应用型本科大学认为自己属于职业教育。[2]

现有升本的民办高职汲取的社会资源不足，办学相对灵活是其优点，但是可能存在职业教育类型坚守不执着的问题。这类院校现阶段以民办学校为

---

[1] 余智慧，陈鹏.科学逻辑主导下职业本科高校发展的现实困境与推进路径 [J].中国高教研究，2021，（12）：97-102.

[2] 石伟平，兰金林，刘笑天.类型化改革背景下本科层次职业教育发展的困境与出路 [J].现代教育管理，2021，（02）：99-104.

主，管理体制多为董事会领导下的校长负责制，与政府教育部门联系不够紧密。受限于民办非企业单位的模糊定位，政府无法对其进行有针对性的指导。[①] 职业本科大学章程明确规定职业教育类型属性，这不仅是职业本科教育类型属性的刚性要求，更是职业本科大学发展的内部最高纲领。但职业教育的类型属性并不明显，也存在挂羊头卖狗肉的情况，[②] 容易出现跟风跑、跟着资源跑、跟着市场跑、跟着学费跑、内心坚守不执着等现象。

2. 职业本科大学的人才类型培养并不充分

整体而言，现阶段对于职业本科教育的培养目标认识还较为模糊。虽然有些试点学校坚持职业教育办学方向的决心和信心，但是在关于实践中如何区分职业本科与应用型本科的培养目标的认识上较为模糊，存在模仿应用型本科办学或者"穿新鞋走老路"的现象。[③]

以构成教学活动的四个要素为分析框架，分析职业本科的类型质量问题。一是学生要素，招生影响培养类型质量。职业本科学生的来源，现阶段还主要是专科学生，专科学生本身的理论素养不高，在招生的时候又采取纸笔测验方式，人才质量存在不达标的可能，也无法证明这类学生学术素养低，动手能力反而会高。二是教师的知识结构素养，决定培养类型质量。教师是构成整个教学活动最重要的要素，教师的素养决定了教学质量。"双师型"教师是开展职业教育类型教育的前提，从数量要求来看，"双师型"教师必须达到学校师资的50%以上。数量上看，很多学校已经达标，但可能存在认定标准过低，虽然达到数量，但实际上教师能力并不达标的现象。三是教师教学活动产生的内容，现有教学活动的内容主要还是课堂教学，实践教学的层面远远达不到职业教育人才要求。有研究表明，教学活动过程不足以支撑人才培养类型。在本科职业教育人才培养过程中，教师教什么、学生

① 姚琳琳. 职业本科院校师资队伍建设的现状及策略——基于 31 份质量年报的实证分析 [J]. 教育与职业, 2024, (01): 78-85.

② 陕西省社会科学院. 《首批试点职业大学 2022 年度质量年报分析报告》发布 [EB/OL]. (2022-07-01) [2024-02-13]. http://www.sxsky.org.cn/detail/7154.

③ 崔岩. 类型定位视域下职业本科教育办学特色创建研究 [J]. 中国职业技术教育, 2022, (04): 28-32.

学什么仍然具有很强的学术性质，专业标准与生产过程没有充分衔接，主要表现在课程教学"重理论、轻实践"，也没有按照职业教育规律进行"科学与实践相结合"的课程教学改革。四是教学活动的静态的课程设置或人才培养方案并不能充分彰显职业教育类型。现有的人才培养的方案，主要还是学术化的，还是金字塔的"经典三层楼"，即基础课、专业课、专业必修课，人才培养方案设计没有体现工作导向，或者 CBA 导向这种产业需求。

3. 职业本科大学的培养评价类型并未落实

评价具有指引功能、诊断功能和鉴定功能。职业本科大学的评价标准和评价活动机制几乎决定着整个活动主体的行为。当前，职业本科大学的类型培养评价最大的问题是学位授予标准的缺位，导致人才评价价值理性出现偏差。

一方面，职业本科教育兼有本科教育和职业教育的双重属性。职业本科教育因其独特的双重属性，既要与普通本科教育有所区分，也需与职业专科高校相区别。因此，需要构建一个融合学术标准和职业标准的双重学位授予体系。然而，目前职业本科教育在学位授予方面存在立法空白，这已成为制约其高质量发展的关键因素。为了推动职业本科教育的进步，必须从国家立法层面明确职业本科教育的学位授予权力，赋予其自主授予学位的权利，并进一步完善其学位授予制度与其他相关制度的协调与衔接。现有的职业本科教育学位授予标准的框架并没有考虑到职业本科教育的职业性特点。职业本科教育的学术标准应该如何确定、如何设置、如何体现、如何表述，它和学术型的普通本科教育的差别体现在哪里等问题均需要明确。①

另一方面，职业本科大学人才评价存在价值理性偏差。在中国传统的高等教育体系中，本科院校由教育部高等教育司统一管理。受传统精英教育理念的影响，中国本科院校的评价体系仍然遵循以学科为核心的学术逻辑，评价理念易于滑向统一的学术取向。因此，在评估过程中，忽视了本科生职业

---

① 崔奎勇，刘广耀，史娟. 我国本科职业教育质量辨析［J］. 中国高教研究，2021，（02）：98-103.

教育的应用型、职业型取向。这种评估取向并不适合学术基础薄弱的大学开办本科职业教育。相反，它会导致这些学校盲目追随研究型大学的脚步，放弃职业教育的特色。

4. 职业本科大学的培养类型质量并未得到认可

社会认可主要包括考生和家长的认可、在读学生的认可，以及社会企业或者是产业界的认可。现阶段，相关主体并未认可职业本科大学的培养类型质量。

首先，在很多人眼里，职业教育是低层次教育的代名词，是教育被动选择的下策，这样的认识并未改变。中国学生家长普遍重视教育的内在价值胜过外在的工具价值，更愿意选择普通教育而非职业教育。[①] 现有职业本科大学新生来源的一类是被精英人才选拔制度即高考选拔出来的低分学生，另一类是通过高职院校升入本科的中专学生。[②] 这反映出考生和家长对职业本科教育类型的普遍不认同。

其次，专科学校与独立学院合并转设职业本科大学受阻。景德镇艺术大学和景德镇艺术职业大学合并为一所民办学校，即新的景德镇职业艺术大学，结果学生和家长群体对合并转设的职业技术大学非常不认同，引发了舆情。"学生宁不要大学，也不愿有职业。"[③] 原高职学校、独立学院的学生对成为职业本科大学学生的内心转型不认同。希望通过职业本科大学的设置解决高职民办学校升本的问题，同时解决独立学院办学不规范、质量无法保证的双重问题，却由于社会、市场、家长和学生的不认同遭遇了不可预知的走向，这类学校能否坚守职业本科类型的属性尚待观望。[④]

---

① 余秀兰. 普通教育抑或职业教育：教育价值观视域下的选择［J］. 高等教育研究，2020，41（01）：68-76.
② 石伟平，兰金林，刘笑天. 类型化改革背景下本科层次职业教育发展的困境与出路［J］. 现代教育管理，2021，（02）：99-104.
③ 景德镇高校转设"职业大学"遇阻，学生宁不要大学，也不愿有职业［EB/OL］.（2020-11-20）［2024-02-13］. https://baijiahao.baidu.com/s? id=1683798556002230278.
④ 何世松，贾颖莲. 独立学院与高职院校合并转设本科层次职业大学的路径、运行与评价［J］. 江苏高职教育，2021，21（03）：8-17.

最后，大多职业本科试点大学本科毕业学生周期较短、人数较少，企业对这类学生的认可程度还不明朗。现阶段，基于人才培养的质量和招生的前提，职业本科大学人才质量很难得到产业、企业的高度认同。职业本科大学人才培养的类型化问题要被社会认可，还需要一个很长的周期。

5. 职业本科大学的师资支撑保障并未到位

高职院校"双师型"教学队伍建设问题一直是职业教育领域的难题。一方面，开展本科职业教育的学校也面临着师资力量不足、师资结构不合理的问题。《高等职业教育质量年度报告（2019—2022）》中对试点本科大学的统计数据显示，在一些学校"双师型"教师的比例高达90%，而在一些学校低至30%。具有副高及以上职称的教师比例集中在30%～40%；一些学校拥有硕士学位的教师比例在50%～60%，而另一些学校的比例仅在20%～30%，民办大学对优秀教师的吸引力在薪酬和平台上仍然有限。① 另一方面，这里面个体教师的胜任能力以及教师的年龄结构、学历结构等，都涉及这些本科大学师资队伍和人才培养能否互相支撑的问题。

三　职业本科教育类型高质量发展的内外实践体系

教育是一个半开放的社会子系统。要实现职业本科教育类型保障，必须从内部、外部两个路径来进行。外部的路径主要包括招生政策、就业政策、学位政策、管理标准政策、经费分配政策、质量监管政策、质量公平政策、外部治理政策、社会地位政策等。内部的路径主要包括学校发展定位要体现人才类型培养、人才培养实施要彰显职业类型培养条件、保障要支撑人才培养类型、人才评价标准要与人才培养类型相匹配、要建立内部类型质量保障机制等。

（一）构建职业本科教育类型质量的全方位保障与提升制度体系

1. 宏观层面构建提升职业本科教育类型质量的制度体系

整体而言，要优化职业本科教育类型质量问题，必须从《国家职业教

---

① 石伟平，兰金林，刘笑天. 类型化改革背景下本科层次职业教育发展的困境与出路［J］.现代教育管理，2021，（02）：99-104.

育改革实施方案规划》的制度框架出发，改革制度框架驱动现代职业教育体系类型化，重构国家标准引领职业教育质量水平类型化。

搭建职业本科教育类型质量的宏观层面，重中之重是完善职业本科专业目录和职业专科目录、普通本科专业目录实现分类设置。专业既是类型教育的重要内涵，是专业招生的口径和依据，也是教育统计的口径。改革路径在三个层面。一是在推动专业目录上应该继续延伸，重点要完善本科层次职业教育专业，要实现大部分的专科专业能在本科层次有对接。在研究生专业目录设置上也应该纳入职业教育的专业体系之中，基于职业教育的立场来规划发展专业教育学位和研究生教育，避免出现职业教育的天花板。二是职业教育的本科层次目录应该体现包容性，能够和普通教育、应用型教育实现横向的交叉和立交桥式的贯通。三是要不断地修订专业目录，实现专业动态调整。宏观层面，职业本科类型质量的建设重点在于国家应该尽快建立纵横交错、兼容并蓄、多路径相通、能有效支撑终身教育的国家职业资格框架体系，实现学习者在职业教育与普通教育系统与非教育系统之间的自由流动。

为加强和优化职业教育地位，需深化职业教育管理体制改革，完善职业本科教育质量治理制度。应整合职业教育管理部门，解决权责重叠、政出多门、职前职后分离等问题，促进协同合作。同时，鼓励多主体如行业企业、社会组织等参与职业教育管理，以满足经济社会对技能型人才的需求。职业教育应秉持开放态度，完善公众参与管理机制，提供法律和政策支持，明确各主体管理权限，实现校企深度合作，提高管理效率。①

2. 建立实现职业本科教育类型质量的"同等"支持制度

由于职业教育的类型化问题，它的相对方一定是普通高等教育。在经费总情况有限的情况下，必须有倾斜于职业教育的公平机制，让职业教育得到应有的发展。

比如，教育部、国家统计局和财政部联合发布的《关于 2019 年全国教

---

① 吕玉曼，徐国庆. 从强化到优化：职业教育类型属性确立的实践路径［J］. 现代教育管理，2022，（02）：111-118.

育经费执行情况统计公告》显示，2019 年我国教育总经费投入达到了 50175 亿元。其中，高职高专部分的经费为 2402 亿元，占总经费的 4.79%；而普通高校教育经费则达到了 11062 亿元，占总经费的 22.05%。① 整体来看，我国职业教育经费投入远远低于普通教育的投入。重视职业本科教育发展，就必须从生均拨款、硬件建设、经费支持等方面入手。现阶段职业本科教育试点学校以民办学校为主，可能也是考虑到经费来源不足，所以把职业本科建设成本转嫁给家庭或者社会，这不利于职业本科教育本身的发展。要彰显职业本科教育类型特征，就必须使其获得和公立教育同等的地位。让更多的公立本科学校加入职业本科教育的行列，同时也要在经费上给职业本科学校专门支持，这样才能弥补原有缺口。

可见，实现职业本科教育类型质量的公平制度主要体现在如下几个方面。一是获得和普通教育相对公平的经费拨款制度，实现经费公平。二是获得公平的学生学费、评奖和资助等层面的支持政策。三是在师资队伍建设的招聘政策、岗位聘用政策、薪酬奖励政策、人才认定政策、荣誉评价政策等方面获得公平对待。四是对职业本科大学试点类型质量的倾斜关注。这样才可能实现理想化的状态，不然的话，职业本科教育试点大学的道路将越走越窄。

3. 推进落实职业本科教育类型质量的招生与学位配套制度

职业本科教育的类型质量主要体现在职业本科教育的招生，也就是职教高考制度的设计。类型教育视角下的职业高考制度逻辑，关键在于文化素质考核与职业技能并重，突出实用导向。中职学校考生与社会考生一并录取，体现教育的公平。统一考试与自主招生相结合，拓宽中职衔接的通道。当前职业教育职教高考推进较慢，有主客观原因。区域经济社会发展不平衡，职教高考统筹层次难确定，技能考核的科学性难以保障，影响职业教育高考的权威性，职业技能考核标准量化比较难，职业技能考核执行难，普职融通的

---

① 徐峰，崔宇馨. 本科层次职业教育的作用机理与优化效用——基于人力资本理论视角的分析 [J]. 现代教育管理，2021，(02)：105-111.

机制尚不健全。建立完善的职业本科大学类型，招生政策需要多措推进。一是推进职业教育区域的协调发展，加强统筹试行省级直接招生和高考制度。二是加快制定国家资格框架制度，完善职业技能考核量化标准的执行办法。三是加快健全职业技能鉴定制度，完善职业技能考核的执行办法，大力推进普职融通，丰富职教高考招生对象。四是加快本科层次职业教育建设的步伐。促进高层次职业教育类型化，进一步扩大专升本的数量规模。加快部分普通高等学校转型为应用技术大学。① 五是提升参加职教高考的学生的社会认可程度。

职业本科教育的学位授予体系具有双重标准，即学术标准和职业标准，这两者共同构成了职业本科大学在实施外部类型和就业政策时的重要参考。与传统基于记忆和模仿的师徒式教育不同，职业本科学校在授予学位时，其职业标准更注重技术和经验的系统化知识。具体来说，职业标准强调的是对职业化专门技术能力的培养。这种标准主要包含两个方面：一是要求学生具备出色的专门技术和工作能力；二是要通过专业技术实践、实习实训的鉴定，并获取相应等级的职业资格证书等。至于职业本科学位的设置，目前存在两轨制和三轨制的讨论和争议。② 双轨制是将学术型学位和专业型学位分开授予，前者按学科门类，后者按专业类型，均包括学士、硕士和博士三级，形成同一层次但不同类型的双轨制学位体系。而三轨制则提议增设技术型学士学位或技能型学士学位，作为第三轨，与研究型和应用型学位并行。这些提议为单独设立职业学士学位、探索高职教育类型的学士学位提供了形式依据。潘懋元先生也支持此观点，他认为社会分工要求高校根据类型培养人才，因此将我国高等学校分为学术型大学、应用型本科学校和职业技术学校三类，并建议设置相应的学位和职业技术文凭。③ 职业本科教育应该体现

---

① 陈虹羽，曾绍玮. 类型教育视角下职教高考制度建设的逻辑要求、难点及对策 [J]. 教育与职业，2021，（10）：13-20.

② 李必新，李仲阳，唐林伟. 职业本科学位设置：类型要义、主要争议及路径选择 [J]. 现代教育管理，2022，（02）：119-128.

③ 潘懋元，董立平. 关于高等学校分类、定位、特色发展的探讨 [J]. 教育研究，2009，30（02）：33-38.

出它的类型性，类型是保证其质量的重要举措。完善职业本科教育学位制度，必须有一套自上而下的体系。一是要重新审视高职教育培养方向与学位授予的标准。二是加强高职学位教育制度的顶层设计创新。三是构建高职本科教育学位与其他教育的衔接体系。四是加大职业本科学位制度的实践力度。五是增加高职本科试点学校的数量与质量，下放高职教育本科学校的学位授予权。① 全面推进优化完善职业本科教育类型质量的学位政策。

4. 设计和完善体现职业本科教育类型质量的评估与监管制度

职业本科教育试点大学运行质量的相关标准需要进一步修订完善。国家层面制度的标准，既是整个教育设置的风向标也是参考，现阶段国家有职业本科大学设置标准，也有职业本科大学专业的设置标准，在一定程度上体现了职业本科大学类型化。但是，一方面它本身还存在很多不足，必须进一步修订；另一方面职业本科大学类型的专业目录、"双师型"教师的认定标准等仍然在静态层面或者是试点层面，缺少了操作层面以及支撑层面的制度匹配和对接，所以从以上两个方面来看，实现保障本科层次职业教育管理和运行的类型化问题，至少要做好两个层面的工作。一是对原有的类型化制度进行更加具体的制度匹配化、制度完善化操作。二是对目前缺少的职业本科大学运行类型化的政策进行弥补，尽快出台新政，比如职业本科大学人才培养专业的类型标准，至少是专业大类或者专业群的评价指标体系，或者是这个本科层次职业试点大学年度的诊断性评价标准体系，在这些方面均要体现类型化特征。此外，为彰显各类型高校特征，需实施分类评估并建立健全我国高校分类评估制度。对不同高校进行细分评估，完善高等教育与职业教育法规，并设计相关评估条例，建立全面的分类评估体系及标准，并确保其有效实施。针对职业本科教育，应建立以技术为本位的评估体系，凸显其职业教育特性。职业本科高校在培养目标、模式和定位上均不同于普通高校，应采用文化素养与素质教育并重的质量评估体系。同时，应完善职业本科专业及

---

① 冯东，张海瑞. 高职本科教育学位制度的当下问题与推进思路［J］. 职业教育研究，2023（02）：10-14.

学位的评估制度，以职业为导向、质量为核心，特别关注产教融合、实践教育、技术创新与服务、毕业生职业能力以及社会声誉等方面，以全面评估专业学位的教育质量。①

《国际教育标准分类法（2011 版）》是目前普遍使用的参考分类。这个国际教育分类标准具有普适性，适用于世界上所有国家，既包括发达国家，也包括发展中国家。② 职业本科大学类型质量必须由政府监管，类型监管必须成为职业本科大学类型质量的重要参考值，监管包括问询审计、诊断性评价，以及审查职业教育的类型化在培养过程中是否偏离基于国家督导视角和本科评估的职业本科教育质量要素。职业本科教育作为高职教育中的本科层次，应以下面五项能力为导向提炼出相应的显性质量。对于办学条件，应将行政办公面积、信息化教学条件、校内实践教学工作等作为具体要素，抓住本科职业教育的基本条件。对于师资队伍，应将"双师型"生师比作为具体的要素，抓住本科职业教育实施的质量。对于人才培养方案，应将课程开设年均使用时间、企业订单作为重要比例，年支付企业、兼职教师课酬、企业提供效率、实践教学设备专业布局作为具体要素，这样就抓住了人才培养方案的整个质量环节。对于学生发展，抓住毕业生的资格证书获取率直接就抓住了毕业生的就业，抓住了本科职业教育的培养效果质量。对于社会服务，应将技术服务到款项、政府购买服务等作为具体的要素，开展社会培训。对职业本科教育进行保障的外部路径，除了上述之外，还要从适应性视角、高等性视角、职业性视角、本科性视角、技术性视角、实践性视角的多重质量来考虑。职业本科教育是以职业为起点的教育，其专业设置与高级复杂职业岗位群对接，专业与岗位的匹配程度体现了教育质量。该教育以岗位实际工作为依据，采用产教融合、校企合作的培养模式，课程与岗位工作

---

① 余智慧，陈鹏.科学逻辑主导下职业本科高校发展的现实困境与推进路径［J］.中国高教研究，2021，（12）：97-102.

② International Standard Classification of Education：ISCED - 2011 ［EB/OL］.（2020 - 12 - 06）［2024-02-13］. http：//uis. unesco. org/en/topic/internationalstandard - classification - education - isced：52，49.

的衔接以及校企合作的深度反映了教育质量。职业本科教育旨在培养一线岗位的技术技能人才，其胜任高级复杂工作的能力也是衡量教育质量的重要标准。从技术性视角看，职业本科教育注重以技术为特征的人才培养，教学内容与企业工作程序、方法和工具的符合程度是质量的体现。同时，它培养的是本科层次技术人才，学生对技术知识原理的掌握程度以及技术革新和创新能力也是衡量教育质量的关键。另外，从实践性的视角来看，职业本科教育的质量还体现在实践活动的充实程度、双师型师资的满足程度以及实践性课时的实际长度上。①

（二）坚守职业类型定位、类型要求、人才培养与评价标准

高等学校承担着培养人才、科学研究、直接服务社会、交流与传承文化的重要职能。高等教育外部关系规律，最终要通过内部关系规律来实现。②高等学校是承担职业本科教育的主体机构，职业本科教育最终能否实现人才培养的类型化，还要落实到职业本科大学自身。

1. 职业本科大学发展定位必须坚守职业类型定位

学校的章程首先体现了学校的发展定位问题。学校服务产业的定位，也体现了学生的发展问题，这些主要体现在学校的章程、质量年报和网站主页简介里。学校的发展定律必须彰显本科层次职业教育的类型，这是学校赖以生存的属性，也是其对政府的承诺，但是在具体的实施过程中，却不一定能实现。

要坚守职业教育类型定位必须做好如下几点。一是严格遵守学校章程所规定的职业教育类型定位。二是在年度发展规划和具体规章制度的制定上进行章程性审查。三是必须开展职业教育类型定位的宣传和科学研究，让广大教职工和师生充分认识到职业教育类型定位的时代性、正确性、坚持性。四是在职业教育类型定位的资源配置、政策决策等方面必须坚守职业教育类型

---

① 崔奎勇，蔡云，史娟. 职业本科教育质量指数构建研究［J］. 中国高教研究，2022，（03）：94-98.

② 潘懋元. 教育基本规律及其在高等教育研究与实践中的运用［J］. 上海高教研究，1997（02）：3-9.

定位。五是职业本科大学发展必须坚守人才培养的职业类型、服务区域需求，服务产业、企业、行业的职业类型领域。

2. 职业本科大学人才培养必须贯彻职业类型要求

人才培养方案主要体现在人才培养的专业之中。本科层次人才培养方案有静态和动态的过程。静态的人才培养方案指的是人才培养方案的文本本身，动态的人才培养方案指的是体现既定的类型化的特征治理的实施过程。

横向而言，职业本科教育不同于同等水平的普通本科教育。纵向而言，职业本科教育不同于同等水平的职业专科教育。专业设置的逻辑起点主要包括专业结构、专业规模和专业布局。专业结构遵循需求驱动逻辑，满足经济发展、社会需求；专业规模遵循最佳效率逻辑，注重教育效益、社会效益和教育经济效益；专业布局遵循专业与学科协同逻辑，主要以专业岗位群或技术专业领域分类为基础，兼顾学科分类。专业设置方式的逻辑机制包括专业口径、专业方向、专业目录等分析维度，专业方向的设置遵循适当的区分，灵活设计的逻辑是按照小方向、多角度的专业目录建立的，遵循自足、纵向和横向联系的逻辑，按照独立成人开放适应的原则进行，从职业教育专业的技术路径阐明管理体系的构建。从社会人才的供求、专业目录的建立和运行机制、本科职业教育专业设置的管理机制等方面研究专业设置的论证和评价机制，根据类型教育的特点，建立专业宏观调控体系和专业评价体系。[①] 具体实施过程，一是主要体现在普通课、文化课和专业课、实践课之间的关系上；二是体现在人才培养方案里的课程是否符合人才培养类型的课程标准上。

3. 职业本科大学人才培养必须保障职业类型条件

一方面，职业本科大学的师资水平及类型结构支撑类型培养。本科层次职业大学人才培养的类型，主要体现在"双师型"政策。国家已经颁布"双师型"教师认定政策，但"双师型"队伍建设并不是一蹴而就的。高等学校在宏观结构上需要拥有良好的"双师型"师资队伍以及合理的"双师

---

① 井文，匡瑛. 我国本科职业教育专业设置的逻辑机理与管理机制——基于类型教育的视角 [J]. 中国职业技术教育，2021，（15）：13-20.

型"师资结构。从微观结构讲,"双师型"教师的能力要达到培养职业本科人才的水平。同时学校还需拥有配套的多个师资管理制度,比如教师招聘的人才类型、教师招聘的渠道、教师招聘制度、教师职称评审制度、教师的绩效考核制度、教师的评价制度,均要和"双师型"教师相匹配。如果还是按照原来的以理论型、学术型、教学型为主要取向的教师制度,必然无法满足职业本科人才培养实际需要。

另一方面,职业本科大学的实践环节及平台保障支撑类型培养。职业本科大学的实践环节和平台保障构成了整个人才培养类型化的重要环节。实践环节如果得不到保障,人才培养就一定是高不成低不就的理论型。实践环节的构建,还有实践环节的场地和条件保障构成了职业本科大学的实践环境。实践环节需要经济支持和政府的平台保障。一是要紧密结合产业合办大学,按照产业需求构建真正的实践环境。二是要充分利用产业、企业、社会的实践资源来支撑职业教育类型教学。

4. 职业本科大学人才评价标准契合人才类型培养

人才培养的模式和人才培养的方式直接决定了人才培养的类型。职业本科大学学生的人才评价标准直接决定了人才培养类型的最终规格和归口。

一方面,职业本科大学的学生日常学业评价契合职业类型人才标准。职业本科大学的学生日常评价和毕业评价,是高等学校自己做的两个抓手,如果学生的日常评价还是学术导向的,学生的综合评价、奖学金评价、学业评价等还是遵循原有的专科层次或者是普通学校的惯例,注重学生认知层面而不是动手层面,就不符合职业本科大学人才培养的类型。

另一方面,职业本科大学的学生毕业标准评价。职业本科大学学生的毕业条件包括了职业本科大学学生的学历标准和学位标准,职业本科大学学生的毕业标准和学位标准,是人才类型的重要体现,如何体现这种人才培养的类型标准,直接决定了职业本科大学类型的广阔前景和实施路径。现阶段,国家专门出台明确了职业本科大学学位的类型标准,这一方面说明国家对不同类型的职业教育并未一概而论,另一方面给了职业本科大学比较广阔的自由。职业本科大学学生的毕业标准和学业标准服务人才培养类型。

第三章　我国职业本科大学运行的微观具体方面：教师与学生维度

在我国职业本科大学的教育生态中，教师与学生的维度构成了其微观运行的具体方面，对于提升教育质量、推动教育改革具有不可忽视的作用。

本章首先聚焦于职业本科大学的教师评价变革，从问题的提出出发，剖析了教师评价改革的政策与学理逻辑基础，进而对我国职业本科大学教师评价的现状进行了分析，揭示了其面临的困境，如评价目的异化、主体单一化、标准割裂化以及结果功利化等。针对这些问题，本章提出了健全我国职业本科大学教师评价制度的实现路径，包括自上而下的国家政策路径、合作有力的多元主体协同路径以及逐步健全的评价体系完善路径。

紧接着，本章转向职业本科大学的学生评价变革，通过对学理、政策和实践逻辑的反思，理性定位了职业本科教育学生评价，并与学生个体的终身成长、社会需求等视角相关联，提出了完善学生评价制度的路径，涵盖招生变革、"在学"评价制度以及毕业标准变革等方面。

此外，本章还涉及职业本科大学学生的生涯教育以及人才培养方案的制定策略，对职业本科人才培养方案的内涵、科学定位以及制定思路进行了深入剖析，旨在为我国职业本科大学的教育质量与改革提供有益的参考与指导。

第一节　职业本科大学的教师评价变革

一　问题的提出

职业本科试点大学的高质量发展，关键在于师资队伍建设。科学、合理的教师评价制度，对激发教师积极性、促进专业成长至关重要，进而能提升教师整体质量。[①] 当前，在制度设计上国家采用设置专业设置标准[②]，加强"双师型"队伍建设[③]，建立企业实践基地[④]，加大投入、优化政策、提升待遇等[⑤]措施吸引更多优秀人才投身于职业教育事业。在理论研究方面，学界对职业本科教师评价的关注侧重教师的专业发展[⑥]与数字素养[⑦]，教师教学能力的提升途径和实践经验[⑧]，"双师型"教师队伍的建设[⑨]。从实际情况来看，当前职业本科大学的教师评价，一方面受普通本科高校传统模式影

---

① 于洪良，卞常红，宋燕．以合作为导向的教师评价改进与发展［J］．中国高等教育，2021，No. 677（19）：59-61.

② 教育部办公厅关于印发《本科层次职业教育专业设置管理办法（试行）》的通知：教职成厅〔2021〕1 号［A］．2021-01-22.

③ 教育部办公厅关于做好职业教育"双师型"教师认定工作的通知［EB/OL］．（2022-10-27）［2023-08-07］．http：//www. moe. gov. cn/srcsite/A10/s7034/202210/t20221027_672715. html.

④ 教育部办公厅关于公布国家级职业教育"双师型"教师培训基地（2023—2025 年）的通知［EB/OL］．（2022-12-20）［2024-02-13］．http：//www. moe. gov. cn/srcsite/A10/s7034/202212/t20221220_1035227. html.

⑤ 教育部等四部门关于印发《深化新时代职业教育"双师型"教师队伍建设改革实施方案》的通知［EB/OL］．（2019-10-16）［2024-02-13］．http：//www. moe. gov. cn/srcsite/A10/s7034/201910/t20191016_403867. html.

⑥ 魏怀明．职业本科专业群建设之教师发展研究［J］．现代职业教育，2023，（33）：133-136.

⑦ 王丽娟，刘斌．数字化背景下职业本科教育教师数字素养的内涵、框架及提升途径［J］．西部素质教育，2024，10（01）：14-18.

⑧ 姚会娟，左浩．职业本科院校教师教学能力提升途径的探索与实践——以计算机类课程教学为例［J］．大学，2023，（25）：143-146.

⑨ 熊小渊，汪宇凤，张艳艳．新时代背景下职业本科"双师型"教师队伍培育研究［J］．中国成人教育，2023，（18）：72-75.

响，过于看重量化指标与科研成果，相对忽视了教学质量和实践能力的重要性。另一方面依然停留在职业专科高职层次标准。这种惯性标准与职业本科教育脱节，阻碍了学校的高质量发展。因此，为推动职业本科大学向更高水平迈进，必须深刻反思并改革现有的教师评价制度，构建符合职业本科教育特色、注重教学与实践的评价体系，以激发教师的创造力与教学热情。

二　职业本科大学教师评价改革的逻辑基础：政策与学理

深入探讨并完善职业本科大学教师评价体系，必须首先明确其背后的政策逻辑与学理逻辑。逻辑和原则的确立，将为职业本科大学教师评价体系的完善提供坚实的理论基础和实践指导。

（一）职业本科大学教师评价完善的政策逻辑

习近平总书记在"扎实推动教育强国建设"的讲话中明确指出，"要把加强教师队伍建设作为建设教育强国最重要的基础工作来抓，健全中国特色教师教育体系，大力培养造就一支师德高尚、业务精湛、结构合理、充满活力的高素质专业化教师队伍"。[①] 这给我国职业本科大学教师评价改革提供了总的遵循，为了贯彻落实理念，结合职业本科教育的具体政策是教师评价改革的合法性基础。主要体现在如下几个文件。

一是《国家职业教育改革实施方案》（通常称为"职教20条"）。方案中提到了要建设高素质"双师型"教师队伍，并对教师的准入资格、培训和评价机制等做出了相关指导和要求。虽然它没有直接针对本科层次职业教育的教师资格作出详细规定，但它为整个职业教育体系的教师队伍建设提供了方向和框架。[②] 二是《关于全面深化新时代教师队伍建设改革的意见》。虽然这是一项更广泛的教师队伍建设政策，但它也涵盖了职业教育教师的相

---

① 习近平：扎实推动教育强国建设 ［EB/OL］.（2023-09-15）［2023-10-27］.https：//www.gov.cn/yaowen/liebiao/202309/content_6904156.htm.

② 国务院关于印发国家职业教育改革实施方案的通知-中华人民共和国教育部政府门户网站 ［EB/OL］.（2019-02-13）［2024-02-13］.http：//www.moe.gov.cn/jyb_xxgk/moe_1777/moe_1778/201904/t20190404_376701.html.

关内容。它强调了教师的专业发展、待遇保障、评价机制等多个方面，为职业教育教师的成长和发展提供了有力的支持。① 三是《本科层次职业学校设置标准（试行）》和《本科层次职业教育专业设置管理办法（试行）》。这两个试行办法对本科层次职业教育的教师队伍建设提出了明确要求。要求校内师生比例至少为 1∶18；所依托专业的专任教师与全日制学生比例不低于 1∶20；高级职称教师占比应达 30%以上，研究生学位教师占比不少于 50%，博士研究生学位教师占比不低于 15%；对于本专业的专任教师，要求"双师型"教师占比不得低于 50%。② 四是《深化新时代职业教育"双师型"教师队伍建设改革实施方案》。此方案旨在加强职业教育教师队伍的建设，特别是"双师型"教师的培养，以满足职业教育的特殊需求。它强调了教师的实践能力和行业经验，鼓励教师参与企业实践，提高教育教学质量。③ 五是《关于公布首批全国职业教育教师企业实践基地名单的通知》。为了加强职业教育教师的企业实践经验，国家公布了首批全国性的教师企业实践基地。这一政策为职业教育教师提供了与企业直接接触和学习的机会，有助于他们更好地理解和教授与职业相关的知识和技能。④ 六是《职业技术师范教育专业认证标准》。这是针对职业技术师范教育专业的认证标准，旨在确保这些专业的教育质量，培养出合格的职业教育教师。它涉及教师的专业知识、教学技能、实践经验等多方面的要求。⑤

---

① 《关于全面深化新时代教师队伍建设改革的意见》引起热烈反响［EB/OL］.（2018-02-02）［2024-02-13］. http：//www. moe. gov. cn/jyb_xwfb/s5147/201802/t20180202_326366. html.

② 教育部职业教育与成人教育司负责人就《本科层次职业教育专业设置管理办法（试行）》答记者问［EB/OL］.（2021-10-29）［2024-02-13］. http：//www. moe. gov. cn/jyb_xwfb/s271/202101/t20210129_511661. html.

③ 教育部教师工作司负责人就《深化新时代职业教育"双师型"教师队伍建设改革实施方案》答记者问［EB/OL］.（2019-10-17）［2024-02-13］. http：//www. moe. gov. cn/jyb_xwfb/s271/201910/t20191017_404115. html.

④ 教育部等四部门关于公布首批全国职业教育教师企业实践基地名单的通知［EB/OL］.（2019-10-16）［2024-02-13］. http：//www. moe. gov. cn/srcsite/A10/s7034/201910/t20191016_403871. html.

⑤ 教育部教师工作司、高等教育教学评估中心负责人就《职业技术师范教育专业认证标准》和《特殊教育专业认证标准》答记者问［EB/OL］.（2019-11-01）［2024-02-13］. http：//www. moe. gov. cn/jyb_xwfb/gzdt_gzdt/s5987/201911/t20191101_406369. html.

（二）职业本科大学教师评价标准的学理逻辑

职业本科与普通高校相比而言有其特殊性，因此职业本科大学应本着促进教师发展的原则，在其教师评价制度的评价目的、评价主体、评价标准、评价结果等四个层面贯穿各类高等教育教师评价的共同原则，同时体现职业本科教育应有的特殊原则。

第一，职业本科教师评价目的遵循促进教师专业发展原则。教师评价是对教师工作的一种重要评估方式，它不仅是对教师工作的监督和考核，更是对教师自身思维活动和行为的反思和促进。教师评价能激发教师深入反思，促使其积极审视自身教育行为及衍生的诸多问题。在反思过程中，教师会仔细回顾、分析自己的教学活动和决策，对产生的结果进行自我评判和调整，通过肯定优点、改进不足，不断提升教学效果。同时，基于这些反思，教师能更准确地评估自身的专业水平、教学能力与学生需求的契合度，以及未来专业成长的方向和潜力。这种深度思考有助于教师明确个人发展目标，及时调整教学策略和专业成长规划。[①] 通过教师评价，教师可以更加深入地反思自己的教学活动和行为，发现自己的不足之处并寻找改进方法。同时，教师评价还可以为教师提供反馈和指导，帮助教师了解自己的工作状况和需要改进的地方。这些反思和改进不仅有助于提高教师的教学水平和专业素养，更有助于提高教育的质量和效果。因此，教师评价是促进教师专业发展的重要途径之一，也是推动教育事业发展的重要手段之一。

第二，职业本科教师评价主体遵循多元主体、客观真实原则。为确保教师评价的客观性，在教师评价中，除了校长、同事、学生，还应该发挥教师本人在评价中的主体地位，激发教师自我发展的意识，发挥教师在高等教育改革与发展、学生发展及自我成长中的主体作用。日本新教师评价体系采用的是基于目标管理的自我评价与校长等评价者的他人评价相结合的体系。我国职业本科大学也可以参考这种做法，对教师评价的过程实质上就是让教师自我教育、自

---

① 陈由登. 教师发展视域下新时代高校教师评价改革研究［J］. 中国成人教育，2021（19）：24-27.

我反思及自我提高的过程。自我发展意识是教师职业发展的内驱力，只有当教师具备自我发展意识时，他们的工作才能充满活力和激情。此外，职业本科大学从校企合作上升到产教融合的过程中，除了高校全职教师，还吸纳了一部分企业兼职教师。企业骨干人员作为职业本科教育的兼职教师，对其科研能力、教学能力与职业道德等方面的要求应该与全职专任教师不同，在对其进行教师评价时，除了专家、同事、学生，更需要企业行业相关人员的参与。

第三，职业本科教师评价标准遵循以德为先、德技并修原则。教育部发布了《关于做好职业教育"双师型"教师认定工作的通知》，该通知重申师德师风在"双师型"教师评价中的核心地位，师德不合格者不得参与认定或应予以撤销认定，以体现立德树人的根本任务。职业学校需结合教育规律和技术技能人才成长特点，注重工学结合、知行合一。评价时，除实绩外，还需重视理论和实践教学能力，要求教师具备扎实理论、实践经验和对行业企业的了解，[①] 这些都是评价"双师型"教师的重要指标。职业院校教师评价体系应涵盖多个维度，包括教学能力、专业实践能力以及教师发展能力等关键指标。有学者运用多元回归模型法，针对民办高职教师的特点，构建了相应的能力评价模型，并将这些核心要素作为教师评价的重要指标。[②] 这些能力要素的划分对于评价"双师型"教师具有重要的参考价值。职业院校教师评价指标涵盖职业道德、教学、科研、实践指导等多方面，体现职教特色及对教师综合能力的全面要求。为有效评估"双师型"教师素质，需构建高效评价机制。[③] 要针对职业本科大学的职业特性，重视行业企业的参与，引入行业标准和企业实践经验，使评价更加全面和客观。

第四，职业本科教师评价结果遵循动态调整、保持活力原则。教育部鼓励高等职业学校制定激励措施，建立灵活的教师评价机制。该机制依据教师

① 教育部办公厅关于做好职业教育"双师型"教师认定工作的通知［EB/OL］.（2022-10-27）［2023-08-07］. http://www.moe.gov.cn/srcsite/A10/s7034/202210/t20221027_672715.html.

② 刘翠兰，征艳珂. 职业教育背景下民办高校教师能力评价模型构建及评价要素分析［J］. 中国职业技术教育，2015（19）：80-84.

③ 秦胜龙，李闽. 高职院校教师工作评价机制的构建［J］. 中国职业技术教育，2018（04）：85-88.

能力进行分级认定，旨在激励教师追求"双师型"发展路径。在职称、培训、评优等方面，"双师型"教师将享受更多优势，包括更高的课时费。鉴于科技和经济快速变革导致职业需求日新月异，传统的终身评定制度已显得捉襟见肘。因此，"双师型"教师必须与时俱进，持续更新知识技能以适应新职业要求。地方可探索建立动态评估体系，以维持"双师型"教师队伍的活力，并确保其素质随职业需求变化而提升。实现这一目标的关键在于激发高职学校的积极性，引导教师广泛参与，推动高质量师资队伍建设，为我国培养更多具备实践能力和理论知识的高素质技术人才奠定坚实基础。[①]

三　我国职业本科大学教师评价：现状透视与困境分析

根据职业本科大学官方网站发布的相关信息，以及职业本科大学官方公布的高等职业教育质量年度报告，[②] 可以总结归纳我国职业本科大学的教师评价制度存在的问题及其表现。当前我国职业本科大学教师评价制度与最初设计时的理念逻辑产生了偏差，导致制度设计时的评价目的发生异化；实施过程中评价主体单一；评价标准模糊，和实际所需的工作能力不相符；评价结束后，评价结果的反馈效应弱化，忽视了教师个人的纵向发展历程，不利于教师的专业成长。

（一）职业本科大学教师评价体系的现状透视

1. 职业本科教师评价目的异化

当前教师评价以绩效管理为主，评价结果常与绩效工资挂钩，形成了一套以工资为目的的评价体系。这可能导致教师为达指标而功利性地从事科研和教学，忽略了自身专业发展。[③] 在多数职业本科大学中，教师的业绩评估主要基于当年发表的论文数、出版的著作数及授课量等几个方面。这些数字

---

① 如何将"双师型"教师认定落到实处［N］. 中国教师报，2022-12-8（14）.

② 高等职业教育质量年度报告［EB/OL］.（2023-01-18）［2024-02-13］. https：//www. tech. net. cn/column_rcpy/index. aspx.

③ 陈悦，吴雪萍. 多元共治视域下的高职学校教师绩效评价探究［J］. 职教论坛，2020，36（09）：6-11.

成为职位晋升、职称评定和奖金分配的标准。由于精力有限，教师只能围绕这些指标开展工作，导致教学过于注重数量而忽视质量，同时忽视了社会服务这一高校教师的重要职责。这种急功近利的做法削弱了教师评价的调节和激励作用，直接影响了教学质量的提升，进而间接影响了人才培养的质量，不利于职业本科教育的长期发展。①

2. 职业本科教师评价主体单一化

目前，职业本科教师的评价方式存在主体单一的问题，教师的参与度较低，往往只能被动地接受他人的评价，且评价者主要集中在本校或本部门内。通常，学校会成立专门的小组进行教师评价，而任课教师则需回避。因此，教师通常只知道自己的评价结果或等级，对评价的具体过程和成绩的真实含义却并不清楚。为确保职业本科教师评价的客观性，除了发挥教师在评价中的主体地位，还应该重视校院领导、专家同行、教师本人、同事、学生、校企合作的行业企业相关人员等多方评价，而且应该注意平衡各方评价，不能过于偏向某一方，否则在实际操作中也容易产生绩效评价偏差。②有学者认为，在商品市场中，产品由消费者评价其优劣和等级，但作为知识消费者的学生，实际上没有能力去评价教师，否则也不需要接受教育了。有的学校过于重视学生评价，这样容易导致教师过分讨好学生的事情发生，不利于教师评价发挥其真正的监督激励作用。③

3. 职业本科教师评价标准割裂化

一方面，职业院校面对不同岗位的教师群体，评价标准往往大同小异，缺乏类型化、层次化的标准设置，尤其无法凸显针对"双师型"教师的专业要求。④ 本科层次职业院校旨在培养具备理论基础且能适应产业技术变革

① 李雪峰，王志洁. 改进教师评价，解决教师职业倦怠，促进教师发展——荷兰瓦格宁根大学与国内大学教师评价比较研究 [J]. 呼伦贝尔学院学报，2008，（04）：80-84.
② 李越恒. 高职院校教师绩效评价探析 [J]. 中国成人教育，2014，（21）：103-105.
③ 谢作诗，陈刚，马汴京. 大学治理：交易费用经济学的视角 [J]. 教育研究，2013，34（10）：79-83.
④ 陈淑维. 高职院校教师专业发展评价制度构建策略 [J]. 中国职业技术教育，2017，（35）：91-95.

的高级技术应用人才。因此，教师应采用"理论与实践相结合"的教学方法，坚持"学中做、做中学、教学做统一、训育一体"的原则，以培养出高技能、强实操能力的学生。然而，当前"双师型"教师的质量并不尽如人意，尽管他们持有教师和工程师双证，但这仅代表其在某一领域具备专业技能，并不完全符合产教融合的发展趋势。教师的技术技能与企业需求仍存在脱节现象。因此，在保障"双师型"教师数量的同时，急需提升他们在理论教学和实践教学方面的双重能力，以更好地满足校企合作和产教融合的发展需求。[①] 另一方面，在评价标准的形式和内容上，学生评教中常用的抽象模糊措辞，如"教学态度"被描述为"为人师表，教书育人"，"教学素质"被描述为"概念明确，科学无误，讲解清晰，深入浅出"等，这些都让学生难以准确评价，只能凭感觉打分，导致主观印象影响总分。因此，评价标准应简洁明了、直接具体。

4. 职业本科教师评价结果功利化

通常而言，教育评价对学生具有反馈、激励和引导作用，对教师的评价同样如此。然而，当前的教师评价机制主要关注过去的工作成果，并过分强调教师间的横向比较，忽视了教师个人成长的纵向发展。这种评价机制导致评价结果主要用于功利化的决策，如奖惩、晋升和聘用，而缺乏对教师专业成长的实质性指导。此外，高校往往未能及时将评价结果反馈给教师，使教师无法了解自身业绩与组织期望的匹配程度，也难以明确职业生涯规划的阶段性目标。由于教师对评价过程和结果缺乏了解，他们难以把握学校要求、学生期望与自身表现的差距，从而无法有效改进教学。这也影响了学生参与评价的积极性，降低了评价结果的真实性，进而形成恶性循环。[②]

（二）职业本科大学教师评价层面的现状透视

1. 职业本科教师引进评价制度：操作性强但缺乏弹性

我国职业本科大学招聘制度文本整体上较为完善，均涵盖了教师管理的

---

① 张莉. 本科层次职业教育试点院校师资队伍建设的困境及优化路径 [J]. 中国职业技术教育，2020，(32)：43-48.

② 何俊峻，陈森锵. 自主评聘背景下高职教师专业发展评价模式研究 [J]. 中国职业技术教育，2017，(26)：88-92.

主要方面。各职业本科大学在教师准入机制、考核机制以及教师权益保障等方面的规定均较为详细。有的高校仍在不断完善其制度，目的都在于更好地实现人才队伍建设、推进学校可持续发展、提升综合竞争力。

我国职业本科大学教师招聘政策的准入条件规定较为细致、准确、严格，在考核标准上，除学术科研能力、教学能力之外，多数职业大学还增加了对应聘教师思想品德和师德师风的要求，除部分学校在学历和年龄标准上具有一定弹性外，多数学校对应聘教师学历、年龄、身体条件，甚至对性别都作出严格规定与要求。在招聘考核方式上，多数采用笔试、试讲、面试、考察相结合的方式，并在文本中详细规定了考核程序、内容、申诉举报方式。

我国职业本科大多关注教师招聘考核、薪酬福利、申诉范围等方面内容，在招聘时主要考察教师师德、教学、科研、身心健康等。各校之间差异较大，有的院校在准入资格上弹性较大，有的院校考核制度灵活性较强，但鲜有院校针对女性教师设立专门机构以保障其合法权益。

2. 职业本科教师职称评价制度：宽严不一、认可度较低

教师职称评审权下放至高校后，大多省属高校具备独立评审能力，评审机构健全，规范组建各级评审组织，且能够履行主体责任。职称评审事前文件制定合法合规；事中评审标准严格，评审方式革新；事后留存备案完整，利于追溯与追责。但仍存在一些不足之处，例如评审过程手续烦琐，预留时间紧张；过分侧重评聘工作，忽略聘期考核，导致教师职业倦怠；不同类型层次学校和不同专业宽严程度不一，评审差别较大；相对于公办本科学校，民办职业院校面临着更大挑战，需要一定的政策倾斜。

职业本科大学大部分都是民办高校，与公办高校相比，民办职业本科通常缺乏一流的学术环境和资源条件，如师资力量、科研经费、实验设备、图书馆资源等，可能导致教师难以在短时间内取得突出的研究成果。同时，民办高校在公众和学术界的声誉普遍不如公办高校，这意味着民办高校的教师在职称评审中需面临相对更高的门槛和更严格的要求。

3. 职业本科教师岗位评价制度：分类分层评价不够细致

岗位聘用制度是人事管理制度的重要组成部分，我国《高等教育法》、《职业教育法》和《教师法》都规定了高校实行教师聘用制度，职业本科大学是高等教育的重要组成部分，也必须按照国家统一规定实施教师聘用制度。在针对管理岗位、专业技术岗位及工勤技能岗位的考核评价体系中，专业技术人员的考核是其核心且显得尤为复杂。它不仅是高校整体岗位考核的基石，更是推动高校岗位设置和人员聘用工作深化的实际需求，同时也体现了深化岗位管理改革和巩固人事制度改革成果的重要性。

岗位评价以具体的职业岗位为基础，通过系统测量来确定各岗位在组织内部薪酬结构中的相对价值，进而为薪酬设计提供必要的数据支持。然而，当前许多职业本科高校过于关注招生扩张和盈利增长，忽视了薪酬管理制度的根本性建设。这些学校不仅未能清晰区分各类岗位，对教师的薪酬划分也显得粗糙。更为严重的是，激励机制的匮乏导致一些教师在取得学术、技能或专业成就时得不到学校的充分认可，特别是在薪酬上缺乏体现。这种薪酬管理制度的不完善，加之学校的快速发展带来的教师工作量激增，导致教师往往得不到应有的回报，从而严重挫伤了他们的工作积极性。[①]

4. 职业本科教师考核评价制度：全职兼职教师弊端不同

当前职业本科对全职专任教师的考核评价存在诸多不足，例如重视"硬性"的工作考核，忽视"软性"的师德考核；教学考核以结果导向为主，忽视了对教学过程的监督；考核指标单一化，无法满足教师分类发展的需求；考核后的帮扶机制尚未健全，未能将考核与促进教师成长结合起来。[②]

对兼职教师的考核评价也存在着随意性强、标准混乱、教学难以监控等问题，[③] 职业本科现有的兼职教师群体，不仅身份复杂，来源渠道也很广

---

① 吴杰. 基于岗位评价体系的民办高校薪酬体系研究［J］. 湖北开放职业学院学报，2020，33（23）：53-55.

② 胡晓霞. 高职院校教师考核评价机制构建的实践探索与思考——以国家示范高职院校A学院为例［J］. 职教论坛，2015，（14）：14-17.

③ 刘晓宁. 高职院校企业兼职教师考核与评价体系构建［J］. 中国职业技术教育，2017，（06）：72-77.

泛，主要可分为两大类：一是校际兼职教师，二是企业兼职教师。由于职业本科规模的不断扩大，师资紧张问题日益凸显，这使得兼职教师的聘任成为衡量学校水平的重要指标。然而，由于对兼职教师队伍的建设规划不足，学校在聘任兼职教师时的要求和标准往往有所降低，导致选聘和考评过程存在随意性和无序性。这种情况进而导致兼职教师队伍的质量参差不齐、流动性强、稳定性差，难以形成有效的长效评价机制。因此，职业本科需要加强对兼职教师队伍的建设规划，提高聘任标准和要求，以确保兼职教师的质量和稳定性，从而建立起科学、合理的长效评价机制。

四　健全我国职业本科大学教师评价制度的实现路径

要改进和完善教师评价制度，单凭高校一己之力难以实现。从宏观层面来看，必须依靠国家和地方政策的引导和推动；中观上，则需要高校与企业、政府等多元主体建立紧密的合作关系，形成协同育人的良好机制；而在微观层面，职业本科大学应从教师评价的目的、主体、标准和结果四个维度出发，全面优化和完善其内部的教师评价体系。这样才能确保评价制度的科学性和有效性，进而促进教师的专业发展和学校整体教学质量的提升。

（一）自上而下的国家政策实现路径

我国高校教师评价制度的完善，必须采取"自上而下"与"自下而上"相结合的方式，既注重政府的宏观指导，也充分调动高校的自主性和积极性。在这里，"上"指的是中央和地方政府制定的关于职业本科大学教师的政策、法律及规定，而"下"则是职业本科大学根据自身特点制定的教师评价制度。政府通过制定教师评价政策并逐级贯彻，形成"自上而下"的指导过程；而高校在遵循国家政策的基础上，结合本校实际，发挥主动性和创造性，制定适合自身的教师评价制度，则体现了"自下而上"的实践过程。

国家在宏观层面应为高校的发展提供指引。首先是法律保障，如《职业教育法》《教师法》《教育法》等应体现对高校的充分赋权，为教师松绑，使其能顺应时代需求培养创新型人才。其次，国家需制定相关政策，对高校教师评价相关的制度进行宏观设计，如教师引进、"双师型"教师认定、职称评审、聘任及绩效等。最后，需建立适应社会发展、市场经济及大学长远发展的机制，确保职业本科大学及其教师评价体系能灵活应对时代变化，保持前瞻性和活力。

（二）合作有力的多元主体协同路径

当前，我国高校教师评价体系已具备多元化特点，主要涵盖管理部门、专家团队以及学生群体三大方面的综合评价。[①] 管理部门依据学校所制定的规章制度和政策文件，对教师的工作表现进行细致入微的考核，确保其遵守教育规范并能推动学校发展。专家团队则凭借其深厚的学术背景和专业知识，对教师的学术成果和专业水平进行全面评估，他们的评价往往对教师的职称晋升和学术声誉产生决定性的影响。而学生评教环节则通过收集学生对教师教学行为的直接反馈，客观且真实地反映出教师在教学中的优缺点，进而促进教师教学质量的提升。

然而，尽管现有的评价体系已经相对完善，但从促进教师全面发展的角度来看，仍然存在一些不足之处。特别是缺乏对教师自我评价和同行互评的足够重视。教师作为教学活动的主体和责任人，他们对自己教学过程的反思和总结至关重要。通过自我评价，教师不仅能够更深入地了解自己的教学风格、方法和效果，还能及时发现存在的问题和不足，从而明确未来的发展方向并激发内在的成长动力。与此同时，同行互评也是一种非常有效的教师发展策略。通过观摩、讨论和评价彼此的教学实践，教师们可以相互学习、相互启发，共同提高教学水平和专业素养。

对于职业本科大学而言，由于其人才培养目标和定位的特殊性，对专任教师的要求也相应地有所不同。除了需要具备扎实的专业理论知识和较高的教育教学水平外，还需要具备较强的专业技术能力和实践指导能力。因此，在构建职业本科大学教师评价体系时，除了要考虑来自教育领域内部的管理

---

① 俞亚萍．高校教师评价制度：问题检视、成因诊断与优化策略 [J]．黑龙江高教研究，2018，36（10）：104-107.

部门、专家、学生、教师本人和同行等主体的评价意见外，还需要积极引入与学校合作的企业等第三方的评价视角。这些外部评价者可以从不同的角度和维度来全面、深入地评估教师的综合素质和教学能力，特别是教师在实践教学、技术应用和社会服务等方面的表现。通过这样的评价方式，我们可以更加科学、合理地评价职业本科大学的教师队伍，为学校的长远发展和人才培养质量的提升提供有力保障。

（三）逐步健全的评价体系完善路径

评价目的方面，应纠正传统的教师评价理念，明确评价的核心目的是促进教师的专业化发展，而非简单选拔或排名。正如荷兰瓦格宁根大学和日本一些高校所实践的，教师评价应着眼于教师的未来成长，强调其对教学改进的积极作用，并体现评价的激励与导向功能。这种评价方式有助于实现教师个人发展需求与学校整体发展目标的和谐统一。对于职业本科大学而言，更新评价观念至关重要。应该明确，教师评价的目的是促进教师自身的反思和成长，帮助他们认清并改进教学中的不足。只有为教师提供客观、公正、全面的评价，才能更好地激发他们的内在动力，推动学校整体教学质量的提升。

在评价主体方面，职业本科大学应倡导多元主体参与评价，包括学校管理人员、专家同行、同事、教师本人、学生以及企业行业人员等。这样的评价方式能够更全面地反映教师的教学表现和专业素养。同时，应注重教师的自我评价，帮助他们进行自我诊断，突出他们在自身职业道德评价中的主体地位。通过组织教师积极参与评价，充分尊重他们的个人意见，可以从根本上减轻评价带给教师的不安全感，增强他们的信心，使他们在原有的水平上有所提高。这样，教师职业道德评价就能真正成为教师、领导与学生之间沟通的桥梁与纽带。

评价标准方面，应统一规范评价标准，并凸显"双师型"教师的专业要求。基于对职业教育发展规律和人才成长规律的认识，可知缺乏"双师型"教师和教学团队是职业教育高质量发展的瓶颈。因此，在制定职业本科教师评价标准时，应把师德师风作为衡量"双师型"教师能力素质的第一标准，落实立德树人根本任务，践行产教融合，做到德技并修。同时，强化"实践教学能力"评价导向，明确"双师型"教师的典型工作任务和能力要求，引导广大职业院校专业教师对照评价标准查漏补缺，提高其面向一线教学的综合素质。

最后，在评价结果方面，应注重评价结果的及时反馈，督促教师进行反思和进步。可以借鉴荷兰瓦格宁根大学和日本一些高校的做法，遵循保密性原则，确保只有相关人员能够知晓评价结果。[①] 同时，通过合情合理的方式将评价结果告知教师本人，帮助他们掌握自己的优劣势并有针对性地采取措施提高自身素质和能力。这样的评价方式不仅能够促进教师与评价者之间的交流与合作，还能够有效提升教师的教学质量和专业素养，推动职业本科大学的长远发展。

第二节 职业本科大学的学生评价变革

一 问题的提出

党的二十大强调了教育、科技、人才在全面建设社会主义现代化国家中的基础性、战略性支撑作用，对职业教育高质量发展提出了更高期待。职业本科教育作为培养高技能人才的重要途径的时代意义逐渐凸显，高质量的评价体系有助于凸显职业本科教育对立德树人、德技并修、全面发展的要求，提升人才的岗位胜任力和技术应用创新能力。[②] 对于职业本科大学，优化学生评价制度可提高其竞争力，确保人才培养与市场需求相符，提升其办学水平。[③] 对于用人单位，不断优化学生评价和专业设置能更好地服务产业发

---

① 李雪峰，王志洁. 改进教师评价，解决教师职业倦怠，促进教师发展——荷兰瓦格宁根大学与国内大学教师评价比较研究 [J]. 呼伦贝尔学院学报，2008，（04）：80-84.

② 郭广军，李昱，刘亚琴. 高质量职业本科教育的教育目标、关键特征及推进策略 [J]. 教育与职业，2022，（22）：44-47.

③ 付悦. 推进新时代地方高校发展职业本科教育的策略研究 [J]. 齐齐哈尔师范高等专科学校学报，2022，（06）：10-12.

展，设立产业需求导向的专业，培养优秀人才。故而，基于类型教育定位，以评价为导向，探讨职业本科学生评价制度的基本逻辑，厘清学生评价的定位，提出变革路径，对推动职业本科院校内涵建设、提升技术技能人才质量、完善职业教育体系、促进学生全面发展具有重要意义。

基于类型教育定位的职业本科教育在政策、实践和研究三个层面为学生评价的探讨提供了基础。

在政策层面，职业教育作为类型教育得到了官方的充分认可。2019年国务院发布的《国家职业教育改革实施方案》开宗明义，明确指出职业教育与普通教育是两种不同教育类型。① 2022年新修订的《职业教育法》第三条规定，职业教育是与普通教育具有同等重要地位的教育类型，是国民教育体系和人力资源开发的重要组成部分，是培养多样化人才、传承技术技能、促进就业创业的重要途径。② 2024年《学位法》明确了国家学位制度分为学术学位、专业学位等类型，提出专业学位人员可以以"实践成果"作为学位条件。③

在实践层面，职业本科大学发展迅速，但职业本科大学评价改革却远远不够。宏观层面上，2019年以来已有多所本科层次职业教育试点大学。在高等教育界普通教育和职业教育成为并驾齐驱的两驾马车。按照2021年中共中央办公厅、国务院办公厅印发的《关于推动现代职业教育高质量发展的意见》，到2025年，职业本科教育招生规模不低于高等职业教育招生规模的10%。④ 这意味着在未来的2~3年，职业本科大学的在校生要增加到40万人，试点学校要增加到140所。微观层面上，职业本科试点大学发展规划和人才培养目标不够明确，社会参与度和校企合作有待加强，师资队伍的支

---

① 袁旗.《国家职业教育改革实施方案》十大概念解读［J］.职业技术教育，2019，40（33）：44-47.

② 中华人民共和国职业教育法［EB/OL］.（2022-05-06）［2024-02-13］.http：//www. nimt. edu. cn/jiaowu/2022/0505/c907a38941/page. htm.

③ 全文｜中华人民共和国学位法［EB/OL］.（2024-04-26）［2024-04-30］.https：// k. sina. cn/article_1644114654_61ff32de02001s2xe. html.

④ 中共中央办公厅 国务院办公厅印发《关于推动现代职业教育高质量发展的意见》［EB/OL］.（2021-10-12）［2024-02-13］.https：//www. gov. cn/zhengce/2021-10/12/content_5642120. htm？eqid=ef85b41d0000cf39000000046497a127.

撑力度不足，课程、教学、教材和实践环节均存在提升空间。此外，学生的学业水平和社会贡献度也有待进一步提高。①

在研究层面，学者们对职业教育作为类型教育的定位、内涵、特征及其发展路径进行了深入探讨，但对职业本科大学学生评价改革缺乏深刻的研究。如有学者探讨了职业教育作为类型教育，具有职业性、实践性、灵活性和个性化等特征。② 在职业教育作为类型教育的发展路径上，学者们提出了一系列具有建设性的建议。如要加强职业教育的顶层设计，明确职业教育的类型定位和发展目标，制定符合职业教育特点的政策和措施。③ 要加强职业教育课程体系建设，注重课程内容的职业性和实践性，构建与职业岗位紧密对接的课程体系。④ 同时，要加强实践教学环节的建设，提高实践教学的比重和质量，确保学生具备实际操作能力和职业素养。⑤ 此外，还要加强职业教育的师资队伍建设，提高教师的专业素养和实践能力，为职业教育的高质量发展提供有力保障。⑥ 此外，学者们还关注了职业教育与其他教育的融合与互补。⑦ 具体而言，现阶段学界关于职业本科教育学生评价的相关研究多聚焦于职业能力或学业评价，⑧ 且仍停留在注重知识能力的层面。⑨

① 陕西省社会科学院《首批试点职业大学 2023 年度质量年报分析报告》发布．［EB/OL］．（2023-09-05）［2024-02-13］．http：//www.sxsky.org.cn/detail/8152.

② 黄斌．职业教育作为类型教育的内涵、特征及其培育［J］．中国职业技术教育，2020，（01）：67-72.

③ 马晓慧，周保平．"类型教育"背景下现代职业教育体系的完善策略［J］．中国职业技术教育，2023，（10）：48-53.

④ 古翠凤，张雅静．类型教育视角下中高职人才贯通培养的协同机制研究［J］．职业技术教育，2022，43（25）：24-30.

⑤ 徐林，王阿舒，汤允凤．类型教育视域下高职实践教学路径创新研究［J］．中国职业技术教育，2020，（32）：33-37.

⑥ 胡剑锋，畅立丹，许倩婷，念潮旭．类型教育定位下职教师资培养的价值意蕴、现实困境与实践路径［J］．中国高教研究，2024，（05）：101-108.

⑦ 徐晔．职业教育"类型教育"生态系统的内涵及实践路径［J］．教育理论与实践，2021，41（15）：30-33.

⑧ 刘虎．由遮蔽走向真实：职业教育学生学业评价的反思与超越［D］．上海：华东师范大学，2014.

⑨ 刘春光，谢剑虹．职业本科院校学生职业素养评价指标体系的探索与构建［J］．当代教育论坛，2023，（02）：68-76.

二 职业本科教育学生评价基本逻辑的应然反思

为完善现代职业教育体系、推动新技术革命与产业变革的进程、构建符合人民期待的高等教育体系，职业本科教育必须不断提高教育质量。而要实现这一目标，就需要从学理、政策和实践三个层面来反思职业本科大学学生评价制度的三重逻辑，以回应各方的期待与需求。①

（一）以类型教育为学理逻辑，重视考查学生综合素质与职业发展潜力

在推进教育评价体系完善的过程中，首要之务是深刻认识并强化元评价的地位，即开展对评价本身的批判性反思，以辨识其内在的合理与不合理成分。周作宇教授所倡导的教育评价体系，以科学、健康及促进学生全面发展为导向，必须严格遵循实用性、可行性、得当性和准确性四项基本原则。同时，评价体系的道德伦理问题亦不容忽视，必须坚决防范评价数据的伪造与失真。此外，还应确立一种全面、综合的人才评价标准，以实现对学生能力的多维度评估。最后，评价体系的构建还需从组织文化的深层次出发，以质量文化为基石，确立以质量为核心的评价理念。②

职业本科大学学生评价的学理逻辑主要基于以下四点。首先是综合素质评价。职业本科大学在评价学生时，不仅注重学术成绩，更强调对学生全面能力的评估。这包括实践能力、职业素养、创新思维以及团队合作能力等方面，旨在全面了解学生的综合能力和发展潜力。这种评价理念认识到，学生的成功不仅取决于知识的掌握程度，更在于其实际应用能力和综合素养的展现。其次是职业导向评价。职业本科大学将学生的发展与职业需求、工作岗位要求紧密结合，注重考查学生是否具备适应未来职业环境的关键能力。这包括实践技能、职业责任感以及对行业的深入理解等方面。通过将评价内容与实际工作需求相对接，这种评价理念使评价结果更具现实意义，有助于提

---

① 周淼淼. 高质量职业本科教育的发展逻辑、现实困境与前进理路 [J]. 教育与职业，2022，(24)：59-64.

② 叶赋桂，段世飞. 深化教育评价体系改革学术研讨会综述 [J]. 清华大学教育研究，2018，39（06）：123-128.

升学生的就业竞争力。再次是实践导向评价。职业本科大学高度重视学生实践能力的培养和实践经验的积累。评价体系着重评估学生在实习、实训和项目实践中的表现，包括问题解决能力、创新能力和沟通协作能力等方面。这种评价方式鼓励学生将所学知识应用于实际工作，通过实践不断提升其自身能力，实现持续成长。最后是发展导向评价。职业本科大学的学生评价体系以促进学生的全面发展为终极目标。在评价过程中，不仅关注学生的当前表现，更重视挖掘他们的成长潜力，培养其可持续发展能力。这种评价方式致力于为学生提供广阔的成长空间和丰富的发展机会，激发他们的潜能，助力他们实现自我价值。这四点理念共同构成了职业本科大学学生评价的逻辑框架，旨在全面、准确地评估学生的能力和发展潜力，为他们的未来职业发展奠定坚实基础。

（二）以类型评价为政策逻辑，重视优化职业本科教育学生评价体系

职业本科教育作为培养高层次技术技能人才的重要途径，其学生评价制度必须紧密围绕国家政策逻辑进行设计和实施。近年来，我国政府相继出台了一系列关于职业教育改革的政策文件，为职业本科教育学生评价制度的完善提供了明确的指引。

一方面，《国家职业教育改革实施方案》中进一步强调了立德树人的根本任务，并提出了推进人才培养体制创新的具体要求。这一政策逻辑要求职业本科教育在评价学生时，必须坚持以德为先、技能为本的原则，注重学生的职业道德和职业素养的培养。同时，还要通过改革教育质量评价和人才评价制度，建立科学且多样化的评价标准，探索更多促进学生全面发展的评价方式。另一方面，《深化新时代教育评价改革总体方案》提出了"改革学生评价，促进德智体美劳全面发展"的目标。这一政策逻辑要求职业本科教育在评价学生时，不仅要关注学术成绩，更要注重学生的综合素质和职业能力的发展。因此，职业本科院校必须构建一个涵盖政府、学校、社会等多元主体的评价体系，确保评价结果的全面性和公正性。根据《深化新时代教育评价改革总体方案》中关于改革的系统性、整体性和协同性的要求，职业本科院校在深化学生评价制度改革时，必须坚持分类设计、稳步推进的原则。要结合自身的办学特色和学生的个性化需求，制定符合职业本科教育特点的评价标准和方法。同时，还要加强与政府、行业企业等外部主体的沟通与合作，共同推动学生评价制度的完善和发展。

（三）以分类培养为实践逻辑，重视提炼职业本科大学学生评价经验

经过多年的发展，我国职业本科教育也取得了长足发展，经验丰富，值得推广。近几年的《高等职业教育质量年度报告》显示，① 一些前瞻性的职业本科院校在学生评价方面已经迈出了坚实的步伐。例如，上海中侨职业技术大学秉持"以学生为中心"的评价理念，致力于促进学生的全面发展。该校巧妙地将"五育"融入学生评价体系，构建了一个全面且完善的德智体美劳评价框架，为学生的综合素质提升提供了有力支撑。广西城市职业大学则另辟蹊径，通过制定一系列具有职业特色的质量标准，不仅在专业设置和课程建设上展现了独特性，更构建了一个涵盖学校、学院和学生等多级别的教学督导监控体系。该校坚持执行日常教学检查制度，将过程监控与结果评价紧密结合，从而确保了教学质量的持续提升。南京工业职业技术大学在评价体系的创新上同样不遗余力。该校明确提出要充分尊重行业企业、社会对教学质量的评价意见，打破了传统上仅依赖学校内部评价的局限，将多级主体的意见纳入评价体系中，使评价结果更为全面、客观。这种开放和包容的评价理念无疑为职业本科教育的质量提升注入了新的活力。

三 职业本科教育学生评价的理性定位分析

职业本科大学正致力于深入探索学生评价的新标准与新理念。通过对比普通本科及专科层次高职，可审视并思考其层次化构建的独特性。同时，还要着重关注职业本科学生评价如何精准回应产业及社会的多元需求，以及如何与学生个体的长远发展紧密相连。

---

① 毋磊，周蕾，马银琦. 高质量职业本科人才培养模式的现实向度与行动路径——基于 21 所职业技术大学教育质量报告的文本分析 ［J］. 中国高教研究，2023，（05）：101-108.

（一）与普通本科相比的视角，职业本科学生评价的类型构建定位于技术技能人才

《国家职业教育改革实施方案》与新《职业教育法》明确强调，职业教育与普通教育在地位上完全平等，是两种各具特色的教育类型。从国家制度层面到法律层面，都深刻体现了对职业教育与普通教育同等重视的原则。职业本科是我国推进现代化进程中优化职业教育类型定位和产业转型升级的先行者。[①]

与普通本科培养人才相比，职业本科强调学生的职业素养、实践能力和就业竞争力，以职业为导向，以改造世界、实现技术技能传承和迭代为主要目的，培养技术技能型、能工巧匠型、大国工匠型人才。在评价类型上，不同于普通本科的有如下几点。一是在职业素养评价方面，评估学生在专业领域的职业道德、职业意识、职业规范等方面的表现，主要通过考查学生对职业伦理和职业责任的认识和实践，以及他们对自身职业规划的思考和准备程度。二是在实践能力评价方面，评估学生在实际职业环境中应用所学知识和技能的能力。此评价类型强调学生在实习、实训、项目等实践活动中的表现，包括问题解决能力、创新能力、团队合作能力等。三是在职业技能评价方面，评估学生在职业相关的专业技能方面的熟练程度。包括对职业技能的掌握程度、实际操作能力以及专业工具和设备的运用能力等。可以通过实验、项目作品、技能考核等方式进行评估。

（二）与专科层次高职相比的视角，职业本科学生评价的层次构建定位于综合性的较高层次

职业本科和高职专科都属于职业教育领域，其根本任务都是在立德树人的理念下，培养技术技能人才。然而，与高职专科相比，职业本科在人才培养方面具有更强的理论性、实践性和综合性。

在培养学生方面，职业本科更加注重知识与技能的平衡，并且对知识的深度和广度的要求都高于高职专科。在理论基础方面，职业本科与高职

---

① 罗校清，李锡辉. 职业本科的内涵、定位及发展路径探析［J］. 教育与职业，2023，（04）：21-27.

专科的学生相比，具备更加扎实和深厚的基础知识。在知识结构方面，职业本科的知识体系更为全面和完整，涵盖了更广泛的领域。在专业能力方面，职业本科强调学生具备更加专业和综合的能力，能够胜任复杂的职业要求。在技术水平方面，职业本科注重学生的实践操作能力，使他们在技术上更加扎实和精湛。在培养层次方面，职业本科要求更高的标准、起点和质量，以确保培养出符合现代产业链需求的人才。相较于高职专科，职业本科院校的学生应具备更为广泛和深入的专业知识、更接近于产业高端的技术能力，并且具备更强的岗位适应能力、组织管理能力和创新创造能力。因此，在学生评价方面，职业本科的学生评价更加注重专业知识、技术能力以及创新能力。

（三）与产业等社会需求相关联的视角：职业本科学生评价的外部回应定位于行业发展需要

职业教育的高质量发展不能仅仅依靠学校的培养，还需要政府、行业、企业和学校之间的多方协同和共同培养；产教融合和校企合作是办好职业教育的基本制度和原则。

职业本科教育旨在培养技能型社会所需的高层次技术人才，而产教融合在其中扮演着关键的角色。其核心思想是学校的专业设置必须与产业发展紧密结合，教学内容要与技术革新深度融合，人才培养要与企业需求密切契合。校企合作的核心在于不断挖掘学校和企业双方的利益共赢点，激发企业参与校企合作的内在动力，发挥企业的作用。在学校的专业设置中积极参与人才培养和课程共建，共同商议制定合理的课程体系，将教学与企业岗位需求相结合，提高育人效果。企业员工和教师共同参与，确定人才培养需求，以提高教学质量。例如，在课程专业设置方面，与企业的实际需求挂钩，教育教学与行业的专业知识和工艺相契合，从而形成学校与企业的命运共同体。这种紧密的合作关系使学校与企业能够实现资源共享和优势互补，为学生提供与实际工作需求相匹配的教育，培养出适应行业发展的高素质人才。通过产教融合和校企合作，职业教育将更好地满足社会和经济发展的需求，并为学生提供更加贴近实际职业要求的教育环境。

（四）与学生个体的终身成长相关联的视角：职业本科学生评价定位于终身发展和全面发展

教育的根本目标是实现个体的自由发展和全面发展，应该在个体发展的前提下，持续促进德智体美劳全面发展。学生个人的全面发展和终身发展离不开学校的教育和培养，而为了激励和促进学生的发展，科学可靠的评价体系尤为重要。

在职业本科院校中，学生个人的全面发展应被视为人才评价的重要依据。在人才培养方面，不能仅仅功利地关注知识和技能，更应重视对学生全身心的塑造。学生的个人发展不仅仅包括在知识和技能方面的培养，更要注重品德、智力、体能、审美和劳动力的全面培养。为了实现这一目标，学校需要建立科学、可靠的评价体系，推动学生的进步和成长。职业本科院校也需要将学生个人全面发展作为人才评价的重要考量，以保证学生得到全方位培养。这种发展观念的推动旨在培养德才兼备的人才，并回应人们对综合素质教育的需求。新时代学生全面发展的目标可概括为：以立德树人为核心，坚持人本理念，遵循教育规律和人才成长轨迹，深化职教改革，创新教学方法，注重学生个体差异，突出学生的主体地位。努力培养学生具备坚定扎实的思想政治素养、科学严谨的文化素质、全面良好的身心健康，以及富有创新精神的实践能力，使其成为既精通技术又恪守职业操守的高素质技能型人才。[①]

四　职业本科教育学生评价制度的完善路径

基于此，在厘清职业本科人才培养的应然和实然问题后，提出学生评价制度的规制路径显得尤为重要。本书主要从职业本科学生招生制度、培养和毕业标准的变革三个层面提出路径。

（一）推进职业本科教育学生的招生制度变革，完善"入口"评价制度

"职教高考"作为一个政策概念的提出有其历史发展的基础和逻辑，其

---

① 郑家刚. 目标导向的高职学生全面发展质量评价机制研究［J］. 中国职业技术教育，2021，
（19）：92-96.

内涵是不断发展的，适应了不同时期所需的伦理向度。职教高考这一概念看似新颖，但实质上只是对当前高等职业学校招生考试制度最新政策的一种表述。我国高等职业学校招生考试的形式展现出了多样化的特点。至今，我国职业教育已经构建起了以统招统考为主导的"六模式十二类型"的高等职业学校招生考试体系。职教高考制度的核心目标在于构建与普通高考并行的技能型人才选拔体系，它继承并超越了我国传统的分类考试制度，为中职生提供了更广阔的升学机会。通过持续的教育考试评价，职教高考旨在推动我国技能型人才在选拔、培养和就业模式上的系统性革新，进而实现职业教育类型化、特色化发展。[①]

职教高考制度的建立过程实际上是其从普通高考制度中逐渐分离出来的过程。它与普通高考制度的不同之处主要体现在以下三个方面：首先，职教高考制度在人才培养上更加注重满足技能型社会对高素质技能人才的需求；其次，在适应学校类型变革方面，职教高考制度必须不断契合高职院校的发展需求；最后，在招生机制上，职教高考制度需要适应并推进高考分类招生考试制度的改革需求。

在职业本科招生制度改革方面，需要引导和鼓励地方政府、行业企业等多方共同参与新生招录工作，丰富职教高考的内涵。以下是两种机制的示例。首先是产教融合型企业的参与机制。经过认定的产教融合型企业，根据其提供的实习岗位数量及培养实力，将与高等职业学校携手培养本科和专科层次的学生。校企双方可以签订联合招生与培养协议，并在获得省级教育主管部门的批准后付诸实施。同时，鼓励采用现代学徒制等创新模式进行人才培养，由企业提供必要的实习和就业机会。其次是县级地方政府的参与机制。各县级人民政府应结合当地的经济社会发展状况和就业市场需求，积极组织并推荐本地学生报考高等职业学校。政府将与学校紧密合作，共同培养能够满足县域经济社会发展需求的高素质技术技能人才。[②] 这些举措旨在推

---

① 朱德全，杨磊．职业教育高考制度的历史逻辑与伦理向度［J］．高等教育研究，2022，43（5）：45-54.

② 孙善学．完善职教高考制度的思考与建议［J］．中国高教研究，2020，（03）：92-97.

动职业本科招生制度改革，建立更加多元和灵活的选拔机制，以适应不断变化的职业教育需求。同时，也致力于促进产业和教育的紧密结合，培养具备实践能力和适应性的高素质技术技能人才。

（二）实施职业本科大学学生的培养改革，优化"在学"评价制度

1. 人才培养方案评价的变革

普通本科的人才培养方案以掌握本学科专业的理论知识为核心，注重理论知识的基础性、系统性和完整性。同样，培养工程应用型人才的普通本科也遵循这一逻辑，不过更加强调实践性和应用性，侧重于理论在实际应用中的运用。然而，职业本科的人才培养方案必须深刻理解普通教育和职业教育之间的本质区别。有些职业本科院校的前身是专科职业教育院校，升格为本科院校后，对这两种教育的理解可能不够清晰，在人才培养方面的认识也存在不足，可能会套用普通本科教育的办学模式，偏离了职业教育的本质，也不适用于培养技术技能人才。

因此，职业本科的人才培养方案需要特殊考虑。它必须充分融合普通教育和职业教育的精髓，突出实践和应用的重要性，以培养学生的实际工作能力为目标。这包括提供充足的实践机会、强化技能训练和实际项目经验，培养学生解决实际问题的能力，并注重理论知识在实际工作中的灵活应用。职业本科的人才培养方案还应关注行业需求和技术发展趋势，及时调整课程设置，确保学生所学内容与行业实践相匹配。同时，也应考虑实践导向的评估和评价体系，以全面评估学生的综合能力和职业素养。

对于职业本科的学生人才培养方案的评价可以从以下几点出发。一是实践性和应用性。评估方案是否注重学生的实践能力和应用技能的培养，是否提供了充分的实践机会。考查学生在实践环境中的表现和能力发展。二是行业适配度。评估方案是否与相关行业的需求相匹配，是否关注行业发展趋势和技术变革，确保学生所学内容与行业实践紧密结合。考查学生毕业后是否具备满足行业需求的专业能力。三是技能培养。评估方案是否注重培养学生的实际操作技能和专业技术能力，如实验操作、技术操作、软件使用等方面的训练和掌握。考查学生实际操作的熟练程度和技术能力。四是综合素质发

展。评估方案是否注重培养学生的综合素质，包括创新能力、沟通能力、团队合作能力、问题解决能力和职业道德等。考查学生在综合素质上的发展和表现。五是就业和职业发展。评估方案的就业率和学生职业发展情况，考察毕业生的就业情况、工作岗位匹配度和职业发展前景。重点关注学生在实际工作中的表现和职业成长。

2. 理论课程考核标准的变革

职业本科教育高质量发展的关键环节是能否按照职业本科专业设置的要求，制定出符合职业本科专业的人才培养方案，以及在课程体系的建设上能否做到类型突出和特色鲜明。

目前一些职业本科院校在执行课程考核评价时存在以下问题。不同程度地忽视过程性评价，重视终结性评价；忽视操作性评价，重视纸笔测验；忽视职业导向评价，重视学术导向评价。这导致职业本科学生课程评价中存在课程体系结构不合理、特色不够鲜明等问题，从而制约了职业本科教育的高质量发展。职业本科教育的课程体系应始终秉持其职业特色，以工作体系而非学术体系为基础来开发课程，构建以实践为导向、着重培养综合职业能力的课程体系。同时，为了体现职业本科教育的本科层次性，课程内容应深入涵盖技术理论知识的学习、技术创新能力的培养以及研究性实践能力的训练。这样的课程体系应既相对独立又有效衔接，形成层次递进、理论与实践紧密结合、产业与教育深度融合的教学模式。因此，课程考核标准方面的首要任务是以职业本科教育的"职业性"和"高等性"价值理念为指导，以培养技术技能人才为目标，根据职业岗位对知识、能力和素质的需求，设计适应新技术和产业变革需求的人才培养的总体要求和规范。要重视课程评价的全面性。评价内容上应综合考虑知识、素质和能力，评价形式上要结合过程性评价和结果性评价，以符合高层次新型技术技能人才培养的标准进行课程评价。

鉴于职业本科教育所培养的高层次新型技术技能人才在知识、技能和能力方面具有的高层次和复杂性特点，其价值不应仅从单一角度来衡量。相反，应该将科学主义和人文主义这两种价值取向相融合，将科学主义的量化研究方法与人文主义的情境性研究相结合。这种综合性的评价应以学习过程为导向，以学生的学习行为作为评价的核心。这种评价方式更加关注学生的思想、行为和技能在变化过程中的体验，探究在这个过程中最有效的支撑因素是什么、遇到的最大困难是什么，以及教学支持策略是否能提供有效的帮助。评价的重点不再局限于学生的分数和等级，而是更加注重学生的全面发展。①

3. 学生实习实践的模式变革

职业教育课程体系与普通教育课程体系的不同之处在于职业教育注重产教融合的实践课程，虽说在普通教育之中也有实习课程，但是二者在实际上还是有差距的，职业教育强调技能模式，因为职业本科培养的人才面向的是不断更新换代的综合性岗位，简单地以传统实践模式很难培养出高层次新型技术技能人才。所以在职业本科院校中，学生实践模式也应随着社会产业结构以及企业调整而不断更新设计，这样才能真正做到有效评价学生的动手实践能力，才能推动职业本科教育的高质量发展，促进经济发展。

职业本科学生实习实践的模式正在经历一系列的变革，以适应现代职业教育的需求和社会的发展变化。以下是一些常见的职业本科学生实习实践模式变革的趋势和实践。一是产学合作模式。越来越多的职业本科院校与企业、行业组织等建立合作关系，通过合作项目、共同实践等形式，为学生提供实习实践机会。这种模式可以增加学生与实际工作的接触，提高他们的职业素养，同时也使学生对所学知识的应用有更深入的理解。二是实践创新中心模式。一些职业本科院校设立实践创新中心，提供真实的实践环境和设备，模拟各行各业的工作场景，让学生在实践中学习和锻炼。这种模式能够有效地提升学生的实际操作技能和解决问题的能力。三是社会实践模式。职业本科院校鼓励学生主动参与社会实践活动，如社区服务、志愿者工作、社团实践等。通过与社会各界的互动和合作，学生可以接触到不同的社会问题

---

① 谢剑虹. 职业本科教育课程体系构建的内在逻辑与基本原则［J］. 当代教育论坛，2022，（05）：116-124.

和挑战，培养自主学习和创新能力。四是跨校合作模式。一些职业本科院校与其他高等院校、研究机构等合作开展实习实践项目，通过跨校的资源整合和共享，为学生提供更广阔的实践平台和机会。这种模式可以丰富学生的实践经验，促进不同学科的交叉融合。

这些变革的模式旨在提升职业本科学生实习实践的有效性和质量，提高他们的专业能力和就业竞争力。同时，学校和教育机构也需要与行业、企业等紧密合作，不断更新实践模式，确保与时俱进。

在学生实习实践模式的评价考核方面，应从优化"双师型"教师队伍结构切入，将教学质量、科研实力以及企业工作经历视为选拔"双师型"专任教师的关键标准。同时，应将提升"双师型"教师素质的计划与教师全员轮训制度融入师资队伍建设之中。此外，为了彰显学校职业教育的核心特色，应选聘企业中掌握高新技术、在行业内具有影响力的专业领军人物作为校外指导教师，将其纳入师资队伍管理体系，并进一步完善评价体系。[1]

4. 学生综合评优的标准变革

传统的关于学生评优的实施方案中，职业本科学生的评优主要基于学术成绩和考试表现，多选择用纸笔测验的方式来评价学生。不论是评价方式还是标准都不符合对于当下职业本科学生综合能力的测评要求。职业本科的学生评优应当看重学生是否具备专业职业技能，并且要全方位评优评先，不仅在评优指标上，也要在评优主体上有所体现。

首先要全方面对学生进行评价，要注重学生的综合素质，这包括学术成绩、实践能力、团队合作、创新能力、领导才能、社会责任感等方面的评估。随着对职业本科学生实践能力的重视，学生的实践能力也成为评优的关键指标之一。学生参与实习、项目实践、社会服务等活动的经历和成果，以及与实际工作相关的技能和经验，将直接影响评优结果。学生的职业素养、问题解决能力、创新能力等与实践相关的能力会被重点考虑。

---

① 冯小红，陈俊杰. 本科层次职业教育人才培养实践——以重庆机电职业技术大学工程造价专业为例 [J]. 高等建筑教育，2021，30（02）：154-161.

112

在评优指标上，首先要以人的全面发展为出发点，既要注重学生本位特征，又要真实地反映市场对高层次技术技能人才职业素养的基本要求；其次要着眼于当今时代对技术技能人才的需求和要求，还要面向未来，预测未来的发展趋势。因此职业本科学生评优的综合指标应当包含职业知识、职业技能、职业道德规范以及职业理想信念等。选择合适的评价方法也是关键，不同的评价指标应选择不同的评价方法，才能确保评价结果的客观性和精准性。在评价的主体上，学校与行业企业要协同配合，学校作为评价主体，应当以过程性评价为导向，有助于提升评价的科学性和准确性。行业和企业是职业本科院校学生的实践阵地，学生职业技能的好坏最终要在岗位中得到检验，行业和企业专家以用人单位需求为导向，通过考核学生的实践行为，给出综合性评价建议。

这些标准的变革旨在更全面地评价职业本科学生的才能和能力，强调实践能力和综合素质的培养。同时，评优标准的变革也要求学校和教育机构更新评估方法和手段，包括采用多元化的评价方式，例如面试、项目评估、作品展示等，以更准确地评估学生的综合能力和潜力。

（三）进行职业本科教育学生的毕业标准变革，优化"出口"评价制度

学位是对学位申请者学术水平、知识能力等级的评价、认定和授予的活动及结果。[①] 职业本科学位制度的改革是优化社会职业教育结构和提升人才培养质量的必然要求，也是推动职业本科院校实现高质量发展的关键。

2024年颁布的《学位法》从法律层面认定了专业学位和学术学位的类型分类，从法理上为职业本科学位奠定了合法性的良好基础，但是很可惜并没有严格区分学士阶段的学术学位和专业学位。学位的"高学术性"和"纯学术性"的门槛——一直是职业教育学位缺失的借口——被打破，"实践成果"也可以作为和"学术成果"并行的选择条件，但现实如何认定"实践成果"却是难点之一（见表3-1）。

---

① 叶绍梁. 学位的概念及其与研究生教育关系的辨析［J］. 学位与研究生教育，1999，（05）：65-70.

表 3-1 《学位法》"三级两类"学位授予条件比较

学位	学士阶段	硕士阶段	博士阶段
学术学位	（一）在本学科或者专业领域较好地掌握基础理论、专门知识和基本技能；（二）具有从事学术研究或者承担专业实践工作的初步能力	掌握坚实的基础理论和系统的专门知识；具有从事学术研究工作的能力	掌握坚实全面的基础理论和系统深入的专门知识；具有独立从事学术研究工作的能力；在学术研究领域做出创新性成果
专业学位		掌握坚实的基础理论和系统的专门知识；具有承担专业实践工作的能力	掌握坚实全面的基础理论和系统深入的专门知识；具有独立承担专业实践工作的能力；在专业实践领域做出创新性成果

根据联合国教科文组织制定的《国际教育标准分类》，整个教育体系被纵向划分为 7 个层级，其中第 5 层级的课程为"学士"或同等水平，由大学或等同的高等教育机构提供，职业本科教育和学术本科教育都属于第 5 层级，这为高等职业教育获得相应学位提供了国际规范层面上的标准。目前，通过观察全球范围内的职业教育学位制度发展动态，可以发现，美国、日本、瑞士、加拿大、荷兰、印度尼西亚、菲律宾、泰国、韩国、巴林、黎巴嫩等多个国家已经相继建立了职业教育学位授予体系。这一体系使接受职业教育的学生有机会获得国家认可的学位，例如副学士学位、职业学士学位等。这些国际实践为我国职业本科高校学位授予提供了宝贵的参考和丰富的经验借鉴。

国务院学位委员会办公室发布了《关于做好本科层次职业学校学士学位授权与授予工作的意见》（以下简称《意见》）。该《意见》明确将职业本科教育纳入现有的学士学位工作体系，并按照学科门类授予相应的学士学位，与普通本科的学士学位证书格式保持一致。在学位授权、授予、管理和质量监督方面，普通本科和职业本科都遵循《中华人民共和国学位法》以及《学士学位授权与授予管理办法》的规定。因此，在证书效用上，职业本科与普通本科的学士学位具有同等价值，在就业、考研、考公等方面都享有相同的权益。另外，为了凸显职业教育的特色，《意见》在学士学位授权和学位授予标准方面着重强调了职业能力和素养的培养，旨在完善职业本科授予学士学位的质量保障体系，进一步推动职业本科教育的高质量发展。

职业本科培养的人才是专业技术技能人才，与普通本科培养的人才相比要凸显其"职业性"，所以在学位授予标准上要注重专业技术能力的考核。根据《本科层次职业教育专业设置管理办法（试行）》的规定，职业本科高校必须确保实践教学课时占总课时的比例不低于50%，因此，实践课时的学分在总学分中的比例也应相应达到50%以上。为了有效培养学生的实践能力，职业本科高校主要采取实习、实验实训、毕业设计等实践教学方式，并鼓励学生获取相关职业资格证书，从而全面提升学生的职业素养和实践能力。因此，职业本科院校学位授予的"职业标准"应当是具有较强专门技术工作能力以及毕业前能够获得相关等级的职业资格证书等。

职业本科院校作为本科层次的教育机构，"学术标准"和"实践成果"是衡量其教育质量必不可少的准则，同时也是学校学位委员会进行学术评价的重要依据。学位授予标准包含"国家学位授予标准"和"高校学位授予标准"两个方面。对于职业本科院校而言，其学位授予的"学术标准"和"实践成果"是在遵循国家学位授予标准的基础上，结合院校自身的教育理念和发展定位所作出的选择。[①] 职业本科院校学位授予的"学术标准"即在本学科或者专业领域较好地掌握基础理论、专门知识和基本技能，且具有从事学术研究的初步能力。"实践成果"则为承担专业实践工作的初步能力。

可见，政府应当不断完善法律政策，不断完善我国职业本科高校学位授予制度。具体的建设过程需要根据不同学校和地区的实际情况进行灵活调整和安排。目标是建立完善的职业本科学生学位授予制度，确保学位的授予与学生的职业能力和职业要求相匹配。还需要通过修订相关管理办法，明确职业本科高校享有学士学位授予主体的地位，并有必要从国家立法层面对职业

---

① 杨铜铜. 高校学位授予标准的合法设定——兼论《学位条例》的修订 [J]. 东方法学，2020，（03）：116-125.

本科高校学位授予的"职业标准"作出合理的规定。①

为了保障"实践成果"的有效实施和评价，需要建立完善的系统支撑体系。明确评价标准，制定明确的"实践成果"评价标准，确保评价的公正性和客观性。这些标准应该根据学科特点和人才需求进行细化，以便操作和执行。加强导师指导，导师在学生的实践活动中发挥着重要作用。应该加强导师的指导和监督，确保学生能够在实践中得到有效锻炼和提高。完善激励机制，通过设立奖学金、荣誉称号等激励机制，鼓励学生积极参与实践活动并取得优秀成果。同时，高校和科研机构也应该加大对"实践成果"的奖励力度，提高学生的积极性。加强校企合作，高校应该积极与企业合作，为学生提供更多的实践机会和资源。通过校企合作项目，学生可以接触到更多的实际问题和挑战，从而提升其实践能力和创新能力。

第三节　职业本科大学学生的生涯教育

2022年4月新修订的《职业教育法》打通了职校生的上升通道，不仅支持设立本科层次职业学校，也支持在普通高等学校和专科层次职业学校设置本科职业教育专业。强调学校在做好书本知识传授的同时，也应当注重培养学生的职业认知，提高就业能力及个人的竞争力。② 近年来，高校毕业生逐年增加，人才的爆发式增长造成了市场供需关系暂时性的失衡，另外，一部分学生盲目选择考研和考公，"慢就业"和"缓就业"的现象层出，这些都可以看出高校毕业生缺乏对自己的认知以及职业规划能力。而想要改善这种局面，除了国家政策层面的引领外，学校也应主动承担学生就业指导工作。在这种背景下，学校开展的生涯教育课程是否能够影响学生的就业行为，在这一影响机制中学生的自我效能感是否存在中介作用，这是本研究试图回答的问题。

① 唐淑艳，龚向和. 面向高质量发展的职业本科高校学位授予标准与立法路径［J］. 大学教育科学，2022，（01）：113-119.
② 王志.《职业教育法》修订的逻辑与价值研究［J］. 天津职业大学学报，2023，（03）：8-1.

一　文献回顾与研究假设

（一）生涯教育课程与就业行为

职业本科大学开展生涯教育的主要途径是开设职业生涯导向的相关课程，这一课程以提升学生的生涯规划能力和就业能力为主线，课程内容既与学生所学的专业联系密切，又能培养学生适应未来社会发展所需的综合能力，能够有效地将学校所学的理论知识和未来实践相结合。根据已有研究可将职业本科大学开展的生涯教育课程划分为四个维度：理论课程、实践课程、师资队伍以及文化氛围。国内外学者对高校开展的生涯指导以及就业指导类课程与学生的就业行为之间的关系做了研究，如邓蕊调查了江苏地区大学生的职业生涯规划，发现对学生进行职业生涯规划指导会显著影响学生的就业能力。[①] 国外学者 Martinez Clares 认为高校开设的职业生涯指导课程与学生的就业行为具有因果关系，并且前者会显著地影响后者。[②] 针对我国职业本科这一类特殊的高校，生涯教育课程应当承担职业性和教育性双重功能，以促进学生完善人格、提高其就业能力。可作出以下假设：

H1：职业本科生涯教育课程对学生就业行为具有正向影响作用；

H1a：理论课程对学生就业行为具有正向影响作用；

H1b：实践课程对学生就业行为具有正向影响作用；

H1c：师资队伍对学生就业行为具有正向影响作用；

H1d：文化氛围对学生就业行为具有正向影响作用。

（二）生涯教育课程与自我效能感

职业本科中的生涯教育课程的重要功能之一便是运用相关的理论知识，帮助学生树立正确的价值观，提高自我认知，做出科学合理的生涯规划，为个人

[①] 邓蕊，吕肖君. 职业生涯规划对大学生就业选择的影响研究——基于江苏高校大学生就业调查的分析 [J]. 价值工程，2013，32（09）：263-266.

[②] Clares P M, Lorente C G. Career Guidance, Employability, and Entering the Work Force at University through a Structural Equation Model [J]. *Spanish Pedagogy Magazine*, 2018, 76 (269): 119-139.

今后的职业探索提供帮助。在这一过程中，学生的自我认知会发生变化，个体的自我效能感也会随之变化。云绍辉对学习了职业生涯规划课程的高校本科生进行调查后发现，超过一半的学生在学习这一课程后明确表示对自己的认知与接触这一课程之前相比更加清晰，在接受自我效能感的量表测量后发现，学生的自我效能感总体呈现积极的变化。[①] 本研究中职业本科大学学生由于其就读院校在当前社会中的实际地位尚未提升至与普通本科同等的地位，在进入职业本科大学后其心理状态也会随之发生变化，但由于个体的差异性，学生的自我效能感在接受学校所开展的生涯教育课程前就会呈现出不同的情况，而在学习了生涯教育这一课程之后，自我效能感又会发生变化。可作出以下假设：

H2：职业本科生涯教育课程对学生自我效能感具有正向影响作用；

H2a：理论课程对学生自我效能感具有正向影响作用；

H2b：实践课程对学生自我效能感具有正向影响作用；

H2c：师资队伍对学生自我效能感具有正向影响作用；

H2d：文化氛围对学生自我效能感具有正向影响作用。

（三）学生自我效能感与就业行为

自我效能感是指个人对自身为达成某项目标所具备的能力的一种主观判断，属于心理学范畴中的一种自我意识，对于学生的个体行为有着不可忽视的影响作用。通过收集整理文献得知学生的自我效能感与个人的学习行为有着显著的相关性，了解前者能较好地预测后者的变化。根据班杜拉的自我效能感理论，学生个体的自我效能感越高，越能有效刺激其产生学习行为，这一内生动力在不同阶段将会对学生的行为产生不同的影响。本研究将自我效能感对学生的学习行为的影响转为对学生就业行为的影响，在学生就业这一领域，已有的研究虽涉及不多，但部分研究结果对此仍颇有启发，王琰在其研究中指出学生的自我效能感对于生涯规划以及就业能力发挥着正向的影响作用。[②] 国外学者

---

① 云绍辉. "职业生涯规划"线上课程学习行为对学习效果的影响——基于 J 高校 780 名本科生的调查 [J]. 中国大学生就业, 2022, （03）：57-64.

② 王琰, 朱静. 职业自我效能感对大学生职业生涯规划的影响及其提升 [J]. 教育与职业, 2015, （06）：119-121.

Fugate 也提出高校学生的就业能力、就业决策等会受到个体自我效能感的影响。[①] 因此可作出以下假设：

H3：职业本科学生自我效能感对就业行为具有正向影响作用；

H3a：职业本科学生自我评价对就业行为具有正向影响作用；

H3b：职业本科学生自主控制对就业行为具有正向影响作用；

H3c：职业本科学生能力信心对就业行为具有正向影响作用。

（四）自我效能感的中介作用假设

学生的自我效能感是个体内部产生的，集合了个体的认知、情感及态度，影响着学生的各项行为。国外学者 Renn 将学生的自我效能感作为中介变量，分析了这一中介变量在学校、导师为学生提供就业指导的过程中如何影响学生的就业结果，最后发现学生的自我效能感在两个变量之间起到了完全中介的作用。[②] 国内学者叶宝娟也认为学生求职就业中的自我效能感，在职业探索和就业行为之间起到了显著的中介作用。[③] 然而本研究的研究对象为本科层次的职业大学学生，已有的研究结果是否适用于本研究对象尚未证实。职业本科大学开设生涯教育课程，目的是提高学生的个体认知，而自我效能感作为个体的内在驱动力，也会因为受到不同的环境以及心理状态的影响而起到不同的作用，从而进一步影响学生的就业行为。基于已有的研究，可作出以下假设：

H4：职业本科学生自我效能感在生涯教育课程和就业行为间起中介作用；

H4a：职业本科学生自我效能感在理论课程和就业行为间起中介作用；

H4b：职业本科学生自我效能感在实践课程和就业行为间起中介作用；

H4c：职业本科学生自我效能感在师资队伍和就业行为间起中介作用；

H4d：职业本科学生自我效能感在文化氛围和就业行为间起中介作用。

[①] Fugate, M., Kinicki, A. J., & Ashforth, B. E. Employability: A Psycho-social Construct, its Dimensions, and Applications [J]. *Journal of Vocational Behavior*, 2004, (1), 14-38.

[②] Renn, R. W., Steinbauer R, Taylor R, et al. School-to-work Transition: Mentor Career Support and Student Career Planning, Job Search Intentions, and Self-defeating Job Search Behavior [J]. *Journal of Vocational Behavior*, 2014, (3): 422-432.

[③] 叶宝娟，郑清，刘林林等. 职业探索对大学生求职行为的影响：求职自我效能感的中介作用与情绪调节的调节作用 [J]. 心理发展与教育，2016，32（06）：691-697.

二 数据变量与模型

（一）数据来源

本研究调查的对象为职业本科大学四个年级的在校生，选取了陕西省 X 职业本科大学以及 Q 职业本科大学的学生作为本次调查的对象，采用随机抽取的方式，最终收集到 468 份问卷，将填写时长不足 60 秒的问卷剔除，又通过问卷中两个反方向题目的回答情况判断回答者所填写的问卷是否前后矛盾，最终得到有效问卷 427 份，回收率为 91.2%。

（二）变量选择

1. 自变量：生涯教育课程

生涯教育是一种基于特定客观环境条件和个体发展需求，通过有目的、有计划、有组织的方式对受教育者施加影响，旨在促进其生涯发展的教育手段。宏观的生涯教育课程包含学校为促进学生的生涯认知，提升学生的生涯决策能力而设置的一系列隐性课程和显性课程。本研究对职业本科大学所开展的生涯教育课程进行测量，选取以下四个维度：理论课程、实践课程、师资队伍和文化氛围。

2. 因变量：就业行为

就业行为是指个体寻找和获取工作机会、做出就业决策以及参与职业活动的过程和行为。从心理学角度来看，行为是个体因受到所处环境的影响而产生的反应，这种反应包括了个体内部及外部的生理性和心理性反应，是个体受到外部环境和内部动机的影响而产生的一系列行为活动。本研究将采用学者 Blau 对就业行为的定义：就业行为是指个体在求职过程中为寻找到合适的岗位而做出的具体行动，并且将这些行动分为准备求职行为和积极求职行为。[1] 根据本研究的研究对象，就业行为指职业本科大学学生为获得就业岗位而做出的努力学习、搜寻就业信息、投递简历、参加面试等具体行为。

---

[1] Blau, G. Testing a Two-Dimensional Measure of Job Search Behavior [J]. *Organizational Behavior and Human Decision Processes*, 1994, (2), 288-312.

3. 中介变量：自我效能感

自我效能感这一概念最初是由学者班杜拉于 1977 年正式提出，即个人对于自己所处的特定情景下所持的完全信念，在这一情境中个人的自我效能感以各种方式影响着个人的认知及行为。[①] 自我效能感的英文为 self-efficacy，常被译为自我信念或自我胜任力，均指向个人对自身能力的自信程度，因此本研究根据研究对象将自我效能感定义为：职业本科大学学生在入学后能够克服当下所面临的困难，努力学习提高自身综合能力，在职业选择的道路上明确方向，坚持认为能够达成个人目标的理想信念。为了更科学且更深入地了解职业教育领域学生的自我效能感，本研究选取刘保胜所编制的成熟量表《生涯自我效能感量表》，选取自我评价、自主控制、能力信心三个维度进行测量。[②]

（三）理论模型

理论模型见图 3-1。

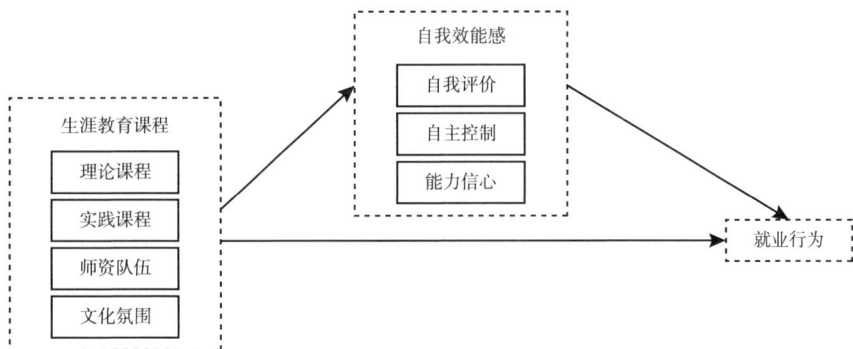

图 3-1　理论模型

（四）样本描述

总体上，男生占多数，专业领域以理工类学科为主。就生源地来看，来

①　Bandura, A. Self-fficacy：The Exercise of Control ［J］. *Journal of Cognitive Psychotherapy*, 1997，（13），158-166.

②　刘保胜. 大学生生涯自我效能感量表的编制及其应用 ［D］. 曲阜：曲阜师范大学，2011.

自农村地区的学生占大多数，超过样本量的一半；大约有一半的学生未担任任何职务，仅有38.9%的学生在读期间有实习经历，在166名有实习经历的学生中，18.8%的学生有2段及以上的实习经历；对当前就业所持的看法，有一半的学生表示有就业意识但无就业规划（见表3-2）。

表3-2 调查样本的描述性统计

题项	选项	频数	百分比（%）
性别	男	273	63.9
	女	154	36.1
您所学的专业属于	管理学	81	19.0
	艺术学	40	9.4
	理学	116	27.2
	工学	190	44.5
您的年级	大一	100	23.4
	大二	108	25.3
	大三	114	26.7
	大四	105	24.6
您的户籍所在地	城市	156	36.5
	农村	271	63.5
您在大学担任过的职务	无	200	46.8
	班长或团支书	70	16.4
	其他班委	98	23.0
	社团组织、学生会副部长及以上	59	13.8
您是否有过实习经历	是	166	38.9
	否	261	61.1
您曾有过几段实习经历	0	261	61.1
	1	86	20.1
	2	58	13.6
	3	17	4.0
	4	5	1.2
目前对就业的想法	无就业想法	59	13.8
	有就业意识但无就业规划	217	50.8
	就业准备阶段	151	35.4

三　实证分析

（一）生涯教育课程与就业行为的关系

对变量之间的相关性做检验，可以明确本研究中生涯教育课程、自我效能感以及就业行为这三个核心变量以及各维度下的变量存在显著的相关关系，为进一步了解各变量之间的影响程度，验证本研究中所提出的假设，应当使用 SPSS 进行回归分析（见表 3-3）。

从表 3-3 可知，理论课程、实践课程、师资队伍这三个变量的回归系数所对应的显著性小于 0.05，说明这三个变量与因变量就业行为有显著的线性回归关系，而文化氛围这一变量的回归系数对应的显著性值为 0.686，大于 0.05，说明这一变量未能与因变量就业行为构成线性回归关系，在回归方程中应当删去这一变量，然后再建立回归方程。

自变量的容差范围为 0~1。当容差值趋近于 0 时，表明变量的共线性较强；容差值越接近 1，则共线性越弱。同时，VIF 值的大小也是判断多重共线性的重要指标。当 VIF 值较大，尤其是当其大于等于 10 时，意味着解释变量 x 与方程中的其他解释变量之间存在显著的多重共线性问题；相反，若 VIF 值越接近 1，则说明解释变量 x 与其他解释变量之间的多重共线性越弱。在本研究中，四个变量的容差值为 0.4~0.6，VIF 的值均小于 5，因此可以认为这些变量之间共线性较弱，可以继续进行回归分析。

综上，生涯教育课程对就业行为的回归方程为：就业行为 = 1.537 + 0.170×理论课程 + 0.199×实践课程 + 0.234×师资队伍。

同时也能验证以下假设成立：

H1a：理论课程对学生就业行为具有正向影响作用；

H1b：实践课程对学生就业行为具有正向影响作用；

H1c：师资队伍对学生就业行为具有正向影响作用。

表 3-3　生涯教育课程对就业行为的回归系数

模型	未标准化系数		标准化系数 Beta	t	显著性	共线性统计	
	B	标准错误				容差	VIF
（常量）	1.537	0.168		9.151	0.000		
理论课程	0.170	0.047	0.191	3.603	0.000	0.566	1.767
实践课程	0.199	0.051	0.215	3.873	0.000	0.517	1.933
师资队伍	0.234	0.055	0.244	4.229	0.000	0.479	1.086
文化氛围	0.019	0.047	0.021	0.404	0.686	0.568	1.762

因变量：就业行为。

（二）生涯教育课程与自我效能感的关系

理论课程、实践课程、师资队伍和文化氛围这四个变量的回归系数所对应的显著性均小于 0.05，说明这四个变量能与因变量自我效能感构成线性回归方程。四个自变量的容差值均处于 0~1，且膨胀因子 VIF 均小于 3，说明这些变量之间的共线性相对较弱，能够有效建立回归方程，所建立的回归方程如下：自我效能感=1.660+0.159×理论课程+0.190×实践课程+0.113×师资队伍+0.087×文化氛围（见表 3-4）。同时验证了以下假设成立：

H2a：理论课程对学生自我效能感具有正向影响作用；

H2b：实践课程对学生自我效能感具有正向影响作用；

H2c：师资队伍对学生自我效能感具有正向影响作用；

H2d：文化氛围对学生自我效能感具有正向影响作用。

表 3-4　生涯教育课程对自我效能感的回归系数

模型	未标准化系数		标准化系数 Beta	t	显著性	共线性统计	
	B	标准错误				容差	VIF
（常量）	1.660	0.155		10.687	0.000		
理论课程	0.159	0.044	0.197	3.644	0.000	0.566	1.767
实践课程	0.190	0.048	0.226	3.989	0.000	0.517	1.933
师资队伍	0.113	0.051	0.129	2.201	0.028	0.479	1.086
文化氛围	0.087	0.043	0.109	2.020	0.044	0.568	1.762

因变量：自我效能感。

（三）自我效能感与就业行为的关系

自我效能感变量下的三个维度：自我评价、自主控制、能力信心的回归系数所对应的显著性均小于 0.05，说明这三个变量能与因变量就业行为构成线性回归方程。三个自变量的容差值均为 0~1，且膨胀因子 VIF 均小于 3，说明这些变量之间的共线性相对较弱，能够有效建立回归方程，所建立的回归方程如下：就业行为 = 0.982 + 0.232×自我评价 + 0.158×自主控制 + 0.382×能力信心（见表 3-5）。同时验证了以下假设成立：

H3a：自我评价对学生就业行为具有正向影响作用；

H3b：自主控制对学生就业行为具有正向影响作用；

H3c：能力信心对学生就业行为具有正向影响作用。

表 3-5　自我效能感对就业行为的回归系数

模型	未标准化系数		标准化系数 Beta	t	显著性	共线性统计	
	B	标准错误				容差	VIF
（常量）	0.982	0.142		6.935	0.000		
自我评价	0.232	0.039	0.251	5.919	0.000	0.643	1.554
自主控制	0.158	0.035	0.183	4.499	0.000	0.704	1.420
能力信心	0.382	0.042	0.416	9.145	0.000	0.561	1.783

因变量：就业行为。

（四）自我效能感的中介效应检验

在前文对本研究中三个核心变量所建立的理论模型基础之上，使用 AMOS 为本研究建立相应的结构方程模型进行中介效应的检验，结构方程模型中包含了本研究中的潜在变量、观察变量以及各残差之间的关系，通过对数据的分析，可以直观了解各变量之间存在的关系，这也是近年来学术界对论文中多个变量的数据分析所采用的最主流的方法之一。图 3-2 便是在 AMOS 中构建的生涯教育课程、自我效能感以及就业行为这三个变量的结构方程模型图。

构建出结构方程模型后，观察变量之间的系数以及模型的拟合指数，对

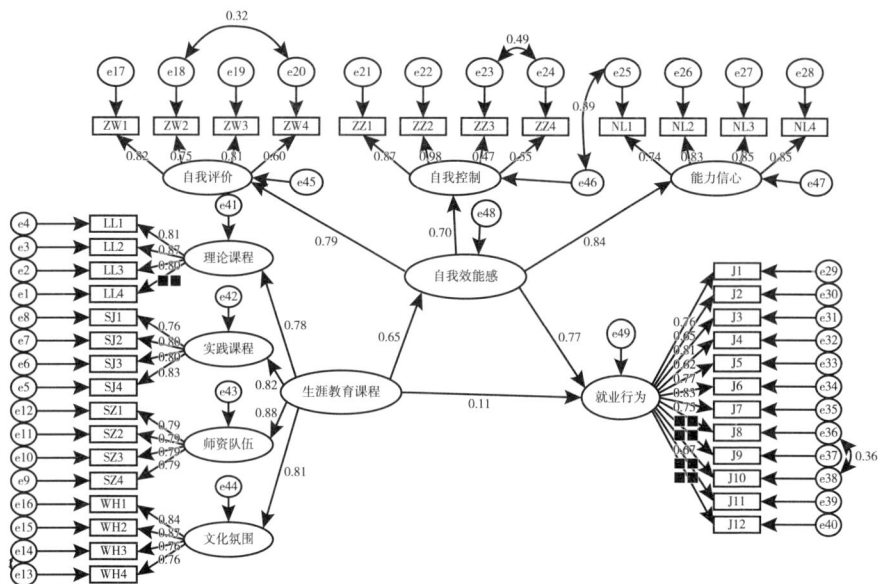

图 3-2　三个核心变量结构方程模型

模型的拟合程度进行检验，若模型的拟合度较好，则说明通过该模型能够进一步检验本研究的中介效应。通过表 3-6 可以看出本研究中三个核心变量的结构方程模型适配指数。

表 3-6　生涯教育课程、自我效能感及就业行为模型拟合适配度

CMIN	df	CMIN/DF	NFI	IFI	TLI	CFI	RMSEA
1816.148	725	2.505	0.900	0.902	0.894	0.090	0.059
指标		<3	>0.8	>0.9	>0.85	≥0.9	<0.08

CMIN/DF 为 2.505，小于 3，说明这一指数符合模拟标准，NFI、IFI、CFI 均大于等于 0.9，符合拟合指标的标准，非规准适配指数 TLI 为 0.894，小于拟合指标，但大于 0.85，属于可接受水平。通过上述模型拟合指标数可以得知，总体上看，该模型拟合度较好，能够进一步运行模型的路径系数（见表 3-7）。

表 3-7 生涯教育课程、自我效能感及就业行为路径系数分析

			Estimate	S. E.	C. R.	P	Label
自我效能感	<—	生涯教育课程	0.651	0.068	9.374	***	a
就业行为	<—	自我效能感	0.773	0.107	9.065	***	b
就业行为	<—	生涯教育课程	0.111	0.074	1.855	0.064	c

注：P 值小于 0.001 显示为 "<.001"。所有小于 0.001 的 P 值都用 "***" 表示，P 值越小说明显著性的水平越高。

本研究中生涯教育课程对学生的自我效能感有正向的显著影响，标准化系数为 0.651，P 值小于 0.01；学生的自我效能感对就业行为有正向的显著影响，标准化系数为 0.773，P 值小于 0.01；生涯教育课程对就业行为的标准化系数为 0.111，当加入自我效能感这一变量之后，自变量生涯教育课程与因变量就业行为之间的关系变为不显著，说明自我效能感这一变量的中介效应成立，且在本研究中属于完全中介。因此，本研究中的假设 H4 成立。

上述路径系数直观地揭示了本研究中自变量对因变量的影响程度。值得一提的是，在 AMOS 软件中，不仅可以展示模型的直接效应，还能同时呈现其间接效应和总效应，以此观察中介变量在模型中具体存在多大的中介效应量。其中，变量之间的直接效应表示自变量不通过其他变量，直接对因变量的影响程度，二者之间的路径系数便为效应值（路径系数 c）；间接效应表示自变量对因变量的影响过程中加入了中介变量之后产生的影响，这一路径的效应值为相关路径系数的乘积（a×b）；总效应表示自变量对因变量总的影响程度，是直接效应与间接效应的值总和（a×b+c）。[①] 在该模型中总效应的值越大，说明学生的自我效能感对就业行为的影响程度越大。

表 3-8 反映了本研究中生涯教育课程、自我效能感及就业行为三者之间的总效应、直接效应和间接效应，为进一步验证自我效能感在生涯教育课程与就业行为之间是否起到中介作用，本研究利用 AMOS 26.0，采用 bootstrap 抽样法，对正式问卷所收集的 427 份有效样本重复抽样 2000 次，

———————

① 吴明隆. 结构方程模型：AMOS 的操作与应用［M］. 重庆：重庆大学出版社，2010.

检验自我效能感这一中介效应是否显著，若其 90% 的 bootstrap 的置信区间都不包含 0，则说明变量之间存在中介效应，反之，则不存在。按照这一原则分析表 3-8 可知，该结构方程模型的总效应为 0.615，区间为 ［0.537，0.689］，其中不含 0，说明总效应显著；直接效应量为 0.112，区间为 ［-0.034，0.240］，中间包含 0；间接效应量为 0.503，区间为 ［0.381，0.646］，中间不包含 0，则说明在生涯教育课程和就业行为中间加入自我效能感这一中介变量后，该模型的直接效应不显著，即自我效能感在其中起到完全中介作用。进一步验证了本研究中的假设 H4。

表 3-8　三个核心变量之间的总效应、直接效应和间接效应

项目	Effect	BootSE	BootLLCI	BootULCI
总效应	0.615	0.047	0.537	0.689
直接效应	0.112	0.085	-0.034	0.240
间接效应	0.503	0.084	0.381	0.646

四　结论与讨论

第一，职业本科生涯教育课程对学生就业行为具有显著的正向影响。其中影响最大的是师资队伍，影响系数为 0.234，其次为实践课程，最后为理论课程。为促进学生的自我认知，帮助学生做出正确的职业规划，而后进一步提高学生的就业质量，职业本科大学亟须建立一支高质量的教师队伍，根据已有的条件，立足学生的现实情况，不断创新生涯教育的教学内容和形式，将理论课程和实践课程有机结合起来，培养学生对自身生涯发展的规划意识，使其能够对自己的就业做出科学有效的决策。

第二，职业本科生涯教育课程对学生的自我效能感具有显著的正向影响。其中影响最大的是生涯教育课程中的实践课程，影响系数为 0.190，其次为理论课程。由此可以得知，若想提高学生的自我效能感应当注重学校的课程建设，尤其是实践课程。职业本科大学的专业多为职业导向，因此无论是对学生个体发展还是学校专业发展而言，重视实践课程的开展是必要的。

学生参与到专业领域相关的实践课程中, 一方面能够通过实操学习, 更深入地了解本专业的内在属性及该领域的整体特性; 另一方面也能通过实践对自己作出客观的评价, 从而增强自信, 提高自我效能感。

第三, 学生的自我效能感对就业行为具有显著的正向影响。其中对就业行为影响最大的是学生的能力信心, 其次为学生的自我评价, 最后为学生的自主控制。由此可以看出, 职业本科大学的学生是否能在对自己和所学专业有较好的认知基础之上做出有关就业选择和决策的行为, 与个体的能力信心有着极大的关系。从传统的升学选拔角度来看, 职业本科大学学生这一群体在基础教育阶段的知识习得方面并不具备优势, 加之目前职业本科大学的社会认可度并未有显著提升, 因此职业本科大学学生可能会产生自我怀疑, 若不及时调整心态, 可能会影响个体生涯发展。

第四, 学生的自我效能感在生涯教育课程对就业行为的影响路径中具有中介作用, 且为完全中介。研究结果显示, 学校的生涯教育课程对就业行为有着显著的正向影响, 但是当把学生的自我效能感作为中介变量加入这一路径中, 生涯教育课程对学生就业行为的影响呈现为不显著, 说明职业本科学生的自我效能感对于以学生就业为导向的生涯教育课程的开展而言, 起到了关键作用。这一数据结果启示职业本科大学在对学生开展相关的职业指导时, 无论是理论课程还是实践课程都应当将提高学生的自我效能感作为关键因素充分考虑。学校应当充分挖掘课程资源, 开设类型多样化的生涯教育课程, 内容应当贴合学生的实际情况, 同时不断优化师资队伍, 共同致力于提升职业本科学生的生涯发展水平。最后还应当鼓励各个学院着力打造优质生涯发展基地, 为学生提供全面的指导, 鼓励学生积极实践, 将个人生涯计划转化为实践成果, 提升学生的自我效能感, 以更好的姿态面对未知的挑战。

第四节　职业本科大学人才培养方案的制定策略

我国在高等教育普及化的基础之上, 逐渐由"学历型社会"转变为

"技能型社会"。2014年，国务院出台的《关于加快发展现代职业教育的决定》首次提出探索发展本科层次职业教育。2019年，国务院颁布《国家职业教育改革实施方案》正式提出开展本科层次职业教育试点。政策语境的时间脉络基本上反映出学术领域相关研究的时间进展。自2014年起，有关"本科层次职业教育"的研究数量逐年上升，本科层次职业教育"是什么""为什么""怎么办"的问题成为学者们关注的焦点，虽有大量学者对其进行诸多详细讨论，但目前为止尚未形成统一认识。对于这一问题的理解在很大程度上影响了对职业本科人才培养的认知，现有成果中对职业本科人才培养的研究主要分为四类：第一类是在本科层次职业教育发展这一宏观概念下探讨培养什么样的人，研究聚焦点主要是本科层次职业教育与其他教育的异同之处，较有代表性的为"同类说"和"异类说"，前者以学者别敦荣为代表，认为职业本科教育是应用型本科教育的分支，培养目标为高级职业技术技能人才，[①] 后者以学者方则强为代表，认为职业本科与应用本科类型不同，其办学逻辑分别遵循普通教育和职业教育办学逻辑；[②] 第二类是聚焦于本科层次职业教育的目标和规格的研究，这一类研究主要以职业带理论或教育的层次结构等人才划分理论为基础，讨论职业本科教育人才培养目标的适切性；第三类是在微观层面探讨人才培养的一些核心要素，例如学位制度、课程体系、专业建设等；第四类是在国际比较的视角下，借鉴外来经验，探讨我国本科层次职业教育人才培养。前述研究为本科层次职业教育人才培养提供了理论基础，但总体来说，我国本科层次职业教育人才培养的研究处于起步阶段，作为职业教育和高等教育发展中的"新事物"，职业本科人才培养方案具有哪些内涵、功能和特征，如何科学制订职业本科人才培养方案，都是本科层次职业教育在未来发展过程中必须解决的问题。

---

① 马陆亭. 新时代高等教育的结构体系 [J]. 中国高教研究，2021，（09）：18-24.

② 崔淑淇，姚聪莉. 本科层次职业教育人才培养的内在逻辑、目标定位与实现路径 [J]. 现代教育管理，2023，（04）：97-108.

一　职业本科人才培养方案的内涵分析

职业本科教育是职业教育在高等教育体系中的延伸，其本质是与普通教育并行的一种高等教育形式，而不是在高职高专的基础上延伸出来的更高层次的办学模式。职业本科教育在人才培养定位、办学逻辑起点等方面都与应用型本科院校、高职专科院校和普通本科院校具有本质差异。与应用型本科教育及普通本科教育相比，职业本科教育在逻辑起点上遵循工作体系，立足于劳动和技术的复杂程度，而应用型本科教育和普通本科教育的逻辑起点都遵循学科体系，立足于学科体系的深入研究与行业领域的前沿发展。与职业专科教育相比，在人才培养定位上，应用型本科院校主要培养运用科学规律改造世界的应用型人才，普通本科院校主要培养学术型人才。与高职专科院校相比，在人才培养定位上，职业本科院校主要培养具有创新性、实践性，能够改造现实世界的高层次技术技能人才，而高职专科院校主要培养掌握某一专业领域知识、服务于某一专业领域生产的高素质技能人才。

（一）基于完整教育体系构建的理论分析

科学的教育结构体系具有遵循教育规律、回应时代要求以及塑造社会理想的特点。在此基础上，各级各类学校才能找准办学定位，各级各类教育才能衔接顺畅，整个教育结构体系才能开放包容，面向社会形成自适应调节机制。职业本科教育作为高等教育的新生事物，优化了高等教育结构布局，但其自身具有的高等性与职业性较其他类型教育具有明显不同（见表3-9）。

表3-9　高职专科教育、职业本科教育、应用型本科教育、普通本科教育对比

对比要素	高职专科教育	职业本科教育	应用型本科教育	普通本科教育
理论基础	实用主义技术哲学	实用主义技术哲学	实用主义技术哲学	要素主义教育哲学
培养目标	偏重简单技能工作的高素质技术技能人才	建构工作世界的（潜在）参与者	知识、能力、素质全面协调发展的高级应用人才	基础理论知识的研究者和运用者

续表

对比要素	高职专科教育	职业本科教育	应用型本科教育	普通本科教育
课程体系	建立以实践技能为中心的实践体系,不强调知识的系统、全面	以先进产业链和高端岗位群所需职业能力为中心	以学科工程教育规律构建理论与实践相结合的课程体系	以学科知识为中心
教学模式	实践占50%以上,强调现场的真实操作与训练	实践占50%,强调技术应用能力和基础理论知识并重	实践占30%,注重自主探究性实验,掌握一定技术技能	传统理论知识讲授,验证性实验内容

职业本科教育完善高等教育人才培养类型。随着我国社会的发展,传统精英化、同质化的高等教育结构已经难以满足新时代多类型人才的需求。曾经一段时间内,应用型本科完全充当着培养技术技能人才的角色。但事实表明,无论是从教育体系衔接上,还是人才培养结果上都存在一定问题。专科学生升入应用型本科后无法适应高强度、高难度的理论课程,应用型本科毕业生走向工作岗位后也无法独立完成实践工作,理论与实践的差距逐渐催生出职业本科教育这一新的教育类型。虽说职业本科教育属于高等教育结构中的一个类别,其主要教育活动由应用型本科与职业本科共同展开,但并不意味着所有应用型本科都与职业本科一样具有职业性。虽说职业本科与应用型本科都遵循实用主义技术哲学,以实践作为办学基本导向,但具有不同内涵。从培养目标来看,职业本科院校更注重培养建构工作世界的参与者,也就是有一定创造能力的现场实践工作者,而应用型本科更注重培养知识、能力、素质全面协调发展的高级应用人才,也就是将自己所学的抽象知识转化为具体的操作构思或产品,将知识付诸实践。从课程体系上来看,由于二者培养目标的不同,职业本科院校的课程设计更注重于以先进产业链和高端岗位群所需职业能力为中心,强化复杂技能的训练,而应用型本科则以学科工程教育规律构建理论与实践相结合的课程体系,更强调知识的全面性与广泛性。从教学模式来看,职业本科院校理论与实践并重,而应用型本科院校则更重视知识的完整性,强调创造性的实践。由此可见,职业本科院校和应用型本科院校虽同属于一个类别,但具体内涵相去甚远。

职业本科教育完善了高等教育结构体系。曾经专科职业教育深陷与高等职业教育接轨困难的处境，职业本科教育的出现较好地解决了这一问题，促使我国形成了"中等职业教育—专科职业教育—本科职业教育"的完整职业教育体系和技术技能人才培养体系。职业本科教育的高等性与职业性不仅体现在教育的层次和类型上，同时也体现在教育结构体系的完整性上。普通教育与职业教育两轨在高等教育阶段实现了融合发展，一方面丰富了高等教育类型，另一方面完善了职业教育纵向结构。由此，职业本科院校在未来办学过程中要时刻发挥自身"双重属性"的作用，在保证办学质量的同时，发挥职业特色，预防出现"办学漂移"现象。

（二）基于技术应用与职业导向的实践分析

技术性不仅是职业本科院校的功能，同样也是职业本科院校人才培养方案制订的内在实践逻辑。职业本科人才培养方案的技术功能体现在以下两个方面。第一，职业本科人才培养方案制订以技术需求为导向，直接对接产业岗位需求。社会企业对高层次职业人才需求的不断增加促使院校保证学生准备进入工作岗位之前就具备相应职业素养和专业能力，并帮助学生养成职业可持续发展的能力。因此，职业本科人才培养方案的设置应紧扣专业建设定位，优化课程体系，强化专业理论知识基础，重视专业领域的实践活动，注重职业素质培养，鼓励学生参加实践创新、创新技术研发和职业证书培训等活动。① 第二，职业本科人才培养方案强调技术实践。为突出职业本科院校技术特性，职业本科人才培养方案应从多个方面进行调整，以确保技术功能的落实。职业本科人才培养方案的课程设置应从岗位（群）的能力要求出发，反向设计专业所需要的课程体系，基础课程体系根据专业特点确定，实践课程与基础课程的比例维持在1∶1，课程应着眼于培养学生综合素质与实践能力。② 在教学方面，职业本科人才培养方案中的教学计划主

---

① 黄文秀，徐勤荣.中外高校大学生专业选择的比较分析［J］.长春大学学报，2016，26（10）：59-62.

② 肖化移.区域高等职业教育的产教融合：内容体系与实现路径［J］.职业技术教育，2021，42（12）：21-25.

要以工作过程为依据合理设计。职业院校在制订教学计划和实施教学改革的过程中，不断增强与企业之间的联系，在教学内容中融入新技术、新元素和相应职业资格证书培训内容，将做、学和教融为一体，强化对学生能力的培养。除此之外，职业院校还采取了其他手段保障技术功能的落实，例如积极聘用企业优秀骨干到学校担任兼职教师，保证教师队伍中兼职教师数量达到一半，同时积极开展校企合作，建立技术实践活动场地，为学生提供学习所需。[1]

（三）基于满足多元化需求的现实分析

职业本科人才培养方案作为职业本科院校与社会产业结构连接的桥梁，要做到专业人才培养方案内容精准对接产业工作内容，提高职业本科教育服务地方区域的能力，那么就必须考虑到人才培养方案的预测功能。培养专业的人才一般需要几年甚至更长的时间，在人才培养方案制订的过程中就需要考虑到当前产业对人才培养的要求，以及未来社会产业发展的趋势。人才培养方案的预测功能，能够保持职业本科院校专业建设的活力，人才培养方案的前瞻性与预测性能够及时适应新技术、新工艺以及新产业的发展需求，能够尽快适应建设现代职业教育体系的潮流。对于职业本科院校而言，想要制订一份具有预测性的人才培养方案就必须先建设一批具有前瞻性的专业。职业本科院校可以在长期的办学实践中积累经验，逐渐形成一批具有竞争优势的成熟专业（群），以此为基础编制更专业的人才培养方案。职业本科人才培养方案的预测功能要求人才培养方案的实施具有一定灵活性。[2] 面对日新月异的社会发展，市场需求对人才供需结构要求的变化促使高校在办学过程中具有高度敏锐性，能够快速感知未来社会对人才发展的需求，及时调整人才培养方案的内容，适当进行教学改革，在落实人才培养方案的过程中培养学生形成各种技能相互交叉和相互渗透的综合能力，确保学生能将实践中获得的经验转化为未来工作岗位中的生产力。与时俱进培养新型的技术工作

① 刘自团. 我国不同家庭文化背景大学生择校差异研究 [J]. 高教探索，2012，（05）：134.
② 胡茂波，王思言. 职业教育国家教学标准体系的价值诉求与实施策略 [J]. 职业技术教育，2018，39（10）：24-28.

者，能够灵活面对复杂多变的生产环境，灵活处理复杂工作环境中产生的实际问题，适应时代发展的需要。①

二　职业本科人才培养方案的科学定位

（一）基于试点职业本科院校人才培养方案现存问题的审视

在认知层面，缺乏对职业本科院校办学特点的思考，职业本科院校学术性与职业性脱节。目前来看，试点院校对职业本科教育的内涵认识模糊，未能有效地在办学过程中体现职业性特色、将职业性与学术性有机结合。专业人才培养方案中培养目标定位并不清晰。同所院校、同一专业大类下的各分支专业培养目标同质性过高。不同院校、同一类专业的培养目标表述又存在较大差异，有些院校表述较为精准，有些院校较为宏观，有些偏重于理论方面的要求，有些注重操作层面的规定。同时，培养目标也并未体现出与普通本科教育、应用型本科教育、高职专科教育的定位差异。例如西安某职业本科院校 2022 版计算机类专业人才培养目标的表述基本为"……具有创新意识和严谨的科学素养，掌握科学思维方法和科学研究方法，具备系统的认知能力、科学研究能力、科技开发能力和工程实践能力……"。里面既有对研究型人才的要求，又有对应用型人才的要求，还有对技术技能人才的要求。

在制度层面，试点职业本科院校人才培养方案的问题主要表现为连贯性不够。本科层次院校人才培养方案的要求较专科跨度大、要求高。首先，我国职教高考制度仍处于试运行阶段，中职、高职专科和职业本科贯通培养的渠道并不畅通，"学分银行"建设中也尚未形成职业本科与应用型本科的相互融通渠道。其次，职业教育相关制度设计有所缺失。目前教育部尚未公布有关职业本科院校人才培养方案制订的文件，职业本科院校人才培养方案的制订工作仅依靠教育部公布的"意见"。虽说国家强调职业本科人才培养方案的制订要与中职和高职专科人才培养方案保持一致，但职业本科教育专业

---

① 李新发. 职业教育作为一种教育类型的典型特征辨析［J］. 职业技术教育，2022，43（33）：35-40.

设置条件的缺失，也就导致职业本科人才培养方案无法体现出其独有特性。

在实践层面，职业本科教育与普通本科教育、高职专科教育、应用型本科教育在人才培养目标和规格上区分度不高。试点职业本科院校中有一部分院校是由独立学院转设而成的，这部分院校基本上直接套用了普通本科院校的人才培养模式；部分由高职改设的试点院校，虽在培养目标上区分出了职业专科与职业本科的区别，但在人才培养模式上依旧保留了原有的专科培养风格；还有一部分院校盲目追求本科的质量，从而导致人才培养方案中课程设置理论化倾向严重，人才培养存在"目标偏离"的现象；还有些合并转设的职业本科院校由于原有学校的办学条件及层次与职业本科存在较大差距，导致人才培养目标模糊、培养定位混乱。

（二）基于职业本科院校人才培养方案"双重属性"的审视

一是基于高等性的层次定位。首先，在知识的掌握方面强调学以致用。因为职业本科教育是通过运用一定的技术解决特定职业领域的实际问题，将所运用的技术定位到与岗位相关的应用场景中，为行业的一线岗位培养高层次的技术熟练人才。所以，从前人们所认为的职业教育理论知识只要够用就行的观点，显然已经不符合现代职业教育的需求。随着职业教育由本科向研究生的深层次延伸，职业本科人才对知识和技术的掌握运用需要从之前的"浅尝辄止"转向如今的"烂熟于心"且"运用自如"。同时，职业本科教育人才培养理念也需要发生相应转变。学者姜大源认为，学生毕业之后知道怎样应用所学知识是较低层次职业教育应达到的教育效果，而学生知道怎样更好地应用所学知识是较高层次职业教育应取得的成效。因此，职业本科教育不能片面强调"够用"，而应该让学生掌握高等职业教育所必需的技术技能和理论知识，才能形成可持续发展的潜力。[1] 其次，人才培养口径要做到"宽厚"与"专精"相结合。现如今，大多数学者认为，高职专科的人才培养为"窄口径"，因此，职业本科与其相对，人才培养应为"宽口径"，这

---

[1] 李桂霞，刘丽敏. 关于高职人才培养方案研制的思考 [J]. 教育与职业，2013，（15）：169-170.

其实存在一定误区。人才培养与专业建设密切相关，所以人才培养口径的宽窄受到专业建设特点的影响。因此，无论是专科教育还是本科教育都会存在"宽口径"培养和"窄口径"培养的两种形式，所以人才培养的口径需要结合具体专业灵活设置。由于职业本科教育强调人才培养定位应是"高素质""高水平""高技能"，这就决定了职业本科教育所培养出来的是具有创新性、创造性、综合性和探究性的技术技能人才，而非只会一味模仿的人。所以"宽厚"与"专精"并不能成为职业本科教育人才培养口径的唯一判别形式。现代技术发展日新月异，单一技术行业正在逐渐被更加复杂和综合的技术岗位取代，信息化时代的到来导致各个不同类型的工作岗位之间的交叉综合程度逐渐加大，综合性和多技术性成为现代工作岗位的最明显特点，职业本科教育应强调学生对知识技术的全面了解、多学科知识的集成应用以及在实际情境中的创造性应用，使其成为通才基础上的专才。①

二是基于职业性的类型定位。职业本科教育人才培养方案的类型不同体现在理论逻辑、培养目标、课程开发、教学内容、实践条件五个方面。从理论基础来看，以赫尔巴特为代表的"知识逻辑"与以杜威为代表的"实践逻辑"分别为学术本科与职业本科发展提供基础。职业本科教育以真实情境中的工作任务为基点，帮助学生充分利用身边资源及自身经验，通过"做中学"的方式完成工作任务以获取知识与技能，这与实用主义技术哲学提出的技术是人对技术的应用过程、知识的获得就是行动的过程以及"做中学"的教育理念是一致的。② 从培养目标来看，人才培养方案的培养目标设置服务于教育理念。以实践为导向的职业本科教育认为"建构能力"是人才培养的目标。职业教育不应该把学生单纯看成未来从事某种技术工作的劳动者，而应把学生培养成为具有建构工作世界能力的技术人才，"建构能力"的核心是学生的创新力。从课程开发与教学内容来看，职业本科人才培养方案中的课程与教学均强调"工作过程知识"，不是对孤立的单个活动

---

① 宗诚. 职业本科教育发展路径探析［J］. 高等工程教育研究，2022，（06）：141-145.
② 徐涵. 工作过程为导向的职业教育理论与实证研究［M］. 北京：商务印书馆. 2013：24.

或工作进行分析，而是从完整的行动意义上对任务进行分析，着眼于专业劳动的完整性与整体性。同时，以典型工作任务为工作过程知识的载体，按照职业能力发展规律构建教学内容，培养学生的职业能力。从实践条件来看，本科层次职业教育更加注重建立技术应用和技能发展的实训基地，同时也更加重视技术研发的作用。同时，国家层面也对职业本科教育实践课程安排与实训基地条件做出明确规定，确保职业本科教育的实践特性。

三 职业本科人才培养方案的制订思路

（一）职业本科人才培养方案制订要点探析

1. 准确理解职业本科教学文件的三个层次

有关"教学"的概念分为广义和狭义。狭义的教学主要指发生在课堂中的教授与学习活动，而广义的教学则可以泛指专业人才培养的全过程。但迄今为止，关于"教学文件"尚未有准确的定义。通常人们所说的"教学文件"可以看作明晰教学内容、分配教学任务、规范教学过程、组织教学管理、保证教学质量、开展教学研究等学校教学活动过程中涉及的相关文件和相关材料。

对于职业本科教育教学来说，在专业人才培养方案制订过程中所要参考及遵循的教学文件主要分为："宏观"文件、"中观"文件和"微观"文件。首先，"宏观"文件包括《职业教育法》《职业教育国家教学标准体系》《本科层次职业教育专业设置管理办法（试行）》以及其他标准类、管理类政策制度。此类文件具有纲领性和框架性的特征，是各类职业本科院校在制订专业人才培养方案时首先要研读的文件，也是职业本科专业人才培养方案制订的最低标准。其次，"中观"文件是指各省市在国家主要标准上，根据当地特色和经济发展水平制订出的地方规范性文件。例如，山东省在 2023 年最新公布的《关于优化职业教育专业设置的指导意见》中结合山东省经济发展与学生就业实际，裁撤了一批饱和专业并新增了一批当地急需专业。江苏省发布的指导性人才培养方案实施意见为各类院校提供了培养方案制订方向。此类文件不仅满足国家要求，同时为职业本科院校专业人才培养方案的制订提供了更具体的思路。最后，"微观"文件是指职业本科院校自身使用的一些文件材料，包括职业本科院校教师管理办法、学生考评制度、学生实习制度等。"微观"文件受到人才培养方案的影响，同时也影响着人才培养方案的制订。此类文件最大的特征是具有自主性和个性化，文件带有强烈的办学特色，只适用于院校自身，而不能被其他同类院校简单挪用。

因此，职业本科院校专业人才培养方案的制订不仅仅是简单的院校行为，而是全面了解国家、地方政策及办学条件后的综合行为。虽说各职业本科院校在人才培养方案制订过程中具有一定自主性，但自主性实施的前提是要认真研读"宏观"和"中观"层面的教学文件，然后再进行人才培养方案的制修订。

2. 避免陷入职业本科专业人才培养方案制订的三个误区

人才培养方案具有规范性和自主性，专业人才培养方案的制订过程中如何平衡规范性和自主性，是各职业本科院校需要思考的问题。

首先，在专业人才培养方案的制订过程中要避免过分在意人才质量要求，掉入"培训化"的误区。近年来，我国强调职业本科教育要实行"1+x"制度，也就是在学校中开展职业技能训练、取得职业技能证书。因此，部分院校片面注重"岗课赛证"，私自将专业对应的岗位技能标准、职业技能资格标准等未经教育教学转换就直接照搬为教学内容，忽视了职业教育初衷，将职业教育课堂简单等同于专业技能训练的场地。其次，人才培养方案要保持个性化，警惕"同质化"倾向。职业本科教育现今还处于试行状态，各院校专业人才培养方案的编写并未做到完美无缺。在这样的情况下就难免会产生同类院校相互借鉴的情况，导致专业人才培养方案出现大范围的雷同。职业本科院校专业人才培养方案的制订要真正做到结合当地产业发展现实与院校专业特色，要将校企合作落到实处。教材的编写与实施要紧密结合产业动态，及时修订，教师教学要将行业的新内容、新标准、新工艺等融入课堂，同时也要确保学生实习真正走进企业，真正动手实践，让学生学有所得。最后，职业本科专业人才培养方案的制订要抓住职业本科教育特性，避免走向"普教化"。由于部分职业本科院校是由专科院校改制而成，因此可能一时之间无法适应新的教学要求，在人才培养方案的制订上就会简单复制普通本科教育人才培养模式，无法体现以就业为导向培养高层次技术技能人才的特色，在教学内容的选择上偏理论化，未能将实践教学很好地融合进教学活动当中，导致最后教育结果不尽如人意。

因此，各职业本科院校在制订人才培养方案的过程中要找到规范性和自主性的平衡点，防止人才培养方案制订过程中出现偏移。

3. 把握职业本科专业人才培养方案制订的三个要点

职业本科专业人才培养方案的制订需要把握三个要点。首先，职业本科专业人才培养方案要从专业设置出发规范制订程序。教育部发布的《本科层次职业教育专业设置管理办法（试行）》对专业设置程序进行规定，基本程序为"前期调研—专业设置论证—编制教学文件—教学文件评估—申报批复"五个环节。人才培养方案的制订属于专业设置论证中的一环，起着承上启下的作用。因此，人才培养方案的制订需紧扣专业设置要求，广泛采纳专业设置调研结果，明晰专业所需人才数量、规格、层次，明确专业人才培养目标，结合办学条件与实际情况选择合适的人才培养模式，以保证最大限度体现专业特色。

其次，教材选取和资源建设也在一定程度上影响着人才培养方案的质量。教材是教学内容的展现，好的教材能够达到事半功倍的效果。《职业教育法》中要求各职业本科院校所选用的教材能够反映行业发展新动向，鼓励职业院校结合自身实际编写校本教材，以此培养多元化人才。因此，教材的选用与编写是人才培养方案中必须说明的一部分。资源建设管理也是人才培养方案的主要组成部分之一，职业教育的开展依托教育资源。职业教育作为我国正在发展的新教育类型，国家教育行政部门公开了许多精品课程、共享课程、专业教学资源库等。在此背景下，各职业教育院校要学会合理运用教学资源，组织教师定时学习，参考教学资源改进人才培养方案中的课程设置。此外，校企合作也为职业教育提供了大量的学习机会。职业院校要积极与当地特色企业合作，定期开展校企交流，给予企业参与人才培养方案制订的机会，根据企业反馈意见，及时修订调整培养方案。

最后，职业本科院校要紧抓培养方案的执行。培养方案的执行是实现教育目的的过程，同样也是发现人才培养问题的过程。想要确保人才培养结果符合预期目标，就必须完整落实培养方案内容。具体来说，培养方案的课程实施贯彻国家颁布的职业教育课程标准，对于专业实践课的落实，需要根据区域行业企业和专业自身特色，选取、安排具有个性化和针对性的课程教学内容，保证实践教学满足岗位实习标准、实训教学条件建设标准相关要求。同时，教学质量保障和监管也是确保培养方案执行的另一种措施，建立"院校"两级教学质量监控体系，完善教学监管制度，开展多样化教学抽检工作，都能够在一定程度上促进人才培养方案落地实施。

（二）职业本科人才培养方案制定原则

1. 职业本科人才培养方案开发遵循人才培养逻辑

一是要契合国家专业建设要求。教育部 2019 年颁布的《本科层次职业教育专业设置管理办法（试行）》将职业本科专业建设条件、要素与特征明确进行归纳。教育部以大纲的形式将职业本科专业建设的内涵要素框定为人才培养规格与目标、课程体系建设、教学内容设计、师资队伍建设与办学条件保障等内容，同时指出职业本科大学专业建设要具有预测性、技术性与灵活性，能够更好地适应未来社会产业变革与时代发展的需要，积极引导职业本科院校及时更新人才培养方案，提升专业建设与办学质量。学者吴全全开发出"八步走"的职业教育专业建设实施路径，他认为职业本科教育专业建设的第一步就是依照政策文件、学校办学条件及专业特色制订专业人才培养方案。人才培养方案中所包括的人才培养目标、就业目标、职业面向、课程体系、教学计划等都是影响专业建设质量高低的重要因素。[1] 学者黄旭强在对 56 所"双高"职业院校专业建设的实证研究中发现，职业院校在提

---

① 吴全全，郝俊琪，闫智勇. 职业教育高质量发展背景下职业院校专业建设探析［J］. 中国职业技术教育，2022，（35）：11-18.

高专业建设质量的行动中通常将人才培养方案放在首位,大多数职业院校通常都会采取制订高质量的人才培养方案这一策略来达到提高专业建设质量的目的。实证结果表明,职业院校人才培养方案中所包含的人才培养模式决定了该院校人才培养质量,课程与教学会直接影响职业院校专业建设质量高低。因此,职业院校的人才培养方案质量对专业建设质量有着显著影响,职业院校需要重视人才培养方案的制订。[①]

二是以技术作为人才培养方案开发的基本标准。人才培养方案中所设计的课程体系在很大程度上影响培养目标的实现。现如今学界对制订人才培养方案存在两种不同的看法:一种认为高层次高技术人才的培养需要丰厚的学科知识底蕴,强调要以学科知识为主,由学科知识逐渐向职业岗位延伸,主张采用三段式课程模式;另一种则坚持职业性是职业本科教育的定位,要以职业岗位特点和典型任务特征作为抓手,设计工作过程系统化的课程模式,以此实现职业本科人才培养目标。过往有些专科职教曾采用以学科知识为主的三段式课程来开发人才培养方案,结果与预期培养目标相去甚远。之后,通过借鉴国外其他成功职教经验,以职业性为主来开发人才培养方案,培养出一批合格的高级技术技能人才。[②] 当前,我国企业发展开始进入智能化时代,企业呈现技能操作高端化、工作方式研究化以及人才结构去分层化等特征,企业需求的变化强烈要求人才培养方案的制订要根据产业动态、职业能力、工作岗位要求来设计课程模块,以此培养出社会所需要的高端技能人才。同时,教育部为了确保培养目标得以实现,在 2019 年颁布的《教育部关于职业院校专业人才培养方案制订与实施工作的指导意见》中也明确说明本科职教人才培养目标的描述应是"理论基础扎实,专业知识面广,实践能力强,综合素质高,创新特质突出",有别于传统本科强调的"厚基础、宽口径"的人才培养目标描述,以此规范职业本科人才培养方案的制

---

① 方泽强. 本科层次职业教育的人才培养目标及现实问题 [J]. 职业技术教育, 2019, 40 (34): 6-11.

② 王笙年, 徐国庆. 职业教育高质量发展的关键制度壁垒及其结构性消解 [J]. 高校教育管理, 2023, 17 (01): 92-99.

订，确保教育目标落实。①

三是以国家专业教学标准为基本遵循。职业本科人才培养方案的制订需要回答三个问题：为谁培养人？培养什么样的人？如何培养人？课程是人才培养方案中与这三个问题密切相关的要素。人才培养方案中的课程体系不仅可以体现出教育思想、教育内容及教育目的，同时科学合理的课程体系也是人才培养质量的保障。在职业本科院校中最受重视的是教师实施的微观课程，因为微观课程直接关系到教师授课质量与人才培养质量，而属于宏观课程的专业教学标准则较少得到重视。产生这种现象的原因是大部分人对人才培养方案与专业教学标准的理解混乱。现如今，不少人对人才培养方案与专业教学标准之间的关系有一定误解。第一，一部分人认为专业教学标准会限制人才培养方案体现院校特色，因此部分院校在制订人才培养方案时并没有参照专业教学标准。② 事实上，专业教学标准属于国家层面的宏观课程，不仅包括国家研制的各专业课程体系大框架，而且包括不同专业的职业面向、产业结构、核心工作岗位内容等具体细节，为职业本科院校自主开发人才培养方案提供普遍性理论依据。各职业院校进行人才培养方案开发时，既能保证教学大方向正确，又能在细枝末节之处加入院校自身特色，提高人才培养质量。第二，认为专业教学标准与人才培养方案无关，而是直接指向课堂实际教学。③ 虽然专业教学标准的最终目的是改善课堂教学质量，提高职业本科人才培养质量，但将专业教学标准与人才培养方案割裂的做法是不正确的。站在国家政策视角下看课程建设，专业教学标准属于国家宏观课程建设的一部分，是对职业本科院校人才培养方案的宏观指导，它为职业本科院校专业建设指明了方向，同时为人才培养方案的开发提供了普遍性的理论依

---

① 曾冬梅，席鸿建，黄国勋.专业人才培养方案的构建 ［J］.清华大学教育研究，2002，（05）：98-101.

② 黄旭强，韩双玉，柳劲松."双高"院校专业群建设：行动策略与实施绩效——基于56所"双高"院校《2019年中国高等职业教育质量年度报告》的实证 ［J］.广东职业技术教育与研究，2022，（05）：65-71.

③ 徐国庆.国家专业教学标准建设是实现职业教育现代化的基础 ［J］.中国职业技术教育，2019，（07）：62-66.

据，规范了职业本科院校人才培养方案开发行为。

2. 以职业性为导向构建专业课程体系

职业本科专业人才培养方案中的课程建设要体现出完整性、专业性与特色性。完整性体现在人才培养方案课程体系的完整，主要包括教育部规定的公共基础课、文化素养课、专业技能课与综合实践课；专业性主要体现在专业课程内容选用、比例安排等方面；特色性主要表现为各职业本科院校的校本课程或其他具有地域特色的教学活动。

目前职业本科院校的课程体系主要存在课程结构相似、课程内容重复度高和选修课程设置不够灵活的问题。《职业教育提质培优行动计划（2020—2023年）》提出职业教育课程的开发与利用要满足每个学生终身学习的需要。职业本科大学培养方案课程体系可以从以下几个方面进行调整。第一，合理利用课程资源，丰富课程类型。传统课程划分方式一般将课程分为实践课程与理论课程，并在教学过程中对这两类课程的教学课时有不同要求。目前职业本科院校课程也是以实践课程与理论课程划分的，大部分院校采用"知识+能力+素质"的课程设置，即从大一到大三先安排学生学习基础课、专业课、必修课与选修课等，到大四阶段按期完成毕业论文（设计）。这样的课程结构虽满足国家对职业教育的要求，保证知识的传授以及教学的顺利进行，但在一定程度上忽视了学生个性化发展的需求。职业本科院校应丰富课程类型，结合区域发展和院校特色，构建新型课程结构体系，将传统的"知识、素质、能力"课程模式转变为"知识、素质、能力、个性化"的课程模式。第二，构建模块组合式课程。为了满足职业本科教育人才培养的质量要求，职业本科大学应建立模块组合式课程，构建"平台+方向"的课程体系。这种课程体系要求职业本科院校对现有的课程按照其在人才培养过程所发挥的作用进行筛选、分类和组合，构建以专业核心技能为中心的模块组合式课程。培养方案在课程设计方面应摒弃原有单一课程的形式和内容，重点寻找不同课程之间的联系与区别，有方向性地进行课程建设，同时辅以具有专业方向性和职业色彩的课程体系，创新组合"专业平台课程和专业方向课程"，进而形成模块组合式课程，实现课程融合新结构。

3. 尊重学生身心发展，指导学生自主选择

教育的主要目的是促进学生的全面发展，因此职业本科教育人才培养方案的主要服务对象是人，也就是学生。职业本科人才培养方案对学生的影响主要表现在三个方面。第一，学生的择校行为。学校的影响力、学校的基本条件与保障、学校的宣传与工作情况、学校所设置的专业和就业优势等都会影响学生的择校行为。究其根本，学生在择校时更看重学校的资源与声望。当前教育环境要求高校在培养人才时充分考虑市场经济需求与学生自我发展需求，培养多样化的人才。因此，职业本科人才培养方案需要具有方向性与指导性，根据学生自身对未来的职业规划和个人学习兴趣设计出个性化的人才培养方案，从而在学生履行过程中对其产生一定导向作用。第二，学生的专业选择行为。学生的专业选择行为主要分为两种：报志愿时对专业的选择以及入学后对专业的选择。而入学后的专业选择又可以分为三类：转专业、专业分流与专业辅修。[①] 在入学后，院校公布的人才培养方案成为影响学生进行专业选择的主要因素。它使学生对感兴趣专业有了较为理性的认识，对感兴趣专业的发展前景与职业面向的了解也更清晰，并且人才培养方案中所设计的课程结构体系也让学生可以对未来学业进行提前规划，以便取得更好成绩。第三，学生的选课行为。学生的选课行为一般发生在选修课的修读过程中，选修课和必修课共同组成人才培养方案中所涉及的课程基本结构框架。职业本科人才培养方案赋予学生自主选课的权利，让学生在一定范围内自由选择课程是成熟人才培养方案的标志之一。[②] 职业本科人才培养方案的职业定位和课程结构，成为学生选课的基本参照。学生根据人才培养方案设定的要求，参照自身兴趣进行选课，有利于学生个性发展，同时学生的选课行为也能为后续人才培养方案的修订提供参考依据。

4. 保障学生的权利

学生是培养方案主要服务对象，学生的感受与意见至关重要。因此，培

---

① 胡茂波，王思言. 职业教育国家教学标准体系的价值诉求与实施策略 [J]. 职业技术教育，2018，39（10）：24-28.

② 钟真宜，姚伟卿，马承荣，叶平. 现代职教体系下高职院校兼职教师资源开发与管理研究 [J]. 职业技术教育，2017，38（19）：53-57.

养方案制订到评价的全过程都应该保障学生的权利。首先，职业本科院校要健全学生的参与机制。这里的参与机制指学生的表达、决策和监督机制。在表达层面，学校可以设立"校长信箱"定期了解学生对培养方案的看法及建议，实现校领导和学生的定期交流；学校网络信息部门可以建立网络意见表达平台，给学生提供一个官方渠道，可以采取匿名的形式让学生畅所欲言，同时也可以建立学生事务参与平台，将培养方案从制订到实施的全过程在平台上公布，打破学生与教师和管理人员之间的信息壁垒。在决策层面，职业本科院校应积极保障学生参与培养方案决策的权利，将学生群体这一核心相关者纳入培养方案管理团队，不仅让学生代表、班级代表发言，同时也要允许学生个人发言，增加学生在培养方案制订过程中的实际权利，改变目前职业本科大学学生参与的表面性。在监督方面，职业本科院校可以通过制订相关政策文件，在文件中明确表明学生拥有监督权力，通过学生集体投票的形式选出监督代表，学校对学生代表进行培训，实现学生对培养方案的有效监督，避免培养方案实施过程中的随意性和无序性。其次，职业本科院校要唤醒学生群体的本位意识。这里的本位意识指的是学生在学校事务中的"权利本位"和"主体本位"意识。培养方案的终极目的是促进学生的全面发展，因此学生必须意识到培养方案对自身未来发展和职业规划的重要意义。具体可以通过学校的微信公众号、广播站以及院系的讲座、报告等形式传播相关观念，最大限度帮助学生将对权利的认识转化为自身自觉的实际行动，积极参与人才培养方案的各个环节。

第四章 我国职业本科大学办学质量评估指标体系构建与测评

随着我国职业本科教育的快速发展，如何科学、全面地评估其办学质量，成为教育领域亟待解决的问题。本章深入探讨了这一关键议题，旨在为我国职业本科教育的高质量发展提供科学的评估体系和有效改进路径。

本章首先聚焦于职业本科大学办学质量评估指标体系的构建，从逻辑基础、概念基础、时代意蕴以及关键问题等多个维度进行剖析，明确了构建高质量职业本科大学办学质量指标体系的重要性和紧迫性。在此基础上，提出了构建指标体系的思维路径，包括宏观层面强调职业本科教育对国民经济发展的战略作用，中观层面重视职业本科大学体制机制的完善，以及微观层面突出职业本科大学质量观的不断提升。接着，本章详细阐述了职业本科大学办学质量评估指标体系的生成过程，包括根据国家职业本科教育建设文件确立指标体系的内容维度，借鉴国内外教师队伍建设典型经验丰富指标体系的内涵维度，以及系统把握未来教育发展趋势确立发展定位与目标等。同时，对评估指标权重的确定和评估方式的设计也进行了深入探讨。在构建出科学的评估指标体系后，本章进一步探讨了指标体系结果的运用，包括以职业本科大学办学质量评价结果为指标衡量区域政府教育履职能力，以评价结果为指引推动学校教育教学的持续改进，以及以评价结果为导向提高社会支持、认同职业地位提升等具体建议。最后，本章以首批 15 所职业本科试点大学为例，进行了办学质量评估的实证研究。通过对试点大学的基本情况、办学质量与主要问题的深入分析，揭示了当前职业本科大学在办学过程中存在的挑战和不足，为后续的改进和提升提供了有益的参考。

第一节　职业本科大学办学质量评估指标体系构建

建设教育强国对高质量职业本科教育提出了更高要求。2023 年 5 月，习近平总书记在中央政治局第五次集体学习时着重指出，我们必须坚定不移地将高质量发展视为教育的根本原则，积极推动高质量教育体系建设，构建优质教育体系，推进教育强国建设。① 2019 年 1 月，国务院颁布《国家职业教育改革实施方案》，② 教育部先后批准 33 所本科层次职业教育试点大学（以下简称"职业本科大学"）。2022 年新修订的《职业教育法》明确规定，"职业教育是与普通教育具有同等重要地位的教育类型，是国民教育体系和人力资源开发的重要组成部分，是培养多样化人才、传承技术技能、促进就业创业的重要途径"，③ 在普通高等学校设置本科职业教育专业以及在专科层次的职业学校设置本科职业教育专业都变为可能。④ 如何监测、评价和确保职业本科教育高质量发展，成为高等教育系统必须回答的新问题。2020 年，中共中央、国务院印发的《深化新时代教育评价改革总体方案》强调，要充分发挥教育评价的指挥棒作用。⑤ 要全面监测职业本科大学办学质量，亟须构建科学有效的职业本科大学办学质量评估指标体系。

目前，学界对职业本科教育的办学定位、办学主体、办学形式、发展路

---

① 习近平谈治国理政（第四卷）［M］. 北京：外文出版社，2022.538、538.
② 国务院印发《国家职业教育改革实施方案》［J］. 教育发展研究，2019，39（03）：77.
③ 中华人民共和国全国人民代表大会常务委员会公报. 中华人民共和国职业教育法［J］. 2022，（03）.
④ 王思杰. 职业教育法的立法精神与规范体系［J］. 教育发展研究，2023，43（17）：25-32.
⑤ 中共中央　国务院印发《深化新时代教育评价改革总体方案》__2020 年第 30 号国务院公报_中国政府网［EB/OL］.（2020-10-13）［2024-04-17］. https：//www.gov.cn/gongbao/content/2020/content_5554488.htm.

径及国外经验借鉴等问题进行了较为深入的探讨。但关于职业本科大学质量评估的研究相对较少，且多局限于设计理念、原则、方案等方面。有学者倡导从反向设计理念出发，明确了"产出导向+能力本位"的评价体系建设原则；① 有学者提出了以注重科学性、创新性，简洁高效，灵活性强，满足社会的设计原则构建评价指标体系；② 还有学者则基于对职业本科教育质量内涵的分析，阐述了职业本科教育质量指数的构建原则及质量指数模型的设计方案。③ 国外关于高等职业专科院校的评估研究相对成熟规范，评估指标体系的构建成果较多，但因为国外并没有严格区分本科层次和专科层次的职业院校，且因为国情不同，关于职业院校评估可能不具有完全的适用性。鉴于此，本书在国内外关于高校评价的理论和实践基础上，充分结合职业本科大学独有的特征与属性，尝试构建我国职业本科大学办学质量评估指标体系。

一　职业本科大学办学质量评估指标体系构建的逻辑基础

构建职业本科大学办学质量评估指标体系，必须紧密结合当前存在的实际问题，深刻把握时代特色，从而确保这一体系能为高质量职业本科大学的建设提供科学、实用的参考标准。

（一）构建指标体系的概念基础

职业本科大学办学质量评估指标体系的构建，必须明确职业本科大学办学质量的内涵，为指标体系科学构建提供理论基础。关于职业本科大学办学质量的内涵理解，可以从职业本科大学"服务+满足"论的视角，以及职业本科教育的功能论、职能论的视角进行深层理解和把握。

从"服务+满足"论视角看，关于办学质量的定义存在广义和狭义之分。广义的办学质量是指学校所培养的学生在知识技能方面能够符合社会某

---

① 臧志军. 产出导向+能力本位：本科层次职业教育评价体系设计的基本原则探析 ［J］. 中国职业技术教育，2020，（25）：20-23.

② 王燕. 本科层次职业教育质量评估指标体系研究 ［J］. 现代职业教育，2021，（40）：36-37.

③ 崔奎勇，蔡云，史娟. 职业本科教育质量指数构建研究 ［J］. 中国高教研究，2022，（3）：94-98.

一行业的具体要求，狭义的办学质量是指学校培养的学生能够达到教学大纲的规定水平，其能力达到人才培养的设定目标。[①] 职业本科大学是职业教育应对社会发展需求变化的产物，同时也是学生实现自我提升的实践场所，其办学质量应体现狭义与广义的综合，既能够服务社会发展又能够满足学生的成长需求。故而，职业本科大学办学质量的内涵可以理解为本科层次职业大学能服务社会发展且满足学生成长需求。

从功能论和职能论视角看，功能本质上是一种事实判断，具有客观性。高等教育作为具有一定结构的系统，育人功能与社会功能是其最基本且最重要的功能，这两项功能是客观存在的，不以人的意识为转移，并且随着时代的发展，高等教育的功能会基于育人功能和社会功能而不断深化与拓展。职业本科教育作为本科层次的职业教育，其本质是高等教育的一种类型，其办学质量内涵的分析应基于高等教育功能论，职业本科教育同样具有最基础且最重要的育人功能与社会功能。职能本质上是一种价值判断，具有主观性。高等学校作为实施高等教育活动的一种机构，其职能是社会赋予的职责任务，具有主观性及赋予性。职业本科大学作为实施职业本科教育的组织机构，其职能的界定应基于高等学校职能论，并结合职业本科教育的特征来进行深化分析，既延续职业教育基因，又突出大学属性，在大学职能共性的基础上个性化地定位职业本科院校的职能。[②] 职业本科大学以其实践性、职业性、应用性区别于传统大学，其职能的发挥需要立足于培养高层次应用型技术技能人才的根本任务，进而从教学、科研及社会服务等方面来履行。基于功能论与职能论的分析，职业本科大学办学质量的内涵应体现育人与促进社会发展的双重基本功能，并且包含人才培养、科学创新研究以及服务社会经济发展等基本职能。

要更加准确地界定职业本科大学办学质量的内涵，还要结合职业本科特有的类型与层次属性。第一，职业本科大学办学质量要突出职业教育的类型

[①] 何寿奎. 学校办学质量影响因素分析及改进对策 [J]. 重庆交通学院学报（社会科学版），2003，(S1)：7-8.

[②] 邓小华. 论职业本科院校的职能定位 [J]. 中国职业技术教育，2021，(30)：5-12.

特色，体现职业性、专业性和实践性的特点。职业性是指在逻辑起点上，职业本科教育属于技术技能教育，其逻辑起点是劳动或技术的复杂性程度，因此职业本科大学教育教学及专业建设要适应高级复杂的技术职业岗位（群），其专业设置及专业（群）建设的适应度是其办学质量内涵的体现。专业性是指职业本科教育的专业课程设置要符合职业教育的培养模式，强调校企合作、产教融合，与企业的深度合作是其办学质量的体现。实践性是指职业本科大学作为职业教育以培养高素质的应用型技术人才为宗旨，其实践教学的条件、师资队伍建设等是否能满足职业本科教育人才培养需求是其办学质量的体现，此外，实践性也包含对职业本科教育服务于社会发展程度的考察，其服务贡献程度代表着职业本科大学的办学质量。第二，职业本科大学办学质量要突出本科教育的层次特色，体现为本科性、高等性的特点。首先，职业本科大学的办学质量应体现在达到本科层次的标准上，即基础设施、办学条件等要达到本科层次的标准。其次，职业本科教育在层次上属于本科教育，与专科层次的职业教育在人才培养方面的层次与规格不同，职业本科大学主要培养具有创新性、独立解决实际复杂问题能力的高技能应用型人才，而这一点主要体现在职业本科大学的育人成效方面，即职业本科大学的毕业生在技术技能方面的水平需要高于专科层次，其所获得的证书等级应达到高级程度。最后，职业本科教育作为高等教育，其办学定位需要立足于立德树人、培养社会主义建设者，要履行服务社会、科学研究的职能，促进社会科学技术知识的创新与发展，高等性的实现也体现着职业本科大学的办学质量。

（二）构建指标体系的时代意蕴

进行职业本科大学办学质量评估，能够有力保障职业本科教育的人才培养质量。职业本科大学承担着培养高层次应用型技术技能人才的重要使命，其办学质量决定着人才培养的质量。[①] 当前，国家经济正值提质转型的关键

---

① 曾捷，韦卫，李祥. 本科职业大学办什么：人才培养定位再思考——基于 16 所本科职业大学章程的文本分析［J］. 成人教育，2021，41（11）：55-62.

时期，提出了建设技能型社会的时代任务。技能型社会的建设是一个复杂且系统的工程，不仅需要全社会的共同努力，也需要职业教育在其中扮演关键角色、发挥突出作用，尤其是推动技术技能人才供给与现代化经济体系发展需求高度匹配。① 技能型社会的建设与发展需要高水平高层次的技术技能人才的支撑，职业本科大学承担着培养高层次技术技能人才的重要使命，职业本科大学的办学质量也决定着其是否能够培养建设技能型社会所需要的技术技能人才。办学质量评估对于院校发展起着导向作用，建立合理有效的办学质量评估指标体系对提高院校的办学水平及办学质量具有积极的推动作用。② 评估的目的在于改进，而不在于证明。职业本科教育作为一种新的教育类型，其办学方式、办学路径仍处于不断探索中，对其办学质量开展必要的评估，能够更加全面地掌握职业本科大学在办学中所取得的成绩、经验，揭示其在发展中存在的问题。通过办学质量评估发现存在的问题及不当之处，指导职业本科大学调整其办学措施，以评促进，从而不断提高职业本科大学的办学质量，保障职业本科大学的人才培养质量。

进行职业本科大学办学质量评估，能够有力提高职业本科教育的社会认可度。在职业本科教育的建设中，办学质量是职业本科大学生存和发展的核心，办学质量评估是提升职业本科大学办学水平、确定并巩固职业本科教育地位、促进职业教育体系健康发展的关键所在。从外部需求来看，职业本科大学办学质量评估有利于提高职业本科大学的社会认可度。在我国教育发展史中，传统的"重学轻术"思想以及"重普轻职""劳心者治人、劳力者治于人"等观念深刻影响着社会各界对于职业教育的看法。2021 年 6 月，浙江省、江苏省关于独立院校"合并转设"的工作纷纷按下了暂停键，其本质原因在于大多数家长、学生仍囿于职业教育是次等教育的传统观念，对于

---

① 石伟平，郝天聪．职业教育如何助力技能型社会建设：黄炎培职教思想的当代启示［J］．现代远程教育研究，2023，35（1）：59-67.

② 曹靖，方娇．高职院校办学质量评价体系的构建——基于"地校合作"的视角［J］．职教通讯，2016，（07）：8-12.

由普通教育转为职业教育的做法无法接受。① 职业本科大学试点是职业教育突破专科层次，提升自身地位的关键措施，对职业本科大学开展办学质量评估，能够将职业本科教育的人才培养质量及社会影响力更加直观地展现出来，从而帮助改善社会群体对职业教育的偏见，进一步提高职业本科大学的社会认可度。

进行职业本科大学办学质量评估，能够健全职业本科大学的院校内部质量体系。职业本科大学作为高等教育系统中的新生事物，现有的高职院校质量评估指标对其不具有完全适用性。职业本科教育是本科层次职业教育，是职业教育在本科层次的延伸，其本质是与普通教育并行的一种职业教育类型，与专科教育相比，其层次属于本科教育。② 职业本科院校在人才培养的类型、定位及办学的逻辑起点等各个方面都与应用型本科院校、高职专科院校存在本质上的差异。与应用型本科教育相比，在逻辑起点上，职业本科教育属于技术、技能教育，其逻辑起点是劳动或技术的复杂性程度，而普通本科教育是传统的学术教育，其逻辑起点是学科的发展。在人才培养上，职业本科院校主要培养服务于社会经济发展的应用型人才，而普通本科院校主要培养学术型人才。与高职专科院校相比，职业本科院校主要培养具有创新性、能独立解决实际复杂问题能力的高技能应用型人才，而职业专科院校主要培养在某一专业领域掌握专业知识和技能、能够服务于生产一线的高素质技能人才。因此，无论是高职专科院校还是应用型本科院校，其现行的办学质量评估指标体系均不适用于职业本科院校，基于职业本科教育的类型特征、层次属性，构建职业本科大学办学质量评估指标体系具有重要的理论与实践意义，能够进一步优化职业本科教育的评估工作。

（三）构建指标体系的关键问题

职业本科大学办学质量评估指标体系构建的问题起点，主要是对当前职业教育现状的深入分析和对未来发展趋势的预测，是对如何全面、客观地评

---

① 江苏省教育厅．公告［EB/OL］．（2021-06-27）［2024-02-13］. http://jyt.jiangsu.gov.cn/art/2021/6/7/art_58320_9842095.html.

② 殷航．本科职业教育专业定位研究［D］．天津：天津大学，2021.

价和提升职业本科教育质量的思考和探索。这需要从多个维度出发，构建一个科学、合理、可行的指标体系，以促进职业本科教育的持续改进和提升。

这一指标体系的构建在宏观层面的核心问题主要有：一是如何衡量职业本科大学的办学质量？二是如何确保职业教育与行业需求对接？三是如何评估职业本科教育对学生职业发展和社会经济发展的贡献？在微观层面，要明确职业本科教育的定位和目标，这涉及对人才培养模式、专业设置、课程体系、实践教学等多个方面的考量。需要关注职业本科大学的教学资源、师资力量、实践教学条件等硬件和软件方面的指标，这些是保证教育质量的基础。还要考虑学生的就业质量、毕业生的职业发展情况、用人单位的满意度等，以此来评估职业本科教育的社会效应和影响力。

二　职业本科大学办学质量评估指标体系构建的思维路径

职业本科大学办学质量评估是一项系统且复杂的工作，构建科学、客观的办学质量评估指标体系需要立足于理论思考，探究理念上的指导理论与结构维度。

（一）宏观层面强调职业本科教育对国民经济发展的战略作用

在宏观层面，职业本科教育对于国民经济的发展具有举足轻重的战略意义，这种战略意义在构建职业本科大学办学质量评估指标体系中显得尤为重要。从经济学的角度来看，职业本科教育为各行各业提供了具备专业技能和知识的高素质人才，这些人才通过运用所学知识和技能，有效推动产业升级、促进技术创新，进而拉动经济增长。[①] 这一过程中，毕业生的专业技能掌握情况、行业适应能力和创新素养等，均成为评估职业本科教育质量的关键指标。此外，职业本科教育还承担着促进社会就业和创业的重要职责。通过提供专业的职业教育和培训，学生可以获得更好的机会，进而实现个人价值和社会价值的双重提升。在这一过程中，学生的就业率、就业质量以及职

---

① 杨庚霞. 职业本科教育质量体系与地方经济的协调发展研究［J］. 甘肃科技纵横，2023，52（01）：83-86.

业发展潜力等指标，不仅反映了教育的社会效应，也为指标体系的构建提供了重要的参考依据。同时，需要认识到，职业本科教育与产业转型升级之间存在紧密的联系。[①] 随着经济的发展和产业结构的调整，各行各业对人才的需求也在不断变化。这就要求职业本科教育必须具备前瞻性和灵活性，能够根据行业需求及时调整专业设置和教学内容。在构建指标体系时，必须充分考虑这些动态变化，通过设置合理的指标来衡量学校对行业变化的敏感度和适应能力。

（二）中观层面重视职业本科大学体制机制的完善

在中观层面，完善职业本科大学的体制机制是构建办学质量评估指标体系的重要环节。一个健全、灵活的体制机制，能够为指标体系的构建和实施提供有力的制度保障。首先，在构建指标体系时，需要考虑学校内部的管理体制是否完善、各部门之间的职责是否明确，以及决策机制是否高效。这些因素直接影响到指标体系的制定、实施和监控。一个完善的内部管理体制，能够使各项指标的制定更加科学、合理，同时也能够提高指标实施的可操作性和有效性。其次，产教融合、校企合作机制也是指标体系构建中不可忽视的一环。[②] 这种机制的完善，有助于学校更深入地了解行业需求和人才标准，从而将这些需求和标准融入指标体系中，使指标体系更加贴近实际、更具指导意义。同时，校企合作还能为学校提供丰富的实践教学资源和就业渠道，这些都是评估学校办学质量的重要指标。再者，激发教职工的积极性和创新精神，也是完善指标体系的关键。教职工是学校发展的核心力量，他们的教学水平和科研能力直接影响学校的办学质量。因此，在构建指标体系时，应充分考虑教职工的激励机制和考核机制，通过合理的指标设定，激发教职工的工作热情和创新精神，推动学校教育教学质量不断提升。最后，学校的治理能力也是指标体系构建时需要考虑的重要因素。治理能力的高低直接影响学校各项工作的顺利开展和有效实施。在构建指标体系时，应注重对学校治理能力的

---

① 曹轩. 职业本科视角下学生创新实践途径与产业转化机制研究 [J]. 现代职业教育，2022，（39）：18-20.

② 张浩. 职业本科教育中企业参与校企合作因素分析及对策研究 [J]. 中国高校科技，2021，（07）：9-13.

评估，通过设置相关指标，引导学校不断提升自身的治理水平和能力。

（三）微观层面突出职业本科大学质量观的不断提升

职业本科大学作为职业本科教育的实施机构，其质量观应紧紧围绕职业本科教育的特征及高等教育的质量观特点。其一，职业本科大学作为新型的职业教育，其办学定位要充分体现职业教育的实践性与职业性，培养具有高素质、高技能的应用型人才，要立足于社会建设的需要，服务于经济发展。其二，职业本科大学的人才培养要体现本科层次与职业类型的特点，本科层次是指职业本科大学的毕业生要具备必需的基础理论知识、掌握必要的基本技能方法，具备从事实际工作和研究工作的初步能力，职业类型则指毕业生要掌握一定的技术技能，获得高级的专业资格证书。其三，在办学条件方面，职业本科大学要能够达到普通本科院校的办学条件指标及本科层次职业学校的设置标准，以保障职业本科大学开展各项教育教学活动。其四，在师资队伍方面，职业本科大学要组建有较好的理论素养及较强的实践能力的"双师型"教师队伍，其数量和能力要能够承担职业本科的教学任务。其五，在教育教学方面，专业设置要符合地方经济发展及岗位需求，并且具有一定的灵活性，能够根据市场需求进行调整，职业本科大学的课程设置要强调理论课程与实践课程的结合，形成具有自身特色的精品课程；在教材的选用上要贴合人才培养的需要，并关注校本课程的建设。其六，在科研与社会服务方面，职业本科大学作为本科层次的职业教育要凸显其科学研究功能，以促进技术知识的创新发展，此外，对于社会发展的贡献度也是其办学质量评估的重要方面。在高等教育发展演进的过程中，不同的高等教育质量观对高等教育发展及高等教育质量评估起着不同的导向作用。高等教育质量评估只有与高等教育质量观深度契合，才能及时有效地帮助高等学校调整发展方向与发展步调。① 职业本科教育作为高等教育的一种类型，其办学质量评估应遵循高等教育质量观的演进规律，并结合职业本科大学的特征及属性，从

---

① 肖福流，宋贝 . OBE 教育理念下应用型高校专本衔接人才培养优化路径研究 ［J］. 教育与职业，2020，（23）：64-67.

理论层面指导职业本科大学的办学质量评估工作，从而帮助职业本科大学在实践中更好地凸显自身水平与特色。

三　职业本科大学办学质量评估指标体系的生成

构建一套全面、科学的职业本科大学办学质量评估指标体系，必须深入研究国家相关文件，结合国内外教师队伍建设的成功经验，旨在为未来教育发展趋势把脉，明确发展定位与目标。同时，还需要广泛而深入地验证与论证，以确保所构建的指标体系既具备前瞻性又切实可行。进而为职业本科教育的规范化、科学化发展贡献力量，推动教育质量的持续提升。

（一）根据国家职业本科教育建设文件，确立指标体系的内容维度

党中央、国务院高度重视职业教育。习近平总书记就职业教育作出一系列重要指示批示，为职业教育改革提供了根本遵循。2014 年，国务院印发的《国家职业教育改革实施方案》① 和《国务院关于加快发展现代职业教育的决定》首次提出探索发展本科层次职业教育。同年，国家还颁布了《现代职业教育体系建设规划（2014—2020 年）》。随后的 2015 年，教育部、发展改革委和财政部三方联合发布了《关于引导部分地方普通本科高校向应用型转变的指导意见》。紧接着，教育部等九个部门又联合印发了《职业教育提质培优行动计划（2020—2023 年）》，其中明确将开展本科层次职业教育试点视为体现职业教育独特类型特点的关键任务，这也是完善纵向贯通、横向融通的具有中国特色的现代职业教育体系的重要一环。②

2021 年，教育部相继发布了《本科层次职业教育专业设置管理办法（试行）》③ 和《本科层次职业学校设置标准（试行）》④，详细规定了设置

---

①　国务院关于印发国家职业教育改革实施方案的通知［EB/OL］.（2019-02-13）［2024-02-13］. https://www.gov.cn/zhengce/content/2019-02/13/content_5365341.htm.

②　孙善学 . 高校转型的语境整合与路径选择［J］. 中国职业技术教育，2016，（18）：5-11.

③　教育部办公厅关于印发《本科层次职业教育专业设置管理办法（试行）》的通知：教职成厅〔2021〕1 号［A］. 2021-01-22.

④　邢晖，郭静 . 职业本科教育的政策演变、实践探索与路径策略［J］. 国家教育行政学院学报，2021，（05）：33-41+86.

职业本科大学所必须具备的各项条件，包含办学定位、治理水平、办学规模、专业设置、师资队伍、人才培养、科研与社会服务、基础设施、办学经费等9个方面，在很大程度上保障了职业本科大学的办学基础。[①]《关于做好本科层次职业学校学士学位授权与授予工作的意见》第五条至第八条，对职业本科学士学位授予方式、基本程序、授予标准、授予类型等提出了要求；第九条对职业本科学士学位证书和学位授予信息提出了要求。

如上文件的制定，一般都遵循"多方征求意见，多次专业论证，多位专家指导，几上几下"的科学过程，[②]为制定职业本科大学办学评估指标体系提供了政策参考和指引。

（二）借鉴国内外教师队伍建设典型经验，丰富指标体系的内涵维度

基于国内外经验，搭建职业本科大学办学质量评估指标体系的初步框架。职业本科教育是职业教育内部延伸出来的新教育形态，本质上属于高等职业教育的一种类型，与现行的高等职业专科教育同类型不同层次，因此，在对职业本科大学进行办学质量评估的过程中，应借鉴现有的高等职业教育的评估经验，并结合职业本科大学的特征进行评估指标体系的构建。

梳理国内外关于高职院校质量评估的指标体系，运用 NVivo 软件对相关文本进行编码分析，获取参考点，并将参考点凝练编码，得到备选的三级指标要素。[③]国内文本方面，主要梳理政策文本及文献研究文本，共收集5项政策文本及6项文献研究文本，通过编码分析，共获得82个三级指标备选项。国外文本方面，梳理了英国、德国和日本有关高等职业教育评估的指标体系文本，主要包含英国《继续教育和技能手册》、德国 Q2E 模式下职业教育评估框架、日本高等专门学校评价基准和短期大学评价基准，通过编码分析，共获得27个三级指标备选项。其次，对所选取的三级指标备选项进行

① 关于做好本科层次职业学校学士学位授权与授予工作的意见［EB/OL］．（2021-11-18）［2024-02-13］．http://www.moe.gov.cn/srcsite/A22/yjss_xwgl/moe_818/202112/t20211203_584502.html.

② 任鹏．新时代中国特色政策制定模式［J］．马克思主义研究，2018，（06）：50-62+159.

③ 孟宇，沈伟．质性数据分析的科学性——兼论 NVivo 在教育领域中的应用［J］．苏州大学学报（教育科学版），2024，12（01）：24-34.

合并、整理，删除重复出现以及概念相似的指标，进一步得出更具有代表性的备选指标。最后，结合职业本科大学的特征及其办学必备条件来搭建办学质量评估指标体系的初步框架。职业本科大学作为新型的职业教育类型，职业性与本科性是其重要特征，是区别于普通本科教育与高等职业专科教育的关键所在，应充分体现在职业本科大学的办学定位、课程与专业建设、师资队伍建设以及学生培养等各方面。

（三）系统把握未来教育发展趋势，确立发展定位与目标

在确立指标体系的过程中，应始终坚持科学性、全面性和可行性的原则，力求通过这套指标体系，全面、客观地评价职业本科教育的质量和水平。同时，要充分考虑未来教育发展的趋势，确保这套指标体系能够适应职业教育发展的需要，为我国职业教育的持续健康发展提供有力的支撑。

随着职业本科教育在服务新质生产力发展和助力教育强国建设中的重要作用日益凸显，职业本科大学办学质量评估指标体系的构建显得尤为重要。[1] 这一体系不仅是对职业本科教育发展水平的衡量，更是其教育质量和教育效果的直接反映。所以在发展定位上，职业本科教育应坚持以培养高素质技术技能人才为己任，满足产业升级和经济结构调整对人才的需求；坚持注重实践性和创新性，提高学生的动手能力和解决问题的能力，坚持与行业企业紧密合作，实现产教融合，共同培养符合社会需要的高素质人才。[2]

（四）规范构建并论证指标体系的科学性和可行性

运用 CIPP 评价模型构建系统的职业本科大学办学质量评估指标体系。

第一阶段，结合职业本科教育的特征和教育部文件《本科层次职业学校设置标准（试行）》的具体内容，初步设计出包含 5 个一级指标、15 个二级指标、46 个三级指标的职业本科大学办学质量评估指标体系的初步框架。

第二阶段，运用德尔菲法进行指标体系初步框架的修订，确定内容完整

---

① 闫志利，王淑慧．职业教育赋能新质生产力：要素配置与行动逻辑［J］．中国职业技术教育，2024，（07）：3-10．

② 吴学敏．开展本科层次职业教育"变"与"不变"的辩证思考［J］．中国职业技术教育，2020，（25）：5-13．

的职业本科大学办学质量评估指标体系。根据德尔菲法的相关要求，邀请12 名业界学者担任咨询专家，进行三轮问卷咨询，专家根据自身的经验按照李克特五级量表对各项指标进行打分。专家咨询结果分析主要从两方面展开，一是通过专家重要性程度赋分的数据来判断专家对于指标要素意见的一致性和集中程度，二是通过整理专家提出的具体修改意见，对相应指标进行修改或增加指标要素。专家重要性程度赋分的数据分析，主要通过算术平均数、满分比、变异系数来判断指标要素的重要程度以及专家意见的一致性。[①] 其中，均值（算术平均数），代表指标构成要素的重要性，均值越大，说明该项指标越重要，且均值应大于 3.5 分；满分比可反映专家在某项指标要素上的意见集中程度，取值范围在［0，1］，且值越大，说明该项指标要素的满分越多，即该指标要素越重要；变异系数（标准差除以平均值）是指各位专家对于指标要素的重要性程度赋分的差异程度，即反映了专家们对某项指标要素评判的一致性程度，变异系数数值越小，则说明专家意见的差异程度越小，一致性程度越高，变异系数应小于 0.25。[②] 同时，对专家组提出的具体修改意见进行系统整理、分类，综合考虑专家组的整体意见，并参考相关文献资料，确定最终的指标要素修订情况。经过三轮指标的修订与完善，确定了包含 7 个一级指标、22 个二级指标、76 个三级指标的职业本科大学办学质量评估指标体系。

1. 评估指标权重的确定

运用层次分析法计算各项指标的权重，以便在后续的评估过程中更加准确地反映各项指标的重要性和影响程度。在计算权重之前，要确保咨询专家的可靠性以及调查数据的可信度。专家的可靠性主要通过专家的积极程度、专家意见集中程度、专家的权威程度等来反映并确定，因此，主要通过这三方面的数据统计分析来确保本次调查的可信度。专家的积极程度一般通过问卷的回收率来表示，即问卷回收率越高，代表专家的关注度与积极程度越

---

① 李晓丹，李丹."双高"建设背景下高职学校专业课教材评价指标体系建设研究［J］.现代职业教育，2021，（38）：108-109.

② 万崇华，许传志.调查研究方法与分析新编［M］.北京：中国统计出版社，2016：137-138.

高。在问卷调查中，三轮问卷的回收率均在 90% 以上，说明专家对于这一研究的关注度较高，具有较高的参与积极性。专家意见的集中程度主要通过专家赋分的均值和满分比来反映。在第三轮的调查中，各项指标评分的均值介于 3.5 分至 5 分，同时，满分比也维持在 0.33 至 1.00 的范围内。这一现象清晰地显示出专家对于各项指标的重要性评分持有相对统一的观点。为了量化专家的权威程度，本研究引入专家权威系数（Cr），该系数能有效体现咨询结果的准确性。这一系数由两个主要因素决定：专家对问卷内容的熟悉度（Cs）及其判断依据的可靠性（Ca）。通过公式 Cr＝（Cs+Ca）/2 来计算，若 Cr 大于或等于 0.7，则通常认为研究结果具有较高的可信度。此外，研究精准度与专家权威系数呈正相关，即专家权威系数越高，研究的精准度也随之提升。在本次研究中，经过仔细计算，得出专家权威系数 Cr 为 0.896，明显高于临界值 0.7。这一结果充分表明，参与此次调查研究的专家具备较高的权威度，因此，他们的意见不仅可信度高，而且非常值得采纳。

运用层次分析法确定各级指标的权重，主要包括以下步骤。首先，构造层次结构模型。将已构建的职业本科大学办学质量评估指标体系的复杂层次结构进行拆解，形成清晰的具有一级、二级、三级指标的层次结构，在构建的层次结构模型中，职业本科大学办学质量评估为目标层，一级指标为准则层，二级指标为子准则层，三级指标为方案层。其次，建立判断矩阵。在第三轮专家咨询中，12 位专家分别对各项指标的重要性程度进行了打分，在此主要利用各项指标的重要性程度赋分的均值两两比较构建判断矩阵。最后，计算权重及一致性检验。利用 SPSSAU 在线分析软件对职业本科大学办学质量评估指标体系进行权重计算，主要是通过和积法进行相关计算，具体过程如下。

对判断矩阵中的每列数据进行归一化处理，并将归一化处理后的判断矩阵按行相加，公式如下：

$$b'_{ij} = \frac{b_{ij}}{\sum_{i=1}^{n} b_{ij}} \quad i,j = 1,2,3,\cdots,n \tag{1}$$

$$W'_i = \sum_{j=1}^{n} b'_{ij} \quad i,j = 1,2,3,\cdots,n \tag{2}$$

根据式（1）及式（2），求得 W'_i，进而对所求得的 W'_i 进行归一化处理，公式如下：

$$W_i = \frac{W'_i}{\sum_{i=1}^{n} W'_i} \quad i = 1,2,3,\cdots,n \tag{3}$$

根据式（3）进行归一化处理后，求得向量特征值 W_i，即各级指标的权重值。同时对最大特征值进行一致性检验，判断权重计算的合理性，通过公式计算得出一致性比率 CR，当 CR<0.1 时，认为该判断矩阵符合一致性要求，指标权重设置较合理。

其中判断矩阵的最大特征值的计算公式如下（BW 是指原始的指标要素判断矩阵与向量特征值的乘积）：

$$\lambda_{max} = \frac{1}{n} \sum_{i=1}^{n} \frac{BW}{W_i} \tag{4}$$

判断矩阵的随机一致性比率 CR 的计算公式如下：

$$CR = \frac{CI}{RI} \tag{5}$$

其中，平均随机一致性指标 RI 可通过查找多阶判断矩阵表（见表 4-1）确定，CI 为一致性检验指标，计算公式为：

$$CI = \frac{(\lambda_{max} - n)}{(n - 1)} \tag{6}$$

通过计算可知，本研究中各级指标一致性检验的 CR 值均小于 0.1，说明各级指标的权重计算结果合理，可以接受。

表 4-1　1~10 阶平均随机一致性指标

项目	1 阶	2 阶	3 阶	4 阶	5 阶	6 阶	7 阶	8 阶	9 阶	10 阶
RI	0.00	0.00	0.52	0.89	1.12	1.26	1.36	1.41	1.46	1.49

2. 评估方式的设计

根据三级指标的类型设计不同的评估方式，以保障评估结果的客观性。

本研究所构建的职业本科大学办学质量评估指标体系包含了定性与定量两种类型的指标，为保障评估的客观性与科学性，在评估的过程中，针对两种不同类型的三级指标，将设计不同形式的评估方式。

在本研究所构建的职业本科大学办学质量评估指标体系中，三级指标共包含占地面积、仪器设备配备、生师比、专业群数量、就业率等46个定量指标，以及党建引领、法治水平、课程体系及构成、教学管理制度、教学质量监控等30个定性指标。为便于对定量指标数据进行统计与计算，以生均为单位对部分定量指标进行处理，例如占地面积的统计值为生均占地面积，仪器设备配备的统计值为生均仪器设备配备值，智慧校园建设的统计值则为在校生数量与多媒体教室和智慧教室数量的比值等。

针对定量指标，主要的评估方式是：首先，通过查找政策文本以及咨询相关专家制定相应的定量指标评估标准，确定相应指标值的合格标准与优秀标准；接着，依据合格标准值与优秀标准值对收集到的客观数据进行归一化处理，将各项定量指标的指标值得分标准化到 [0，100]，即为定量指标的评估得分。

针对定性指标，主要的评估方式是：首先，根据相关的政策文本及专家建议，制定各项定性指标的评估等级，将每项指标分为A、B、C、D四个等级，并确定各等级的赋分值；其次，根据评估院校的客观资料对照评估等级来确定该项指标所达到的等级，进而根据相应等级赋予各项定性指标相应的评估得分。最后，在得出各项三级指标得分的基础上，运用加权的方式，计算出二级指标、一级指标及评估院校的综合得分，进而完成对所选职业本科大学办学质量的评估（见表4-2）。

表4-2　职业本科大学办学质量评估指标体系

一级指标	权重值	二级指标	权重值	三级指标	权重值
1 办学定位	0.143	1-1 办学方向	0.500	1-1-1 党建引领	0.333
				1-1-2 立德树人理念	0.339
				1-1-3 学校发展规划	0.328
		1-2 办学目标	0.500	1-2-1 办学服务目标	0.492
				1-2-2 人才培养目标	0.508

续表

一级指标	权重值	二级指标	权重值	三级指标	权重值
2 院校治理	0.140	2-1 治理体系	0.513	2-1-1 教授治学机制	0.323
				2-1-2 师生民主监督机制	0.335
				2-1-3 社会参与机制	0.342
		2-2 现代化治理水平	0.487	2-2-1 学校领导治理能力	0.349
				2-2-2 信息化水平	0.331
				2-2-3 法治水平	0.320
3 办学条件	0.145	3-1 基础设施	0.242	3-1-1 占地面积	0.199
				3-1-2 校舍面积	0.203
				3-1-3 仪器设备配备	0.207
				3-1-4 图书资源	0.199
				3-1-5 智慧校园建设	0.192
		3-2 办学经费	0.255	3-2-1 经费收入	0.513
				3-2-2 经费支出	0.487
		3-3 校内实训基地建设	0.256	3-3-1 生基比	0.476
				3-3-2 校内实训基地数量及规模	0.524
		3-4 校外实习基地建设	0.247	3-4-1 合作企业数量及规模	0.243
				3-4-2 校企合作项目	0.255
				3-4-3 产教融合实践平台	0.255
				3-4-4 顶岗实习基地	0.247
4 师资队伍	0.148	4-1 教师数量与结构	0.335	4-1-1 生师比	0.199
				4-1-2 学历达标率	0.192
				4-1-3 职称结构	0.192
				4-1-4 "双师"结构	0.214
				4-1-5 企业兼职教师	0.203
		4-2 教师素质与能力	0.341	4-2-1 师德师风建设	0.263
				4-2-2 教师专业能力	0.263
				4-2-3 教师科研水平	0.246
				4-2-4 教师团队获奖情况	0.228
		4-3 教师培养培训	0.324	4-3-1 教师培训	0.277
				4-3-2 教师学历提升	0.230
				4-3-3 访学及国际交流	0.226
				4-3-4 教师评价与激励	0.267

续表

一级指标	权重值	二级指标	权重值	三级指标	权重值
5 教育教学	0.148	5-1 专业建设	0.201	5-1-1 专业设置与特色	0.207
				5-1-2 专业群数量	0.200
				5-1-3 专业动态调整机制	0.197
				5-1-4 专业标志性成果	0.196
				5-1-5 校企共建专业	0.200
		5-2 课程建设	0.198	5-2-1 课程定位及目标	0.263
				5-2-2 课程体系及构成	0.254
				5-2-3 思政课程与课程思政建设	0.251
				5-2-4 省级及以上精品课程	0.232
		5-3 教材建设	0.194	5-3-1 教材的选用与编写	0.505
				5-3-2 校本教材建设	0.495
		5-4 教学管理	0.199	5-4-1 教学管理制度	0.258
				5-4-2 教学管理人员	0.236
				5-4-3 教学评价	0.257
				5-4-4 教学质量监控	0.249
		5-5 实践教学	0.208	5-5-1 实践教学内容与体系	0.370
				5-5-2 实习与实训	0.371
				5-5-3 国际合作	0.259
6 学生发展	0.148	6-1 招生生源	0.238	6-1-1 生源质量	0.333
				6-1-2 全日制教育人数	0.352
				6-1-3 学历继续教育人数	0.315
		6-2 学生管理	0.251	6-2-1 学生管理制度	0.262
				6-2-2 学生管理人员	0.253
				6-2-3 学生奖助	0.249
				6-2-4 学生活动	0.236
		6-3 育人成效	0.260	6-3-1 学生专业技能水平	0.258
				6-3-2 毕业设计质量	0.249
				6-3-3 综合素质评价	0.253
				6-3-4 证书获取率	0.240
		6-4 就业质量	0.251	6-4-1 就业率	0.253
				6-4-2 就业对口率	0.253
				6-4-3 毕业生薪资水平	0.240
				6-4-4 就业满意度	0.254

续表

一级指标	权重值	二级指标	权重值	三级指标	权重值
7 科研与社会服务	0.128	7-1 科学研究	0.490	7-1-1 创新平台建设	0.344
				7-1-2 立项科研项目	0.325
				7-1-3 横向科研项目经费	0.331
		7-2 社会服务	0.510	7-2-1 非学历培训人数	0.333
				7-2-2 技术研发项目	0.333
				7-2-3 技术成果转化情况	0.334

四　职业本科大学办学质量评估结果的运用建议

在职业本科教育迅速发展的时代背景下，构建科学合理的办学质量评估指标体系对于提升教育质量至关重要。职业本科大学办学质量评估指标体系的建立，不仅为衡量学校的教育教学水平提供了量化标准，更为区域政府、学校和教师提供了一个明确的方向标。合理运用这一评估结果，可以促进教育教学改革，加强师资队伍建设，进而推动整个职业教育体系的持续健康发展。

（一）以职业本科大学办学质量评估结果为指标，衡量区域政府教育履职能力

当前，我国职业本科教育多数为属地省属政府管理和指导。该指标体系可以用于全面评估各级政府在职业本科教育领域的战略规划与实施成效。省、市、县（市、区）政府应当结合未来发展愿景，对职业本科大学的建设进展和实施效果进行实时监控。通过深入分析教育方向、教育资源、教育质量、产业与教育结合以及学生综合能力等关键评价指标，可以全面了解目标的完成情况。利用这些珍贵的评价数据，不仅能够发现现有教育与理想状态之间的差距，而且可以持续跟踪改进情况，并积极探寻提升教育品质和实现教育目标的新途径。各级政府必须高度重视并充分利用这一评估结果，为打造高质量的职业本科教育提供稳定的教育资源支持和有力的政策引导。不断加大对职业教育的投入和支持力度，通过制定优惠政策、提供扶持资金等

方式，推动职业教育的发展，确保相关部门能够高效、有序地履行其职责。

（二）以职业本科大学办学质量评估结果为指引，推动学校教育教学的持续改进

职业本科大学办学质量的评估结果对评估学校教育教学改革具有重要指导意义。学校应当紧密围绕这一评估结果，针对教育教学过程中遇到的实际问题，与指标体系中设定的各项目标进行细致比对，从而准确识别出存在的差距与不足。通过这种方式，学校可以更有针对性地提升教育质量和教学水平，确保教育教学活动更加符合职业本科教育的特点和要求。高等院校尤其需要认识到自身在职业本科教育体系中的重要地位，并紧密结合评估指标体系的各项要求，对自身的教育教学效果进行定期的自我评估与反思。这不仅有助于学校及时发现问题、分析问题，更能推动学校教育教学工作的持续优化和创新。通过深入利用这些评估结果，学校可以进一步完善教学管理制度，探索更加符合职业本科教育特点的教学新模式。特别是要努力实现理论教学与实践教学的有机结合，为学生提供更加贴近未来职业实际需求的教育环境，从而全面促进学生的综合素质提升和职业发展。

（三）以职业本科大学办学质量评估结果为导向，提升职业教育社会地位和影响力

在构建和运用职业本科大学办学质量评估指标体系的过程中，应该始终以提升职业教育社会地位和影响力为目标。其结果能够客观反映职业本科大学的教育教学水平，更能以此为契机，增强社会对职业教育的认知和认同，进而提升职业教育的整体地位。具体而言，一是要公开透明地发布评估结果。定期向社会公布职业本科大学的办学质量评估结果，让公众了解职业教育的实际成效和进步，从而提高公众对职业教育的信任和认可。二是加强与产业界的合作与沟通。借助办学质量评估结果，展示职业本科教育的专业性和实用性，吸引更多企业参与校企合作，共同培养符合市场需求的高素质技术技能人才。三是提升职业教育形象。通过媒体宣传、成功案例分享等方式，改变公众对职业教育的传统观念，树立职业教育培养实用型人才、服务经济社会发展的正面形象。四是建立社会反馈机制。鼓励社会各界对职业教

育提出宝贵意见和建议，形成良性互动，不断完善职业教育体系并提高教育质量。

第二节　首批15所职业本科试点大学办学质量评估

2019年，我国启动了职业本科试点大学项目，为了深入探究这些试点大学的办学质量，亟须开展一项系统性的评估研究。这关乎职业本科教育高质量发展，更对高等职业教育深化改革意义深远。2019年1月，国务院颁布《国家职业教育改革实施方案》①，教育部先后批准33所本科层次职业教育试点大学。2020年，中共中央、国务院印发的《深化新时代教育评价改革总体方案》强调，要充分发挥教育评价的指挥棒作用。② 若要全面监测职业本科大学的办学质量，亟须构建科学有效的职业本科大学办学质量评估指标体系，进而才能提出具有针对性的改进建议。

一　首批职业本科试点大学办学质量评估与问题表征

在指标体系建设好以后，下一阶段就是对评估对象进行评估。本研究将最早的15所职业本科试点大学作为评估对象，分析职业本科大学的群体办学质量，发现其主要问题。

（一）首批职业本科试点大学的基本情况及样本选取

本研究的研究对象为2019年教育部批准的全国首批15所以"职业大学"命名的职业本科试点高校，具体包括成都艺术职业大学、重庆机电职业技术大学、广东工商职业技术大学、广西城市职业大学、广州科技职业技术大学、江西软件职业技术大学、南昌职业大学、山东工程职业技术大学、山东外国语职业技术大学、山东外事职业大学、西安汽车职业大学、西安信息职业大学、海南科技职业大学、河南科技职业大学、泉州职业技术大学。

---

① 国务院印发《国家职业教育改革实施方案》[J].教育发展研究，2019，39（03）：77.
② 中共中央 国务院印发《深化新时代教育评价改革总体方案》[EB/OL].（2020-10-13）[2024-04-17]. https://www.gov.cn/gongbao/content/2020/content_5554488.htm.

这 15 所高校来自全国 10 个省份，其中山东最多，共有 3 所，广东、江西、陕西各有 2 所，四川、重庆、广西、海南、河南、福建各有 1 所。从地域分布来看，东部地区有 8 所，中部地区有 3 所，西部地区有 4 所，首批 15 所职业本科试点大学的总体地域分布呈"东高西低"状态（见表 4-3）。

表 4-3　2023 年度首批 15 所职业本科试点大学简况与得分

单位：分

序号	学校	地址	类型	样本校	得分
1	山东外国语职业技术大学	山东省日照市	语言类	√	73.264
2	西安信息职业大学	陕西省西安市	理工类	√	72.856
3	广东工商职业技术大学	广东省肇庆市	商业类	√	71.423
4	山东外事职业大学	山东省威海市	语言类	√	71.389
5	山东工程职业技术大学	山东省济南市	理工类	√	70.153
6	广西城市职业大学	广西壮族自治区崇左市	建筑类	√	66.542
7	广州科技职业技术大学	广东省广州市	理工类	√	66.146
8	重庆机电职业技术大学	重庆市璧山区	理工类	√	66.080
9	海南科技职业大学	海南省海口市	综合类	√	64.405
10	成都艺术职业大学	四川省成都市	艺术类	√	56.234
11	江西软件职业技术大学	江西省南昌市	理工类	×	——
12	南昌职业大学	江西省南昌市	综合类	×	——
13	西安汽车职业大学	陕西省西安市	理工类	×	——
14	河南科技职业大学	河南省周口市	综合类	×	——
15	泉州职业技术大学	福建省泉州市	理工类	×	——

为了更详细地呈现职业本科试点大学的办学质量和人才培养质量，本研究将依据前文搭建的评估指标体系对 15 所职业本科试点大学进行探究性分析。由于西安汽车职业大学、江西软件职业技术大学、南昌职业大学、泉州职业技术大学和河南科技职业大学这 5 所学校公布的年报中缺乏部分具体数据，因此，本研究聚焦于除这 5 所学校以外的 10 所职业本科试点大学。本研究所有数据均来自评估对象所提供的 2023 年"高等职业教

育质量年度报告"①。

（二）首批职业本科试点大学的办学质量与主要问题

运用职业本科大学办学质量评估指标体系对 15 所职业本科试点大学进行评估。整体而言发现有 5 所学校对评估的认识不到位，数据短缺严重。山东外国语职业技术大学得分为 73.264 分，成都艺术职业大学得分仅为 56.234 分，10 所学校平均分值为 67.849 分，可见首批职业本科试点大学还没有满足专家、政府或公众的期待。

1. 办学背景方面，学校发展规划不准确和人才培养目标不清晰

办学背景的相关评估主要体现为一级指标"办学定位"。办学定位是一所大学对于自身办学类型和办学道路的选择，办学定位的重要性在于能够管长远、管全局，是大学建设发展的"方向标"。从数据分析来看，首批职业本科试点大学基本能够坚持清晰明确的办学定位，坚持以人为本的办学方向以及适应自身发展的办学目标。但同时也存在学校发展规划不准确、人才培养目标不清晰等问题。

（1）学校发展规划不准确

从具体数据来看，山东外事职业大学、山东外国语职业大学、广州科技职业技术大学等多所职业本科试点大学"学校发展规划"这一指标的得分仅为 60 分，处于合格水平。职业本科试点大学作为职业教育的一种新类型，其发展处于初步探索阶段，清晰明确的学校发展规划是引导其高质量发展的重要保障。目前，部分试点大学仅仅制定了粗略的学校发展规划，未体现职业本科的教育特征，难以实现高质量发展。针对此问题，职业本科大学应积极探索适合自身特色的发展道路，根据自身实际情况制定定位准确的发展规划，并主动适应经济和社会发展的需求，更好地实现自身发展。

（2）人才培养目标不清晰

"人才培养目标"是高等学校培养学生的总目标。从具体数据来看，各

---

① 高等职业教育质量年度报告 ［EB/OL］.（2023－01－18）［2024－02－13］. https：//www. tech. net. cn/column_rcpy/index. aspx.

所学校均达到了合格标准，但西安信息职业大学、山东外事职业大学、山东外国语职业技术大学、广州科技职业技术大学、广西城市职业大学在"人才培养目标"这一指标得分仅为 60 分，处于合格水平。可见各职业本科大学人才培养目标基本明确，能以培养经济发展所需要的高层次技术技能人才为目标，但没有达到坚定职业教育定位与特色、以培养国家和区域经济发展需要的高层次技术技能人才为目标。针对此问题，职业本科大学应该明晰学校的使命与定位，进行市场需求调研，制定明确的人才培养目标，确保教育与就业需求相衔接，为学生提供有针对性和实效性的教育。

2. 办学资源方面，社会参与、校企合作与师资队伍支撑远远不够

办学资源的相关评估主要体现为一级指标"院校治理""办学条件""师资队伍"。办学资源指教育过程所占用、使用和消耗的人力、物力和财力资源，即教育人力资源、物力资源和财力资源的总和。充足的校园资源可以提高学习和教学效率，给学生和教师提供更好的教育条件，并有利于校园文化建设。从数据分析来看，首批职业本科试点大学基本拥有丰富的办学资源，但同时也存在教授治学机制不健全、社会参与机制不完善、基础设施不达标、办学经费不足、校内实训基地规模较小、校企合作受阻、生师比例失衡、"双师型"教师数量不足、企业兼职教师较少、教师素质与能力有待提高、教师培养培训难以满足教师发展等问题。

（1）教授治学机制不健全

"教授治学机制"是指教授从事具有研究属性的学术活动及管理，它包括教书育人、科学研究、参与学术事务的决策等三方面内容。总体来说，各学校的教授治学机制均达到了合格水平，说明学校重视教师的中心地位，基本能保障教师参与学校事务。但广州科技职业技术大学、广东工商职业技术大学、重庆机电职业技术大学、成都艺术职业大学和广西城市职业大学的得分仅为 60 分，刚刚达到合格标准，说明一些职业本科试点大学在教师的选拔、评价和激励方面存在问题，这可能导致教师队伍的整体质量和专业水平不高。因此，职业本科试点大学亟须建立完善的教师治理体系，包括严格的教师选拔标准、科学的评价体系和激励机制。应该注重教师的学术背景、教

学经验和实践能力，并为优秀的教师提供晋升和奖励的机制。同时，加强教师职业发展培训，提升教师的教学能力和专业素养。

（2）社会参与机制不完善

"社会参与机制"指高校应充分吸纳社会力量，保障社会参与高校治理，构建新型高校与社会关系，促进高等院校健康发展。总体来说，各学校的社会参与机制均达到了合格水平，说明各学校能保障行业主管部门、工会和中华职业教育社等群团组织、行业组织、企业、事业单位等基本能够参与办学，有一定的措施保障。但西安信息职业大学、山东外事职业大学、重庆机电职业技术大学、成都艺术职业大学和海南科技职业大学的评估得分仅为60分，说明一些职业本科试点大学应该进一步完善社会参与机制，加强与社会各界的联系。同时，与相关行业和社会组织建立有效的联络网络，积极开展社会实践、志愿服务和校外实习等活动，提升学生的综合素质和职业能力。

（3）基础设施、办学经费、校内实训基地等不达标

职业本科大学在基础设施、办学经费、校内实训基地建设方面存在明显短板，亟待改进以提升教育质量。首先，学校基础设施是保证教育教学活动正常开展的基础。然而，评估结果显示，包括重庆机电职业技术大学在内的多所职业本科大学在基础设施方面得分未达到合格水平。这些学校在占地面积、校舍面积、仪器设备配备、图书资源和智慧校园建设等关键指标上均存在不足。其次，办学经费不足也是制约职业本科大学发展的重要因素。经费是学校运营和发展的血液，缺乏足够的经费将严重影响学校在教学、研究和师资培养等方面的投入。评估结果显示，部分学校在经费收入和经费支出方面均未达到合格标准，这表明这些学校学费收入用于教学的比例较低，办学经费紧张。再次，校内实训基地建设对于职业本科大学来说至关重要。实训基地是学生实践技能学习的重要场所，对于提高学生的实际操作能力和职业素养具有重要意义。然而，评估结果显示，多所学校在校内实训基地建设方面存在明显不足，尤其是一些学校的评分极低，亟须改进。

（4）校企合作受阻

通过校企合作，学校可以更好地了解行业需求，调整教学内容和方式，培养更多符合社会需求的高素质人才。职业本科大学"合作企业数量及规模"评估结果显示，广州科技职业技术大学和成都艺术职业大学的得分分别为35.2分和36分，未达到合格标准，说明学校应该增加校外实训基地的数量，不断扩大校外实训基地的规模，以满足学生的实训需求。"校企合作项目"评估结果显示，山东工程职业技术大学、重庆机电职业技术大学和成都艺术职业大学的得分分别为10分、50分和12分，未达到合格标准，说明学校应该加强与校外企业的合作。校企合作受阻意味着职业本科大学与企业之间的合作关系不够紧密或存在一些障碍。这可能导致学校无法有效地与行业进行对接，限制了学生的实践机会、就业技能培养以及教学和科研的实际应用。因此，各职业本科大学应该加强校企合作，采取加强沟通与合作意识、制定具体的合作机制、打造产学研一体化平台、建立双向培养机制和加强交流活动等措施，为学生提供更多的实践机会和职业发展支持，同时促进学校的教学和科研与实际应用相结合，提升教育质量和培养质量。

（5）师资队伍数量、结构、能力均存在较大问题

在职业本科试点大学的评估中，显示出教学资源的多个不足与待提升之处。首先，生师比未达到合格标准的学校有广东工商职业技术大学、重庆机电职业技术大学等，这反映了学生与教师的数量比例失衡，可能影响教学质量。因此，这些学校需要通过调整招生规模、增加教师数量或提高教学效率等方式来优化生师比。其次，"双师型"教师的不足也是一个问题。西安信息职业大学、广东工商职业技术大学等在"双师型"教师占比上表现不佳，这影响构建理论与实践相结合的教学模式。针对这一问题，学校应加大引进和培养具备实践经验的教师的力度。另外，企业兼职教师的缺乏也值得关注。多所学校在此项评估中得分较低，表明学生缺乏从具有实际行业经验的教师那里学习的机会。因此，与企业建立更紧密的合作，吸引更多企业兼职教师参与教学是必要的。教师素质与能力方面，成都艺术职业大学等学校的评估结果显示其还有提升空间。学校应通过培训计划、学术交流等方式，不

断提升教师的专业素养和教学能力。最后，教师培养培训机制不足也是一个普遍问题。除了重庆机电职业技术大学外，其他试点大学的评估结果均未达标。这要求各学校建立完善的教师培训体系，以满足教师在不同职业发展阶段的需求，从而促进教学质量的整体提升。

3. 办学过程方面，课程、教学、教材、实践多方面差强人意

办学过程的相关评估主要体现为一级指标"教育教学"。办学过程主要是学校开展教育教学的过程。在教学过程中，学校会组织教师进行教学活动，提供全面的学科知识和实践技能培养。学生进行课堂学习、实验实训、实习实践等教学活动，以提高自己的专业素养和实际操作能力。总体来说，职业本科试点大学有效开展了教育教学活动，能够促进学生发展，但仍在专业建设、课程建设、教材建设、实践教学和国际合作中存在问题，有待解决。

（1）专业标志性成果不足

"专业标志性成果"评估结果显示，山东外事职业技术大学和成都艺术职业大学的评估得分未达到合格标准，得分分别为 12 分和 48 分，说明这两所学校应该进一步加强专业设置与调整，积极创造专业标志性成果。同时，各职业本科大学应该开展市场调研、了解就业需求、合理设置专业方向和课程内容。与行业企业合作，设置专业顾问和实习指导，确保专业设置与市场需求相匹配。

（2）课程建设有待提高

课程建设是提高教学质量、深化教学改革的综合性整体建设，深入开展课程建设的研究与实践，对提高课程建设的质量起到了重要推动作用。职业本科大学的"课程建设"评估结果显示，西安信息职业大学、广东工商职业技术大学、重庆机电职业技术大学、成都艺术职业大学和广西城市职业大学的得分低于合格标准，说明这几所学校的课程建设有待进一步提升。因此，各职业本科大学应该定期进行课程评估和更新，关注行业新技术、新需求，提供前沿知识和实践培训，促进课程与行业接轨，确保课程设置能够培养学生所需的专业技能和素养。

（3）校本教材建设受阻

教材建设是学校教材建设的重要组成部分，对推动学校教育教学改革、提高教学质量和师资队伍水平起着至关重要的作用，教材建设的评估结果显示，职业本科大学的教材建设情况不容乐观，绝大多数学校未达到合格标准。尤其在校本教材建设方面，山东外事职业大学、山东外国语职业技术大学等9所学校未达到合格标准，说明各学校的教材建设有待进一步提高。因此，职业本科大学应该建立教材建设机制，鼓励教师参与编写或选择相关教材。利用信息技术手段，提供多样化的教学资源，包括电子教材、在线数据库等，确保教材内容准确、全面，并与实际教学内容相匹配。根据学校实际情况开设校本课程，编写优质校本教材。

（4）实践教学安排不合理

实践教学是基于实践的教育理念与教育活动，职业本科大学的"实践教学"评估结果显示，西安信息职业大学、重庆机电职业技术大学、成都艺术职业大学、广西城市职业大学和海南科技职业大学并未达到合格标准。在"实践教学内容与体系"评估中，广西城市职业大学得分仅为30分，在"实习与实训"评估中，重庆机电职业技术大学评估得分为30分，说明各职业本科大学的实践教学有待进一步提升。各学校应该加强与行业的合作，为学生提供实习实训机会，与企业共同组织实践项目，培养学生的实践能力和职业素养。建立一套完善的实践教学评价机制，对学生实践成果进行评估。

（5）国际合作交流欠缺

职业本科大学"国际合作"评估结果显示，西安信息职业大学、重庆机电职业技术大学、广西城市职业大学和海南科技职业大学未达到合格标准。说明职业本科大学存在国际交流的机会和平台有限、教师和学生参与意愿不足等问题，因此各学校应该积极寻求与国外高校建立合作关系，并开展交流项目。与国外教育机构、行业协会等建立合作伙伴关系，拓宽合作渠道。参加国际教育展览和研讨会，寻找合作机会。寻求国内外资助和支持，如政府拨款、企业赞助、国际合作项目基金等。合理规划和管理教育资源，确保有效利用有限的资金和设施。

4. 办学结果方面，学生学业、社会贡献等方面有较大提升空间

办学结果的相关评估主要体现为一级指标"学生发展"和"科研与社会服务"。职业本科大学的办学结果包括学生就业率、就业质量、就业满意度、科学研究和社会服务等方面，这些指标反映了学校的教学质量、学生发展支持以及科研服务的影响力。总体来说，职业本科大学的办学结果有效达到了培养学生、发展科研、服务社会的目的，但仍存在学生管理、就业支持、科研经费、社会服务、技术成果转化等方面的挑战。

（1）学生管理关注不足

学生管理是指高校学生管理工作者通过各种手段，对学生在校期间的学习、生活和行为进行管理和规范，旨在维护高校正常的教育教学秩序，促进学生发展。"学生管理"评估结果显示，山东外事职业大学、山东外国语职业技术大学和山东工程职业技术大学的评估得分未达到合格标准。其中，学生奖助评估中，山东外事职业大学和山东外国语职业技术大学得分分别为22.98分和21.48分，未达到合格标准。因此，各职业本科大学应该建立健全的学生发展辅导体系，加强学业指导和生涯规划指导，帮助学生明确学习目标和职业规划。提供多样化的课外活动和社团组织，促进学生全面发展。

（2）学生就业不容乐观

职业本科大学毕业生的就业率、就业对口率、毕业生薪资水平情况不容乐观。职业本科大学"就业率"评估结果显示，山东工程职业技术大学、广西城市职业大学和海南科技职业大学未达到合格标准。学生的"就业对口率"评估结果显示，山东外事职业大学、广州科技职业技术大学和成都艺术职业大学未达到合格标准。而"毕业生薪资水平"评估结果显示山东外事职业大学、广州科技职业技术大学和重庆机电职业技术大学未达到合格标准。因此，各职业本科大学应该注重加强与企业的合作，建立就业指导中心，提供就业咨询和岗位推荐服务。调整课程设置，注重培养学生的就业能力和实践技能，开展职业生涯规划教育，提高毕业生的就业竞争力。

（3）科研经费不足

职业本科大学"横向科研项目经费"的评估结果显示，西安信息职业

大学、广州科技职业技术大学、广东工商职业技术大学、成都艺术职业大学、广西城市职业大学和海南科技职业大学的得分分别为 32.1 分、6.9 分、34.144 分、5.01 分、43.55 分和 40.5 分，远未达合格标准。科研经费不足，则很难支持学校科研活动的开展。因此，职业本科试点大学应该争取更多的科研经费投入，提升学校的科研实力。积极申请国家、地方和企业的科研项目资助，加强科研成果转化和产业合作，增加科研经费来源多样性。鼓励师生参与科研竞赛和学术交流，提高学校的学术声誉。

（4）社会服务有待提升

非学历教育是指高校在学历教育之外面向社会举办的，以提升受教育者专业素质、职业技能、文化水平或者满足个人兴趣等为目的的各类培训、进修、研修、辅导等教育活动。职业本科大学"非学历培训人数"评估结果显示，重庆机电职业技术大学和成都艺术职业大学得分分别为 48.3 分和 49.95 分，未达到合格标准，说明其非学历教育有待进一步提升。为了进一步提升职业本科试点大学的社会服务，各学校应该积极参与公益活动，与社会各界建立更紧密的联系。开展实践教学项目，为学生提供机会参与社区服务、志愿者活动等，培养学生的社会责任感和公民意识。

（5）技术成果转化受阻

高校科技成果转化指学校师生员工将具有实用价值的科技成果进行后续试验、开发、应用、推广，直至形成新产品、新工艺、新材料，发展新产业等活动。职业本科大学"技术研发项目"评估结果显示，广州科技职业技术大学、重庆机电职业技术大学、成都艺术职业大学和海南科技职业大学未达到合格标准，说明这几所学校未能将有价值的科技成果转化为新产品，达到服务社会的目的。为了提高职业本科试点大学技术成果转化的情况，各学校应该加强技术转化和创新创业支持，鼓励教师和学生进行科技成果的转化与商业化。建立科技孵化基地或创业孵化器，提供资源和支持，帮助教师和学生将创新成果转化为实际应用。

（三）结语

为了全面提升职业本科教育水平，必须从办学背景、资源、过程和结果等多个维度出发，实施一系列综合性的改进措施，以达到提升教育质量、培养更多高素质职业人才的目标。为了全面提升职业本科教育的水平，必须系统性地应对和解决上述问题。这意味着需要从多个角度出发，对职业本科教育进行全面的审视和改进。首先，从办学背景上来看，学校应重新审视和调整其发展规划，确保目标的清晰性和措施的可行性，同时明确人才培养的方向，使之更加符合社会和行业的需求。其次，在资源层面，必须加强社会参与、深化校企合作，充分利用外部资源丰富教学内容、增加实践机会。此外，师资队伍的建设也至关重要，不仅要在数量上增加，更要在质量上有所提升，确保教师具备"双师型"素质，既能教授理论知识，又能指导学生实践。再次，从办学过程来看，课程体系的优化、教学方法的创新、教材内容的更新以及实践环节的加强都是必不可少的。这些方面的改进将直接影响学生的学习效果和实践能力。最后，在办学结果方面，要密切关注学生的学业成绩和社会贡献，以此作为衡量教育质量的重要指标。通过持续监测和评估，及时调整教育策略，确保教育目标的实现。

第五章　职业本科大学高质量发展的
政策诉求与政策扩散

随着我国产业升级和经济发展，高等职业教育升本政策逐渐成为教育领域关注的热点。本章第一节"高职升本政策诉求与政策扩散"深入探讨了这一政策的发展脉络、扩散动力、可选模式以及应然原则与规范体系。从学界争鸣、政策钟摆到市场规则下的"买卖需求"驱动力，再到高校内部教育系统的"发展资源"竞争力，全面剖析了高职升本政策的多维动因。同时，还探讨了政策扩散的可选模式与可能问题，提出了防止低质量、类型错位、需求错位以及挤压低层次职业教育等问题的策略。最后，明确了高职升本政策扩散的应然原则与规范体系，为政策制定与实施提供了理论支撑。第二节"职业教育升本政策分析：试点扩散与风险防控"则进一步聚焦职业教育升本的政策溯源、动因分析以及政策扩散的理论与实践。从政策试点到政策扩散，深入探讨了职业教育升本的现象、特征、模式与设想。同时，还预估了职业教育升本政策扩散的趋势，并提出了可能面临的问题。针对这些问题，着重探讨了风险防控策略与质量保障体系的构建，旨在为职业教育升本政策的稳健推进提供有力保障。

第一节　高职升本政策诉求与政策扩散

随着本科层次职业教育试点政策的纵深推进，由政策试点转入政策扩散成为可能，进而选择什么样的政策扩散模式亟待研究。2014 年，职业教育和普通教育在官方政策层面首次取得了"不同类型，同等重要"的地位。[①]在实践层面，2019 年以来已有多所本科层次职业教育试点大学。在整个高等教育界普通教育和职业教育成为并驾齐驱的两驾马车。2021 年，《关于推动现代职业教育高质量发展的意见》明确指出，到 2025 年，职业本科教育招生规模不低于高等职业教育招生规模的 10%。[②]可见，未来一段时间我国高职升本政策扩散成为政策趋势，故而，本节梳理了我国高职升本政策扩散的历史进程和基本动力，分析高职升本政策的最佳模式，以期消解高职升本政策的负面影响，规范高职升本政策，进而服务于职业本科教育高质量发展。

一　高职升本政策的发展脉络与政策扩散的动力源

在过去一段时间，高职和本科之间属于类型关系还是层级关系，在理论界、政策层和高校群体有过争论，政策在高职能否升本方面波动明显，有启动、停滞、叫停、重启等变化。可以发现当前我国"本科层次职业试点"具有极强的时代特征和内外部动力，这些职业教育利益相关者共同促进并推动着职业本科教育政策扩散。

（一）高职升本的学界争鸣与政策探索

1. 高职能否升本，学术界长期存在争论

高等职业教育和普通教育两者之间究竟是层次关系还是类型关系，虽不再是学界争论的焦点，但这种争论也没有完全停止。支持高职升为本科的主要理论依据有四个。一是认为高职升为本科是国际惯例。比如英国、德国、法国等国家都设立了本科层次的职业教育。二是当前在国际高等职业教育分

---

① 国务院关于印发国家职业教育改革实施方案的通知［EB/OL］．（2019-02-13）［2024-02-13］．http：//www.gov.cn/zhengce/content/2019-02/13/content_5365341.htm.

② 中共中央办公厅 国务院办公厅印发《关于推动现代职业教育高质量发展的意见》［EB/OL］．（2021-10-12）［2024-02-13］．https://www.gov.cn/zhengce/2021-10/12/content_5642120.htm？eqid=ef85b41d0000cf39000000046497a127.

类上也有本科层次的职业教育。三是职业教育本科层次是经济、产业和行业升级的客观需求。四是可以满足人民群众对本科层次、优质教育、更高层次教育的需求，是以"人民为中心"办教育的具体体现。①

反对高职升为本科的观点主要基于如下理由。核心观点认为高职和普通教育比起来本身就是职业教育专科层次教育，故意拔高高职是一种揠苗助长的行为。由此，会引发一系列问题。第一，高职升本了以后，可能会像英国那样，在短暂的职业本科教育后滑向普通高等教育。第二，高职升本不是对职业教育的重视，反而会挤压职业教育系统里面原有的专科层次和中职层次，让学生更加趋向于读本科层次职业教育，或者是本科层次普通教育，挤压了职业教育的生存空间。第三，升本的职业学校，表面上满足了人民对本科层次职业教育的需要，事实上依旧是职业教育，最终学生还需要回炉进行教育，既浪费学生时间，更加浪费了社会资源。②

高职升本有两种方式。一种是二分法，即将普通教育以外的所有教育纳入职业教育体系，建立本、硕、博层次的上升通道。另外一种是三分法，设立专业学位、职业学位和学术学位。以上两种方式，均以构建中国特色的高等职业教育体系为奋斗方向，成为高等职业教育高知、高层群体的主流呼声。

2. 高职能否升本，政策探索中呈现"放、收、放"特征

我国政府在高职能否升为本科这个问题上总体而言有"放、收、放"三个阶段。③ 20 个世纪末，大批中职学校升为高职，有一部分发展迅速的学校，赶上了国家的发展期，成为新建的本科，此后在人才培养方面重视研究、重视综合性发展，逐渐失去了职业教育原有的职业类型属性。④ 国家发现高职升本普通教育化以后，便开始收紧升本政策。2006 年开始，严禁所

---

①　王彤，朱科蓉. 高职专升本教育的定位分析与改革研究 [J]. 职教论坛，2011，(13)：21-24.

②　孙平. 高职院校"升本"冲动的反身性研究 [J]. 深圳大学学报（人文社会科学版），2014，31（04）：155-160.

③　李红卫. 我国高职专升本政策回顾与展望——兼论我国发展高职本科的路径 [J]. 职教论坛，2010，(07)：29-32.

④　孙云志. 高职院校升本议题的"政策博弈" [J]. 教育与职业，2013，(32)：5-8.

有的高职学校升本。^① 直至 2014 年，国务院出台关于大力发展职业教育的政策，才在政策层面对近 10 年来职业教育无法升本的限制有所放宽。到了 2019 年，首批 15 所民办学校被选为职业本科试点大学，极大地鼓舞了高职教育和理论界。这一策略与我国大力发展职业教育的时代背景密切相关，同时也与我国产业和行业人才严重匮乏的现状，以及当前国家对"双一流"高校建设的重视所引发的职业教育与普通本科教育不对等的实际情况紧密相连。

（二）基于高校外部市场规则的供求关系驱动力

高等职业专科学校有极强升本诉求和冲动，是内部和外部合力使然。通过对职业本科大学外部的产业、家长、学生以及买方、卖方市场的利益分析，可以探析高职专科升本的动力源泉。

1. 时代产业和企业对高学历技术人才需要

层次质量对于满足社会产业人才需求具有重要意义，因为它能确保人才的供给与需求在层次上相匹配。专科教育与本科教育在人才培养上存在质的差异，而职业教育与普通教育之间的差异则体现在类别上。满足本科层次的社会产业人才需求，需要相应层次的人才供给。这种需求不仅源于产业对高层次专业技术人才的渴求，也符合企业对本科层次职业技术人才的规格要求。此外，本科层次职业教育产业人才的供给具有双重意义。首先，它使本科层次的人才能够直接对接社会产业的需求；其次，从需求侧来看，这种供给增加了对本科层次职业教育人才的吸引力，为其提供了更广阔的发展空间。因此，对于职业教育产业而言，层次质量是确保持续、稳定人才供给的关键因素。

具体而言，从类型诉求视角看，技术人才结构性短缺是人才市场供需的主要矛盾。类型诉求指的是职业本科大学属于职业教育的产业属性特点，是整个社会对本科层次职业教育类型的要求，这同我们国家技术人才结构性短缺紧密相关，是外部诉求的整体体现。潘懋元指出教育必须与政治经济文化

---

① 黄文伟. 我国高职院校升格的政策学分析［J］. 教育与职业，2011，（08）：14-16.

相适应或相结合，我们国家的教育必须同社会实践和生产活动相结合，这是职业教育属性的类型诉求，也是职业教育的时代特点。① 从层次诉求视角看，用层次换类型是当下我国职业教育升本的时代特征。

2. 按照学历定价的薪酬分配模式是大多企业的参照依据

虽然"高学历并非高收入的护身符"②"过度教育者的收入仍然显著低于适度教育者"③，但仍有研究表明，个人收入受学历、工作年限、性别、行业和地域等多重因素影响，因此尽可能多地接受学校教育是有价值的，学历越高，劳动收入也通常越高。不同学生的教育选择策略也有所不同，成绩优秀的学生可选择从高中到博士的升学路径，而成绩较差的学生选择中职教育更有利，但无论家庭经济条件如何，都不建议初中毕业后中断学业。④ 学历依然是企业单位职工收入的重要考量因素之一。虽然许多企业采用多元化的薪酬分配方式，但学历定价的分配模式在大多数企业中仍占据主导地位。这种模式不仅直接影响职工的绩效收入，还通过职称评定、岗位聘用、晋升等其他政策间接影响二次薪酬分配，从而导致职工间的收入差距。这也就不难理解，为何企业、家长和学生对本科学历及学校有着如此强烈的追求。⑤

（三）基于高校内部教育系统的发展资源竞争力

专科学校升格为本科学校需要高校领导、学生、教职工等群体形成共同的组织愿景和强大内部驱动力。在我国，高职教育长期属于专科层次，但由于历史背景和国际惯例，高职教育对升本的诉求持续存在。目前，国家已开始本科层次职业教育试点，为"双高"院校树立了榜样。基于此，高职群体将高职升本与专业学位等纳入自己的体系，并将应用型本科也纳入职业教育体系，旨在壮大自己的队伍。它们认为职业教育与普通教育同样重要，是

① 孟庆男. 本科层次职业教育试点探究［J］. 职教论坛，2021，37（12）：79-85.
② 信力建. 高学历并非高收入的护身符［J］. 教育与职业，2006，（22）：70-71.
③ 李骏. 中国高学历劳动者的教育匹配与收入回报［J］. 社会，2016，36（03）：64-85.
④ 周洁，张俊. 中等教育分流与收入差异——普通高中与中等职业学历教育收益率的比较研究［J］. 教育学术月刊，2019，（12）：94-100.
⑤ 车静. 地方院校"专升本"热的政策反思与建议［J］. 理论导刊，2007，（09）：49-52.

构成高等教育的重要组成部分。①

1. 高职学校的升格愿景

在我们国家体制下，组织的战略行为主要由组织的领导者决定。高等学校实行的是党委领导下的校长负责制或董事会领导下的校长负责制，这构成了我国高等教育的行政体制等级。高等学校的正、副校长级别从省部级到副处级不等，相应级别享有相应待遇。对于学校领导来说，能够实现向本科学校的横向流动对其职业生涯至关重要。因此，将专科学校升格为本科学校是高职学校领导职业发展的重要考量因素之一。与此相关的高职学校领导大多为处级干部，若学校能整体升为本科，则意味着学校所有人员能够升格一级，这不仅关系到工资待遇，更影响个人发展。这一愿景因此成为组织的共同目标。②

2. 高职学校利益群体共谋获得更多发展资源空间诉求

许多与职业学校相关的机构和高职学校共同构成了高职升本的利益共同体，他们携手合作，积极推动高职学校升格为本科院校。例如，职业本科学校的合作企业在学校升本后可以吸引更多优质生源，增加学费收入，从而提升自身竞争力。同时，已毕业的校友也期望通过母校的升格来实现自身学历的增值。高职学校的教师是升本的重要力量，由于本科层次教师在岗位结构、指标数量和学费收益等方面相较专科教师有更多优势，因此他们也会积极支持学校升格。总的来说，高职学校群体内部的利益共谋，为高职学校升格为本科院校提供了强大的合力和动力。

二 高职升本政策扩散的可选模式与可能问题

高职升本的可能推进模式，源自不同的思维方式和逻辑，主要有按照产业层级体系逻辑的产业模式、按照学科专业体系逻辑的学科模式、按照学校

---

① 裴云. 论应用技术大学背景下现行高职院校升本分析 [J]. 继续教育研究, 2015, (03): 30-32.

② 陈宝华, 陈朝萌. 高职院校"升格热"背后的政策反思 [J]. 职业技术教育, 2006, 27 (07): 9-11.

所在省份均衡分布的区域均衡模式和按照学校发展水平指标获得机会的竞赛模式，不同模式各有利弊。现阶段我国升本采取的是试点模式，试点模式会引发溢出效应。①

（一）高职升本政策扩散的可选模式

1. 按照产业层级体系逻辑的产业模式

按照产业层级体系逻辑的产业模式是升本的一种选择。这种选择主要是按照当前我国经济社会发展的产业需求逻辑展开的。其实就是紧密对接外部产业的模式。

这种模式的基本做法如下。第一步，根据产业的需要进行整体梳理和宏观把握，制定产业需求的人才类型、数量和结构。第二步，按照产业所需人才的结构、数量和时间进度，物色相应的学校进行升本，并且控制其人才规模和人才数量以对接产业需要为目的，设置培养模式。第三步，学校完全按照产业所需要的人才规格进行培养。第四步，输出产业所需要的人才。

这样的好处就是理想化地按照产业发展的趋势进行产业化，和高职学校升本进行对接，能够一定程度上体现职业教育本科层次的学校和产业之间的合作，但是它有一定的弊端。一是可能过于理想化，人才培养和产业相对来说存在算不准的可能。二是以产业为导向的人才培养模式，忽视了个人的个体选择，也忽视了人的终身发展需要。三是会存在省份之间由于经济发展水平不平衡造成的不均衡等情况。

2. 按照学科专业体系逻辑的学科模式

以学科专业体系为逻辑的学科模式主要是按照国家现有职业教育的规模、层次、数量、结构、比例、重视程度，进行的职业教育本科化或者是职业教育本科层次的推进模式。

按照我国职业教育水平层次的高低，对学科专业的整个发展水平进行排序，哪些是优势的学科专业，可能给未来的产业、未来的经济带来怎样的帮

---

① 周国华. 教育政策空间：必要性、产生根源与社会诉求［J］. 教育学术月刊，2008，（08）：3-5，16.

助，根据产业的优势，结合高等学校的学科优势发展职业教育。其优势就在于从学科的逻辑出发，从专业的逻辑出发，能够保证学科之间的体系比较完善，产业链比较清晰，学科之间的紧密度对知识体系的完备和厚实程度有所帮助，但是其不足之处在于过分重视学科专业，可能和当时当下的需求存在一定的距离，同产业的紧密性结合可能不够。

3. 按照学校所在省份均衡分布的区域均衡模式

按照所在省份均衡分布的区域均衡模式，主要考虑到我国区域比较广阔，现阶段的职业本科试点大学基本上是按照省份的均衡分布的，就是按照各个省份的高等职业教育的数量和产业结构，分配一定比例的指标，然后各个省份按自己的情况报给国家，根据产业和区域之间的匹配互补，形成一定的结构。此处优先考虑区域结构，考虑所在区域生源，或者所在区域产业之间的均衡。

这是一种自上而下的推进模式，根据某个省的产业需求或者是某个省的高职数量统筹考虑，以省份之间的均衡分布为第一原则，在此基础上要充分考虑到各个产业，或者各个学校和所在区域之间的紧密关系。

这种模式优点就在于从整个高等教育的布局看，各个省份之间相对能够平衡，各省学生的专科升本机制也能够形成，有利于下一阶段整体有序发展。其不足之处在于没有考虑到产业的需求情况，也可能没有考虑到学科自身发展的规律性，会出现过度计划，对学科造成冲击。

4. 按照学校发展水平指标获得机会的竞赛模式

按照学校发展水平指标获得机会的竞赛模式，这种模式主要是以优势学科和现阶段我国关于高等职业教育专科的层次分类为依据的。[①] 在高职领域现阶段有很多示范校、"双高"院校，依然存在类似锦标赛的做法，这些学校已经形成了职业教育领域的金字塔，它们在各自的体系里有自己的生存法则。现阶段职业教育体系里最优秀的一部分，主要是高水平高职和高水平专

---

① 李妮，阮宜扬. 职业院校部分专业率先升本的政策意涵及组织困境 [J]. 云南开放大学学报，2023，25（01）：69-74+102.

业群所在学校，如果从优秀的高职办本科的角度讲，他们最应该成为优先的升本群体，但是为什么我们国家没有这么做呢？可能是考虑到如下几种情况：一是"双高"院校支持竞赛的模式还没有完成制度设计，政府暂且不允许他们去参与另外一个"政策项目"，也可能产生本科试点政策之间的冲突；二是"双高"院校可能会不能安心进行职业教育类型建设，反而会将精力或资源转向本科层次上。

总体而言，按照学校发展水平指标获得竞赛的机会，可能会存在另外的问题。优点在于让高水平的学校优先发展，保证高职的教育质量，缺点在于原来优秀的高职，其模式不见得是出于与产业需求对接，可能是另外一种变相的科研或者是其指标体系本身存在问题，这样做可能导致学校之间发展不平衡。在不同的区域，如东部沿海高职的升本比例，远远大于内地，和原有的试点存在不均衡有关，这可能又会引发新一轮的人才竞争和流失。这些都不是政府和民众所愿意看到的。

（二）高职升本政策的期待与可能问题

《关于推动现代职业教育高质量发展的意见》明确指出了我国职业本科高校的政策指向："稳步发展职业本科教育，高标准建设职业本科学校和专业，保持职业教育办学方向不变、培养模式不变、特色发展不变。一体化设计职业教育人才培养体系，推动各层次职业教育专业设置、培养目标、课程体系、培养方案衔接，支持在培养周期长、技能要求高的专业领域实施长学制培养。鼓励应用型本科学校开展职业本科教育。按照专业大致对口原则，指导应用型本科学校、职业本科学校吸引更多中高职毕业生报考。"①

实践层面，我国职业本科试点高校的质量并不乐观。笔者依托 2020 年国家社科基金立项项目，开展首批"本科层次高等职业教育试点大学"运

---

① 中共中央办公厅 国务院办公厅印发《关于推动现代职业教育高质量发展的意见》［EB/OL］. （2021-10-12）［2024-02-13］. http://www.moe.gov.cn/jyb_xxgk/moe_1777/moe_1778/ 202110/t20211012_571737.html.

行监测研究，构建了指标体系，[①] 对首批 15 所职业本科大学的办学定位、院校治理、办学条件、师资队伍、教育教学、学生发展和科研与社会服务等方面进行质量评估。[②] 分析发现，首批试点职业大学年度质量报告的填报工作存在本专科专业混淆、内容有待进一步细化、数据的可靠性和真实性有待考量，以及数据的规范性有待进一步提升等问题。研究发现，在实际办学过程中，首批试点职业大学存在学校办学规划不准确、基础设施不达标、教学管理机制不完善、校企合作受阻、专业标志性成果不足、技术成果转化困难等问题。这些问题必须引起试点职业大学和相关教育管理部门的高度重视，进一步提升试点职业大学的办学质量和人才培养质量，促进高等职业教育的发展。

结合当前我国职业本科高校的政策问题和调查研究，理论上高职政策扩散后升本高校需要注意以下几点。

1. 防止升本后的本科教育还是专科层次的低质量

高职升本可能会存在质量问题，质量问题主要体现在两个方面。一方面是类型问题，另一方面是层次问题。虽然学校获批为本科层次，专业获批为本科专业，但是仅仅是量的叠加，课程时间拉长，学费增加，学生的质量并没有从专科层次提升为本科，学生的人才培养规格并没有发生质的变化，仍4年制的专科水平，仅多了一个本科学位证。

2. 防止职业教育划入普通教育的类型问题

有些人认为，当前的本科高职是原来的专科高职升格而来的，所以他们不会划入普通教育，这里存在认识误区。现在所有的新建应用型本科学校，都可以归结为向应用型转型学校，没有学校公开承认他们属于职业教育类型。[③] 现阶段，国家将高等教育分为职业型教育、学术型教育、应用型教育三类。2014 年，国务院发布关于大力发展职业教育的有关规定，试图将应

① 李慧心. 职业本科大学办学质量评估指标体系构建研究［D］. 西安：西安外国语大学，2023.
② 陕西省社会科学院.《首批试点职业大学 2023 年度质量年报分析报告》发布［EB/OL］. (2023-09-15)［2024-02-13］. http：//www. sxsky. org. cn/detail/8152.
③ 姬慧，周璠. 高职"专升本"存在的问题与对策分析［J］. 教育理论与实践，2009，29 (18)：26-27.

用型本科高校归为职业本科教育。因此，升本的高职转向普通高等教育的情况是可能发生的。这种诱因一方面来自原有的应用型本科高校，另一方面现有的高职类的职业教育面临着普通教育的外在评价标准和经费拨款，职业教育划入普通教育的内外部环境依然存在。[①]

3. 防止培养人才标准同社会需求的不匹配问题

虽然，理想情况是现有的本科层次职业教育在类型上属于职业教育，层次上属于本科教育，但实际上其和现实社会产业需求可能存在错位。本科层次职业教育培养的人才规格应和现有的社会需求相结合，这里的社会需求包含三个层面：一是家长对学校的升学需求，二是培养的人才同社会产业企业的需求，三是人才的数量或者人才的规格与专业和社会的需求相契合。反之，高职升本高校培养的人才的能力和水平同产业有错位、同社会需求有错位，则是本科层次职业教育不达标的重要表现之一。[②]

4. 防止冲击专科层次和中专层次的职业教育

高等职业教育本科层次出现以后，专科层次就成为第一层次的教育。本科层次的职业教育在高考录取以及在学生的工资待遇方面，本科层次的职业教育一定会挤压专科层次的职业教育，间接地挤压了中专层次的职业教育。如何保证本科层次的职业教育在生态位里边不挤压专科层次和中专层次的职业教育，这也是一个重大的命题。

三 高职升本政策扩散的应然原则与规范体系

党的二十大强调，以人民为中心是我国教育政策的主流思想，满足人民日益增长的教育需求是当前国家政策的整体要求。人民对职业本科教育的期待，特别是专科学生对升本的渴望，反映了时代特征。同时，职业教育和普通教育已从分流转向协同发展。然而，随着高职学校升格为本科学校的试点比例逐渐扩大，质量问题必须引起重视，以防政策失控或调整带来的风险。

① 雷世平，姜群英. 专科高职院校升格本科的"政策口子"缘何不能开 [J]. 河南职业技术师范学院学报（职业教育版），2005，（01）：22-24.

② 李云华. 高职院校升本的困境与应对策略 [J]. 大众标准化，2021，（06）：190-192.

因此，在高职升本的过程中，必须严格控制质量，确保教育的高质量发展。无论选择哪种模式，都应该遵循应然的基本原则，基于此建成高职升本政策扩散的规范体系。

（一）高职升本政策扩散的应然原则

一是质量优先原则。在高职升本政策扩散过程中，应始终把教育质量放在首位。无论是在原有高职阶段还是在升本后的本科阶段，都要确保教育教学的质量，以培养出符合社会需求的高素质人才。

二是稳步推进原则。高职升本政策的扩散需要稳步进行，不能急于求成。各高职院校应根据自身实际情况，制订切实可行的升本计划，并逐步实施。同时，政府和教育部门也应给予适当的指导和支持，确保政策扩散的有序进行。

三是公平性原则。高职升本政策的扩散应坚持公平性原则，确保所有符合条件的高职院校都有机会升格为本科院校。在评估高职院校是否符合升本条件时，应采用统一、公开、透明的标准，避免出现不公平的现象。

四是可持续发展原则。高职升本政策的扩散不仅要考虑当前的利益，还要考虑未来的可持续发展。在推进高职升本的过程中，应注重提升高职院校的自我发展能力，确保其能够在未来保持持续稳定的发展态势。

五是市场需求导向原则。高职升本政策的扩散应紧密结合市场需求，根据经济社会发展的需要来调整和优化专业设置，以满足社会对高素质人才的需求。同时，政府和教育部门也应积极引导高职院校与产业界合作，推动产教融合，提高人才培养质量。

（二）高职升本政策扩散的规范体系

专科层次职业教育升为本科层次职业教育，最主要的是要实现教育政策理性的切实诉求，坚持以人为本，保证教育政策的内容合法化，建立公众参与机制，实现教育政策主体的多元化，理性决策，促进决策程序的民主化和科学化，改进教育政策执行模式，加强教育政策执行的监督。①

---

① 姚文峰．教育政策理性的现实诉求［J］．教育发展研究，2009，29（04）：24-27.

1. 着眼类型与层次质量，完善标准与监管政策体系

本科层次职业教育的类型和层次，是关注其质量的两个关键点。但现阶段，缺乏本科层次职业教育关于类型和层次的评价指标体系。因此，现阶段我国应尽快出台本科层次职业教育人才培养类型和人才培养层次的质量标准，并加强人才培养类型和人才培养层次质量的监管。监管要包括以下几个层面。第一，加强专业行业对试点学校的监管。第二，加大对申请试点学校是否达标的质量监管。第三，国家要开展本科层次试点大学层次类型质量的动态监测和质量评估，进行全方位的监管。第四，高等学校也必须按照国家的标准和质量监管开展内部质量机制建设。现阶段，高等学校内部质量的机制、体制标准和程序仍不完善。[①]

2. 着眼外部产业需求，实施专业动态调整的政策体系

职业教育和普通教育最大的区别就在于逻辑起点不一样，职业教育的逻辑起点是技术，而普通教育的逻辑起点是知识。基于技术的职业教育，必须和外部产业需求相对标，产业结构的专业和产业结构与职业教育的对接问题应进行三重对接和三重的动态调整和对标。一是职业教育整体类型和产业要实现对接，职业学校应和产业、企业、行业建立紧密的关系。二是职业学校里面的专业应和外在的产业对接，对标人才培养目标、人才培养规格、人才培养类型、人才培养过程。三是所有专业课程都应指向外部的产业、企业、行业。企业、产业的人才应和行业、产业形成动态的调整。

3. 着眼生态位体系，健全招生就业和中高职衔接政策体系

从生态位的角度建立中高职教育衔接的制度[②]和招生就业横向衔接制度。鉴于职业本科教育深受专科教育、普通教育影响，乃至挤压高职教育、中专教育，当下最主要的问题是要在招生和就业层面建立生态位的职业教育。一方面国家要给专科层次和中专层次的职业教育补偿，对升格本科层次的职业教育，在经费上要有限制，或者给专科层次和本科层次的职业教育以

① 陕西省社会科学院．《首批试点职业大学 2022 年度质量年报分析报告》发布 [EB/OL]．（2022-07-01）[2024-02-13]．http://www.sxsky.org.cn/detail/7154.

② 刘爱英．中高职教育衔接的政策诉求 [J]．中国职业技术教育，2014，(11)：30-35.

竞争上升的通道和机会。另一方面要建立合理的招生就业制度,良好的人才培养须有较好的生源支撑,只有较好的招生政策和就业政策协同,才能够反哺职业教育的类型教育。

4. 着眼职业学生终身发展,实现社会与个体统一政策体系

要构建高等教育、职业教育和终身教育三者融合的教育体系,终身教育、普通教育和职业教育共同的指向必须是个体人的需要,人的需要就实现了个体的社会和各级的统一,社会个体和人的统一共同构成了职业教育终身发展的逻辑起点。潘懋元先生指出,高等教育有两个规律,内部规律和外部规律,内部规律指的是人的培养必须与人的身心发展规律相适应;外部规律指的是教育必须同政治、经济、文化、人口等相适应,并且受其制约,且有一定的反作用。外部规律要通过内部规律来实现。

第二节 职业教育升本政策分析:试点 扩散与风险防控

我国本科层次职业教育经历了从理论呼吁到政策确认,再到实践试点阶段。在"教育强国"和"职业教育高质量发展"建设背景下,从政策学政策扩散理论视角分析职业高等教育升本政策试点行为,梳理高职院校升本政策扩散的利益相关者,讨论高职院校升本政策的试点扩散备选模式和可能走向,提出风险防控建议,对促进本科层次职业教育高质量发展具有重要的现实和理论意义。

一 职业教育升本的政策溯源与动因分析

探索和推进职业教育向本科层次的延伸,可以从政策溯源和动力分析两个维度,深入探讨我国高等职业学院升本的历史脉络及其背后的推动力量,进而可以充分理解职业教育升本的必要性和紧迫性,还能窥见未来职业教育发展的趋势和方向。

（一）我国高等职业学院升本的政策溯源

我国高等职业学院升本政策可以追溯到改革开放后。在 20 世纪 90 年代，我国高等职业教育得到了快速发展，并逐渐形成了以职业大学、职业技术学院、高等专科学校和成人高等学校为主体的多元化办学格局。这些学校主要招收普通高中和中等职业学校毕业生，开展专科层次的高等职业教育。随着社会经济的发展和产业结构的升级，我国开始重视高技能人才的培养。为了适应这一需求，教育部等部门于 1999 年提出了"三改一补"的政策，即通过改革高等专科学校、职业大学和成人高等学校来发展高等职业教育。[①] 这一政策标志着我国高等职业教育开始向规范化、标准化和优质化方向发展。此后，我国高等职业教育的发展进入了一个新阶段。2004 年，教育部印发了《关于进一步推进高职高专院校人才培养工作水平评估的若干意见》，提出要以评估为手段，推进高职高专院校加强教学基本建设，提高人才培养工作水平。这一政策的实施，进一步提高了我国高等职业教育的质量和水平。

2019 年《国家职业教育改革实施方案》提出开展本科层次职业教育试点。[②] 2021 年教育部办公厅印发《本科层次职业教育专业设置管理办法（试行）》的通知，坚持试点先行，[③] 指出本科层次的职业教育试点工作要稳步推进，应对职业本科专业设置与教学监管进行调整，强化周期性测量评估。国务院办公厅印发的《关于推动现代职业教育高质量发展的意见》中明确提出，到 2025 年，"职业本科教育招生规模不低于高等职业教育招生规模的 10%"的目标任务，这个数据标志着我国职业本科教育经过多年的探索实践后终于"落地"，并已经到了具体实施阶段。[④] 教育部在 2021 年颁布的《关于做好本科层次职业学校学士学位授权与授予工作的意见》中明确要求，

---

① 华玉，范红辉，李亚平等．唐山高等教育百年发展回顾与展望［J］．唐山学院学报，2012，25（06）：1-5.

② 苏志刚．本科层次职业教育的价值取向和路径选择［J］．职教论坛，2021，37（03）：31-35.

③ 教育部办公厅关于印发《本科层次职业教育专业设置管理办法（试行）》的通知：教职成厅〔2021〕1 号［A］．2021-01-22.

④ 国务院关于印发推动现代职业教育高质量发展的意见［EB/OL］．（2021-10-12）［2024-02-13］．https：//www.gov.cn/zhengce/2021-10/12/content_5642120.htm.

负责授予本科层次职业教育学士学位的单位，必须制定并实施与学士学位管理和质量保障相关的规章制度，严格按照法律法规进行学位授予工作，以保障本科层次职业教育学士学位的授予质量。[①]

（二）开展本科层次职业教育试点的动因

开展本科层次职业教育试点是适应经济和社会发展需求的必然选择，有助于提升职业教育的质量和水平，增强职业教育的社会认可度，促进经济和社会的发展。动因主要有以下四点。一是完善现代职业教育体系。随着社会经济的发展和产业结构的升级，我国需要培养更多高技能人才来满足经济和社会发展的需求。开展本科层次职业教育试点，有助于完善现代职业教育体系，培养更多高技能人才，推动经济和社会的发展。[②] 二是适应产业结构升级和经济发展需求。随着产业结构的升级和经济的发展，我国对高技能人才的需求越来越大。开展本科层次职业教育试点，可以培养更多具有高素质、高技能的人才，满足产业结构升级和经济发展的需求。[③] 三是提升职业教育质量和水平。开展本科层次职业教育试点，可以推动职业教育的改革和创新，提高职业教育的质量和水平。[④] 同时，也可以为职业教育提供更多的发展机会和空间，增强职业教育的吸引力。四是增强职业教育的社会认可度。长期以来，职业教育在我国的地位和认可度相对较低。开展本科层次职业教育试点，可以提升职业教育的社会认可度，增强职业教育的吸引力。[⑤] 同时，也可以为青年人提供更多的教育选择和发展机会，促进个人职业发展，实现自我价值。

[①] 关于做好本科层次职业学校学士学位授权与授予工作的意见 [EB/OL]. (2021-11-18) [2024-02-13]. http://www.moe.gov.cn/srcsite/A22/yjss_xwgl/moe_818/202112/t20211203_584502.html.

[②] 施星君，余闯. 职业本科专业评价设计的逻辑与路径 [J]. 中国高教研究，2022，(05)：102-108.

[③] 张卫民，刘芳雄，王建仙. 职业本科院校社会服务能力的政策愿景与提升路径 [J]. 江苏高教，2024，(02)：116-124.

[④] 梁克东. 职业本科教育的实践探索、发展瓶颈与推进策略 [J]. 中国高教研究，2021，(09)：98-102.

[⑤] 郝天聪，石伟平. 职业本科教育的社会认同困境及化解策略——社会建构主义知识论的视角 [J]. 南京师大学报（社会科学版），2022，(06)：34-43.

二　从政策试点到政策扩散视角下职业教育升本的理论分析

政策扩散是政策试点的新阶段。并非所有的政策试点都会引起政策扩散，但通过上述关于职业教育升本政策试点的动因及利益相关者分析，可知本科层次的职业教育政策试点必定会进入政策扩散阶段。政策扩散理论为进一步分析职业本科教育政策走向提供了视角与理论模型。

（一）政策试点理论关照的职业教育升本现象与特征

政策试点理论有其特有的含义及分析框架。政策试点理论认为，政策试点一般分为三类。首先，政策基层试点，一般选择少数几个地方或单位进行试点，以验证政策的可行性和效果。这种试点通常由地方政府或部门自行组织和实施，上级政府只是给予指导和监督。其次，综合改革试点，通常由上级政府主导，选择具有代表性的地区或单位进行多方面、多层次的改革试点。这种试点旨在探索全面深化改革的路径和模式，为更大范围的改革提供经验和借鉴。最后，政策创新试点，通常由地方政府或部门发起，针对某一具体政策领域或政策问题进行创新性探索。这种试点旨在推动政策创新，为全国范围内的政策制定和实施提供新的思路和方法。总体而言，这些政策试点具有以下特点。一是由点到面，政策试点通常先在少数地方或单位进行，验证政策的可行性和效果，然后逐步扩大到其他地区或单位。二是上下互动，政策试点过程中，上下级政府或部门之间存在密切的互动关系，上级政府给予指导和支持，下级政府或部门负责具体实施。三是动态调整，政策试点是一个动态的过程，需要根据试点情况及时调整和完善政策方案，以便更好地适应实际情况、满足改革需要。四是典型示范，政策试点通常会树立一些典型示范，通过宣传和推广优秀试点单位的经验和做法，激励其他地区或单位效仿和学习。

用政策试点理论分析当前我国实施的本科层次职业教育试点活动，以"试点的目的和目标""试点的方案和实施""试点的效果和影响""试点的经验和教训"为分析框架，发现当前我国本科层次职业教育试点政策的特征。

一是试点的目的和目标方面，我国开展本科层次职业教育试点的目的，主要是探索适应经济社会发展和产业结构升级需要的现代职业教育体系，提高人才培养质量和规格，推动职业教育向更高层次发展。其政策目标是通过试点工作，积累经验，发现问题，完善政策，为未来全面推广本科层次职业教育奠定基础。二是试点的方案和实施方面，我国选择了部分具有代表性的高职院校作为试点单位，并在这些学校中开展本科层次职业教育的试点工作。试点方案包括优化专业设置、加强师资队伍建设、推进产教融合等具体措施，以提升试点学校的办学条件和教学质量。同时，政府建立了完善的监测和评估机制，对试点工作进行全程跟踪和指导，确保试点的顺利进行。三是试点的效果和影响方面，通过试点工作的开展，我国本科层次职业教育得到了进一步发展，人才培养质量和规格得到了提升。试点学校的办学条件得到了明显改善，师资力量得到了增强，教学质量也得到了提高。同时，试点政策的实施也推动了职业教育的改革和创新，提高了职业教育的社会认可度。这些效果和影响为我国未来全面推广本科层次职业教育提供了有益的参考和借鉴。四是试点的经验和教训方面，首先，要重视试点的选择和准备。试点单位需要具备较好的办学条件和教学质量，能够代表职业教育的发展方向。其次，要注重试点的过程和效果监测。试点过程中需要不断总结经验教训，及时调整和完善政策措施。同时，要加强对试点效果的评估和监测，发现问题并及时解决。最后，要重视试点的总结和推广。试点工作结束后，需要总结经验教训，完善政策措施，为未来全面推广本科层次职业教育提供有益的参考和借鉴。

（二）政策扩散理论视角下职业教育升本模式与设想

政策扩散理论，在一定程度上和政策试点理论紧密相关，在时间序列上有先后的逻辑关系。德国学者韩博天通过解释改革开放以来中国经济腾飞的奇迹，提出了政策试验模型，认为中国政府经常运用一种"试点"的方法，即允许地方政府依照当地实际情况探索政策试点中解决问题的各种方法，若产生可迁移的成功经验将会被融合至中央政府制定的政策之中，而后在全国推广，形成"由点到面"的政策变迁。韩博天认为，大规模的分级制政策试验是我国政策变迁过程中的独特之处，它提供激励机制并支持地方政府开展政策试验，提高了中国政府的政策创新能力和适应能力。[1] 政策扩散，即指某一政策从其试点或发源地传播至其他地区，并被这些地区所采纳与推广的过程。当某一政府部门实施的新政策取得显著效果时，往往会吸引其他部门的注意，并促使其进行效仿和学习，进而推动政策的广泛传播和应用。政策扩散研究主要聚焦于新政策如何在不同政府层级和区域间传播，深入探究新政策在政府体系中的横向传播与纵向推广机制。[2] 在政策扩散的时空演变研究中，布朗和考克斯揭示了政策扩散过程的三大核心规律。具体而言，首先是"S 曲线"定律，它描绘了采纳新政策的主体数量随时间变化的趋势，这一趋势呈现典型的"S"形曲线特征；其次是"临近效应"，该规律表明在空间层面，政策扩散往往首先在地理或社会距离相近的区域间发生；最后是"领导者—追随者"层级效应，它反映了在政策采纳过程中，不同主体间的相互影响和跟随现象。[3]

有学者将我国高职院校升本实践分为以下几类。一是嫁接型，即由普通本科院校直接试办职业本科专业[4]；二是合作型，即由发展水平较高的高职院校与相关的普通本科院校合作开展职业本科人才的培养[5]；三是自生型，即直接由新建或转型的职业本科院校开设职业本科专业[6]。但这三种情况只是职业本科教育升本的实践形式，并不是职业本科教育发展的可能模式。结合职业本科教育政策试点经验以及政策扩散理论，职业本科大学试点的政策传播主要表现为以下几种模式。

---

① 韩博天. 通过试验制定政策：中国独具特色的经验 [J]. 当代中国史研究. 2010, 17 (03)：103–112+128.

② 曹政. 义务教育阶段学生课后服务省级政策完善研究 [D]. 长春：东北师范大学, 2022.

③ 何邵平. 中国城市住房限购政策扩散的机理和方式——基于政策扩散理论的实证解释 [J]. 四川行政学院学报, 2020, (05)：5–14.

④ 李晓锦, 尹珊珊. 发展高等职业本科教育刍议 [J]. 河北师范大学学报 (教育科学版), 2014, 16 (4)：93–95.

⑤ 王毓. 职业本科：人才培养定位与实现路径选择 [J]. 职业技术教育, 2013, 34 (16)：26–29.

⑥ 李晓明. 产业转型升级与高职本科教育发展——以地方应用型本科转型高职本科为选择 [J]. 教育发展研究, 2012, 32 (3)：18–23.

一是自上而下的指标分配模式。在此模式下，中央政府或上级政府为各省政府设定特定的指标和比例，允许每年一定数量的专科学校升级为本科。这种模式确保了政策实施的有序性和可控性，便于精准管理政策推进的节奏和质量。二是自下而上的经验吸纳与推广模式。该模式强调地方政府或学校在没有正式政策试点的情况下，主动借鉴已有职业本科大学试点的经验，对可能遇到的问题进行预判和处理。例如，提前告知学生转设情况以避免中途变更带来的困扰，并解决转设后学校的身份认同问题。这种模式虽然可能不完全符合我国国情，但为政策创新提供了实践基础。三是自上而下的试点与推广模式。此模式涉及选择部分学校作为试点，实施政策并总结经验，然后将成功经验推广至更广泛的范围。这种方式有助于逐步推进政策，降低风险，并在试点阶段充分暴露和解决问题。四是自上而下的强制推行模式。在某些情况下，为了确保政策的统一实施，上级政府可能会采取强制手段推动下属地方政府或学校执行相关政策。这种模式通常用于应对地方或学校对政策实施的抵触情绪或消极态度。然而，这种强制推行可能会引发一些矛盾和不满。五是官员异地交流任职带动的政策扩散模式。在我国，官员的异地交流任职是一种常见现象。在职业教育领域，这种交流可能涉及省级领导或高等教育学校校级领导。通过他们在不同地区和学校间的交流和任职，可以推动职业教育政策和实践的扩散与共享。这种模式有助于促进不同地区和学校间的合作与交流，推动职业教育的整体发展。

三 职业教育升本政策扩散的预估趋势与可能问题

前述即对本科层次职业教育由政策试点至政策推广模式进行分析预估。现阶段我国总体职业教育的可能走向要建立在党和国家对职业教育的整体规划以及人民期待上。总体而言，新时代开展本科层次的职业教育，既要体现出"职业属性"，也要体现出"高等属性"。职业属性体现在职业教育以特色专业培养技术技能人才，同时高职院校升格后学校名称中的"职业"二字仍然保留。高等属性体现在本科层次的职业教育坚持相应的教学标准与学位标准，也可通过继续发展职业教育专业学位研究生教育培养以提高其高等属性。本科层次职业教育发展的未来走向预估体现在以下方面。

垂直层级的自上而下扩散模式在我国较为常见，体现出较强的行政指令性。自上而下的层级性公共政策扩散模式，指的是在政府层级结构中，上级政策制定者或推动者筛选并接受某项政策后，通过行政命令的方式，要求下级机构也采纳并执行这一政策的公共政策传播模式。这种模式下，政策的扩散依赖于政府内部的层级关系和行政权威。[①] 自上而下的试点推广模式是现阶段推进职业本科大学试点的典型模式，独特之处在于此模式将现有学校分批进行试点探索，在此基础上总结实践经验，局部试点为政策全面推行提供样本。试点过程中遇到的问题、解决的措施、实施的决策等都可以在扩散阶段进行总结，提高政策再创新性。

（一）职业教育升本政策扩散的预估趋势

1. 试点范围扩大，分布区域平衡

本科层次职业教育试点在实践过程中，将不断扩大试点范围，阶段性推进政策实施。职业本科试点大学目前对升格院校有限制，但随着我国推进中国特色高水平高职学校和专业建设计划，"双高"院校未来会成为职业院校升格本科的主力军。教育部已明确规定，升格为职业本科大学的试点周期为四年。因此，各职业本科大学应有序地按照初步探索、完善提高、经验总结三个阶段来推进试点工作。[②] 在初步探索阶段中，需要对理论进行深入研究，并进行深入调研，借鉴职业教育强国经验，制定合理政策措施，以不同区域实际情况展开试点探索。在完善提高阶段中，需总结实际经验，将理论研究与实践经验相结合，有针对性地对初步探索阶段中遇到的问题进行政策调整，提高政策的包容性。在经验总结阶段中，各试点大学需形成试点总结以接受教育部的综合性评估，形成较成熟的本科层次职业教育发展规律以促进政策扩散。

---

① 王浦劬，赖先进.中国公共政策扩散的模式与机制分析 [J].北京大学学报（哲学社会科学版），2013，50（06）：14-23.

② 孟庆男.本科层次职业教育试点探究 [J].职教论坛，2021，37（12）：79-85.

在职业本科试点大学分布区域上，有鲜明的行政考量，在东西部不同地区发展方面，对不同专业、不同学校的类型层次，都有综合的考虑。我国幅员辽阔，为推动各地区均衡发展，在比例分配与专业特色层面也会考虑到区域分布给予指标。

2. 创新人才培养，推动融合发展

本科层次职业教育以市场为导向培养高等技术技能人才，人才培养模式的创新之处体现在全方面"三融合"育人。"三融合"是指在育人生态、育人系统和育人方案方面，实现城乡职业教育融合、产教融合、课证融合。① 在城乡职业教育融合发展方面坚持"一体化"进程，根据不同地域职业教育发展差异，完善相应政策设计，科学带动乡镇地区高等职业教育与经济发展，推动城乡资源双向交互流动。在产教融合方面，主要探索的是"引企入教"模式。该模式旨在将教育与生产过程、专业与产业活动深度结合。为此，可以通过建立"校中厂"和"厂中校"这样的实践平台，有效推动教育链、人才链与产业链、创新链之间的紧密结合与协同发展。② 产教融合并不仅仅是将教育和产业简单相加，而是要将学生的专业理论知识和实践技能的学习深度地融入实际的工作环境中。这种融合要求学生以学徒的身份进入企业，以实践为导向进行学习，从而真正实现"教室即车间、教师即师傅、学生即员工、作业即产品"的教育理念。通过这种方式，学生能够更好地将所学应用于实践，提高自己的职业素养和综合能力。③ 在课证融合层面，坚持"1+X"证书制度。2022 年，我国新修订的《职业教育法》规定："实行学历证书及其他学业证书、培训证书、职业资格证书和职业技能等级证书制度。"④ 在职业教育强国建设背景下，产教融合、课证融合促使学生的技术技能知识与实践能力相融合，为职业教育提质培优。

---

① 任嘉欣. 技能型社会建设背景下高职院校"四联动·三融合·五对接"育人体系构建 [J]. 职业技术教育，2023，44（05）：17-22.
② 孟庆男. 本科层次职业教育试点探究 [J]. 职教论坛，2021，37（12）：79-85.
③ 冯胜清. "入学即入职"须压实校企责任 [N]. 中国教育报，2020-06-04（2）.
④ 任嘉欣. 技能型社会建设背景下高职院校"四联动·三融合·五对接"育人体系构建 [J]. 职业技术教育，2023，44（05）：17-22.

3. 强化主体价值，重视质量监管

在当前我国建设职业教育强国与高质量发展的背景下，社会对职业教育质量问题愈加重视。结合以往职业教育发展经验，职业教育的质量问题决定了职业本科教育的走向。本科层次的职业教育质量包含了两个层面，首先是层次质量，其次是类型质量。层次质量决定了职业本科教育需要达到本科层次高质量人才培养的要求。类型质量明确高等职业教育有别于普通本科教育，更重视职业技能知识与职业素养提升。在强调质量保障的要求下，政府会通过两种途径对职业本科层次的试点大学进行监管。一是制定标准，二是加强过程监管评估。标准层面既要完善职业本科大学准入条件，也要完善评估标准。监管主要通过内部质量监管和外部质量监管乃至第三方监管评估进行。若在首批职业本科大学试点过程中发现有类型和层次上质量不达标的大学，监管部门会通过发布质量年报，动态调整政策。

强化本科层次职业教育参与主体的市场价值。职业本科大学以技术技能人才为培养目标，人才培养体系面向市场需求，故需要在产教融合课程的设置、"双师型"教师的供给及实习实训实践方面，同企业行业产业建立紧密关系。强化本科层次职业教育参与主体的市场价值，可通过提高招生考核与实训毕业标准，以达到市场要求。各地应根据不同的专业大类，联合行业及企业专家，对相关岗位的职业能力要求和当前人才需求状况进行系统研究。同时，根据行业内不同层次的人才规格要求，科学划分中职、高职、职业本科等对应的技术等级和标准。在此基础上，精准地明确同一专业在不同层级职业教育中应达成的培养目标和任务，以确保教育内容与行业需求紧密对接，为各层次人才的培养提供明确指导。[①] 将技术技能知识与职业发展能力相融合，完善产教融通的人才培养体系。

（二）职业教育升本政策扩散的可能问题

职业教育本科试点政策扩散是一个涉及多方面的复杂过程，可能引发一

---

① 何为. 职业本科教育：时代价值与策略选择 [J]. 教育理论与实践，2021，41（33）：21-24.

系列连锁问题。这些问题可以归纳为政策执行与资源分配、师资与教学改革、社会认知与行业合作，以及就业匹配与政策评估四个方面。

一是在政策执行与资源分配方面，职业教育本科试点政策的成功扩散需要各地区具备一致的执行力度和合理的资源分配机制。然而，现实中可能存在着执行力度有差异、资源分配不均等问题，这不仅会影响试点政策的效果，还可能给传统高职院校带来转型压力。如何确保各地区在政策执行中的一致性，以及如何实现教育资源的合理分配和再配置，是政策扩散过程中亟待解决的重要问题。

二是在师资与教学改革方面，职业教育本科试点对师资队伍和教学内容提出了更高的要求。然而，当前可能存在着师资队伍结构不合理、教师能力不足等问题，同时课程体系和教学内容也需要进行相应的改革和调整。如何快速调整师资队伍结构、提升教师能力，以适应职业教育本科试点的需求，并推动必要的课程体系与教学改革，是政策扩散中必须面对的挑战。

三是在社会认知与行业合作方面，职业教育本科试点政策的成功实施需要得到社会的广泛认同和行业的积极参与。然而，当前社会对职业教育的认知度和接受度可能较低，同时行业企业的合作意愿也可能不高。如何提升社会对职业教育本科的认同度和信任度，改变部分人群对职业教育的偏见，并促进行业企业积极参与合作，是政策扩散过程中需要重点关注的问题。

四是在就业匹配与政策评估方面，职业教育本科试点政策的最终目标是培养符合市场需求的高素质技术技能人才。然而，如何确保毕业生的就业质量，实现人才供给与市场需求的精准匹配，是政策扩散后必须关注的问题。同时，建立有效的政策评估机制，对政策效果进行定期评估，并根据评估结果及时进行政策调整和优化，也是政策目标顺利实现的重要保障。

四　职业教育升本政策扩散的风险防控与质量保障

为确保职业教育升本政策的有效实施，提出风险防控与质量保障两方面的策略。在风险防控方面，建立全面的政策执行与监督机制，提升资源分配的透明度与公平性，并预先识别应对社会接受度风险。在质量保障方面，致力于提升师资队伍素质、深化课程与教学改革、加强产教融合与校企合作，并完善就业服务体系，以确保毕业生高质量就业。这些措施共同为职业教育升本政策的成功实施提供有力保障。

（一）风险防控策略

第一，建立全面的政策执行与监督机制。为确保职业教育升本政策的一致性和有效性，必须构建从中央到地方的多层级监督体系。中央政府应制定总体监督框架和指导原则，确保政策在全国范围内统一实施。地方政府则负责具体执行和监督工作，包括设立专项监督小组，定期对各地区的政策执行情况进行审查。这些小组应由教育、财政、行业等多部门代表组成，以确保监督的全面性和专业性。同时，应建立信息公开机制，定期发布政策执行报告，公开各地区和学校的执行成果与存在的问题，接受社会监督。

第二，提升资源分配的透明与公平性。针对可能出现的资源分配不均问题，需要制定清晰、透明的资源分配标准。这些标准应基于各地区和学校的实际需求、发展水平、学生规模等因素进行综合考虑，确保资源的合理分配。同时，应建立公开、公正的分配机制，通过竞争性评审、项目申报等方式确定资源分配对象，避免主观因素的影响和权力寻租现象的发生。对于经济欠发达地区，中央和地方政府应通过财政倾斜、专项扶持等方式加大资源投入力度，缩小其与发达地区的教育差距。

第三，预先识别与应对潜在的社会接受度风险。社会对新政策的接受度是影响政策实施效果的重要因素。因此，在政策推出前，应通过广泛的社会调查了解公众对职业教育升本的看法和预期，分析可能存在的抵触情绪和原因。针对这些问题，应制定具体的应对策略，包括加强政策宣传、解释和引导工作，提高公众对政策的理解和认同度；加强与利益相关者的沟通和协商，听取他们的意见和建议；建立舆情监测和应对机制，及时发现和处理可能出现的负面舆情等。通过这些措施，可以有效提升社会对职业教育升本政策的接受度和支持度，为政策的顺利实施创造良好的社会环境。

（二）质量保障体系构建

一是提升师资队伍的整体素质与教学能力。优秀的教师是确保教育质量的核心要素。为提升职业教育师资队伍的整体素质，首先，应提高教师的入职门槛，严格筛选具备专业知识和实践经验的候选人。其次，加强在职教师的专业培训至关重要，通过定期举办研修班、工作坊等形式，更新教师的知识和技能，提升其教学水平和行业认知。此外，积极引入行业专家和企业实践者作为兼职教师，他们能为课堂带来最新的行业动态和实战经验，从而丰富教学内容，激发学生的学习兴趣。

二是深化课程与教学改革，对接市场需求。职业教育必须与时俱进，紧密跟随行业发展的步伐。为实现这一目标，应定期审视和更新课程内容，及时引入新技术、新标准，确保教学内容与行业需求保持同步。同时，采用项目式、工学结合等创新教学方法，通过模拟实际工作场景、解决实际问题等方式，培养学生的实践能力和创新精神。此外，建立课程反馈机制，定期收集学生、教师和企业的意见，以指导课程持续改进和优化。

三是加强产教融合，深化校企合作。产教融合是职业教育发展的必由之路。学校应积极与企业建立稳定的合作关系，共同开发课程、共建实训基地、开展技术研发等。通过校企合作，学校能更准确地把握行业发展趋势和人才需求，从而调整人才培养方向。同时，企业也能从学校获得符合其需求的高素质人才，实现双赢。此外，鼓励教师参与企业实践、学生参加企业实习，以加深双方的了解和合作，促进教育与产业的深度融合。

四是完善就业服务体系，确保毕业生高质量就业。毕业生的就业质量是衡量职业教育成功与否的重要指标。因此，学校应建立完善的就业服务体系，为学生提供全方位的职业规划、就业指导、招聘活动等支持。通过与企业建立紧密的合作关系，学校可以及时了解市场需求和人才标准，从而有针对性地指导学生进行职业规划和技能提升。同时，加强与用人单位的沟通与合作，定期举办校园招聘会、企业宣讲会等活动，为学生搭建与用人单位直接交流的平台，提高其就业成功率和满意度。此外，建立毕业生跟踪反馈机制，收集毕业生的就业信息和用人单位的评价意见，以指导学校的教学改革和人才培养工作。

第六章　职业本科大学高质量发展的多重支撑

本章深入探讨了职业本科大学在追求高质量发展过程中所依赖的多重支撑体系。从发展机制、治理逻辑以及四重保障三个维度，全面剖析了职业本科大学高质量发展的内在动力、治理结构及外部保障条件。

"职业本科大学高质量发展的机制"详细阐述了职业本科大学高质量发展的动力生成机制、内部运行机制以及外部联动机制。从自组织、他组织到共组织动力，深入分析了职业本科大学高质量发展的多元动力来源，并探讨了其办学、管理及人才培养等内部运行机制的优化路径。同时，着重探讨了职业本科大学与区域社会、经济、文化的联动发展机理与路径，为职业本科大学的高质量发展提供了理论支撑。

"职业本科大学高质量发展的治理逻辑"则聚焦于职业本科大学的治理结构与教师评价制度改革。首先提出了职业本科大学治理的问题，并深入分析了教师评价改革的政策与学理逻辑。通过透视职业本科大学教师评价的现状与困境，进一步提出了健全教师评价制度的实现路径，旨在推动职业本科大学治理结构的优化与教师评价制度的完善。

"职业本科大学高质量发展的四重保障"则全面构建了职业本科大学高质量发展的保障体系。从政策保障、资源保障、管理保障到技术保障，深入探讨了职业本科大学在高质量发展过程中所需的外部支持与内部提升路径。通过完善法律法规、加大财政投入、强化教学资源与科研资源建设、深化校企合作以及推动管理创新与技术进步，为职业本科大学的高质量发展提供了全面的保障策略。

第一节　职业本科大学高质量发展的机制

构建高质量现代职教体系是教育、科技、人才强国建设的基础工程。[①]职业本科教育高质量发展是当前教育领域的重要议题，它关乎人才培养质量、社会经济发展需求以及国家竞争力等多个方面。职业本科大学高质量发展的机制对于提升职业教育整体水平、适应社会经济发展需求、促进学生全面发展和增强就业竞争力等方面都具有重要意义。[②]

职业本科大学高质量发展机制的理论基础主要根植于职业教育理论、高等教育发展理论以及社会经济高质量发展的需求。职业教育理论强调职业教育的类型属性，即职业教育是一种以培养技术技能人才为主要目标的教育类型。这一理论为职业本科大学的高质量发展提供了根本遵循，要求职业本科大学在办学过程中应坚持以技术技能人才培养为核心，注重学生的实践能力和职业素养的提升。高等教育发展理论指出，高等教育应适应社会经济发展的需求，不断调整和优化教育结构，提高教育质量和效益。对于职业本科大学而言，这意味着要密切关注行业企业的发展动态和技术变革趋势，及时调整专业设置和人才培养方案，以确保所培养的人才能够满足社会经济发展的需求。社会经济高质量发展的需求是职业本科大学高质量发展机制的重要外部驱动力。随着社会经济的快速发展和产业结构的优化升级，社会对技术技能人才的需求日益旺盛。这就要求职业本科大学在办学过程中应坚持以服务为宗旨、以就业为导向，积极对接行业企业需求，深化产教融合、校企合作，为经济社会发展提供有力的人才支撑和智力保障。职业本科大学高质量

---

① 郭广军，蒋晓明.高质量现代职教体系的发展逻辑、主要特征与实践路径［J］.教育与职业，2023，（19）：30-36.

② 冯东，张美玲.分流视角下职业院校学生生涯发展研究［J］.延安职业技术学院学报，2023，37（05）：1-5+40.

发展的动力机制、内部运行机制和外部联动机制是推动其高质量发展的关键所在，共同构成了职业本科大学高质量发展的支撑体系。通过优化和完善这些机制，可以推动职业本科大学实现更高质量、更有效率、更加公平、更可持续的发展。

一 职业本科大学高质量发展的动力机制

职业本科大学的高质量发展动力，主要源于内部自组织动力、外部他组织动力以及内外交融产生的共组织动力。动力机制是指符合社会发展客观需要的社会手段和措施。[①] 这些动力相互交织、共同作用，推动职业本科大学不断向前发展。[②]

（一）自组织动力：教育理念、目标等内部元素的互动与激发

职业本科大学的高质量发展深受自组织动力的影响，这一动力源于多个重要因素的相互作用。教育理念、教育目标、教育方向、教育条件、教育过程和教育质量共同构成了自组织动力的核心要素，它们之间存在着复杂的逻辑关系。

教育理念的科学性是职业本科大学发展的基石。它直接关系到教育目标的设定、教育方向的明确、教育条件的完善、教育过程的顺畅以及教育质量的提升。[③] 教师的职业情感、办学理念、精神信念等都与教育理念紧密相通，共同塑造了职业本科大学的教育风貌。明确的教育目标在自组织动力中起着激励和导向作用。它不仅影响着教育理念的实现深度，还关系到教育方向的明晰度、教育条件的完备程度以及教育过程的顺畅度。[④] 因此，职业本科大学应从宏观到微观层面，全面规划并落实教育目标，以确保教育的针对

---

① 刘芹茂，杨东. 我国教育发展的动力机制 [J]. 教育与经济，1992，(3)：45-48.

② 朱德全，涂朝娟. 职业本科教育数字化转型的健康新生态 [J]. 中国电化教育，2023，(01)：38-45.

③ 梁成艾，朱德全，金盛. 论城乡职业教育统筹发展的动力机制 [J]. 职业技术教育，2011，32 (13)：15-21.

④ 杨磊，朱德全. 职业教育高考政策执行的效果评价与完善路径——基于政策执行系统模型的分析 [J]. 云南师范大学学报（哲学社会科学版），2023，55 (04)：139-147.

性和实效性。教育方向的明确性为职业本科大学的发展提供了路径指引。比如，管理者应树立清晰的办学思路，注重城乡均衡发展，改变以往以城市为中心的取向。同时，教师应关心来自农村或选修农业类专业的学生，激发他们的学习热情。完备的教育条件是职业本科大学发展的基础保障。这包括校内的师生资源和校外的规章制度、教学设施等。只有确保这些条件的完备性，才能为自组织动力的生成提供有力的支撑。教育过程的畅达度是自组织动力生成的关键环节。职业本科大学应注重日常教学的规范性、统筹教学理念的落实以及课外教学活动的丰富性。[①] 同时，还应加强实践教学设施的建设和顶岗实习教学的科学性，以确保教育过程的顺畅和高效。教育质量的优劣是自组织动力生成的后续保障和外在表现。它通过学生的就业观念、创业意识、文化思想素质等多个方面来体现。因此，职业本科大学应不断提升教育质量，以满足社会对高素质人才的需求。

（二）他组织动力：政治、经济等外部元素的引导与推动

他组织动力是职业本科大学高质量发展的外部驱动力。他组织动力的生成在职业本科大学组织的发展中同样占据重要地位。这种动力主要来源于外部环境元素，如道德规范、经济基础、政治气候等。这些元素以职业本科大学组织的协调发展为轴心，相互作用、相互匹配，共同产生一种推动力量。经济基础是他组织动力生成的首要因素。产业类型、市场规模和就业结构等子因素的发展状况直接影响职业本科大学的需求和供给。政治气候为他组织动力的生成提供了政策保障。[②] 各级政府或部门通过制定法律法规和条例来引导和规范职业本科大学的发展，为职业本科大学的高质量发展提供有力的政策支持。[③] 舆论环境是影响他组织动力生成的重要外围因素。社会舆论对职业本科大学的认识和看法直接影响人们的择业观念和教育选择。通过加强

① 王明慧. 职业本科院校高质量教学研究［D］. 秦皇岛：河北科技师范学院，2023.
② 胡耀宗，蒋帆. 以教育财政体制机制改革保障教育强国建设［J］. 教育学术月刊，2023，（12）：3-12.
③ 潘海生. 建体系，强机制，立法规职业教育走在类型教育高质量发展大道上［J］. 职业技术教育，2022，43（21）：1.

舆论引导，改变社会对职业本科大学的偏见和误解，有助于形成有利于职业本科大学发展的社会氛围。道德规范在他组织动力生成中起着伦理方向的作用。职业本科大学旨在培养具有高尚职业道德和精湛职业技能的人才。文化类型是制约他组织动力生成的主要因素之一。科技水平作为他组织动力生成的催化剂，在推动职业本科大学高质量发展中发挥着重要作用。随着科技的不断进步和应用领域的不断拓展，对职业技能和人才的需求也在不断更新和升级。职业本科大学应紧跟科技发展趋势，及时更新教学内容和教学方法，培养具有创新精神和实践能力的高素质人才。

（三）共组织动力：内外元素的交融与整合

共组织动力是职业本科大学高质量发展的综合驱动力。这种动力是自组织动力和他组织动力相互作用、相互融合的结果。在职业本科大学的发展过程中，内部元素和外部元素并不是孤立存在的，而是相互交织、相互影响的。内外元素的交流与整合，可以产生一种更加强大、更加持久的发展动力。[1] 这种动力不仅可以推动大学内部的改革和创新，还可以促进大学与外部环境的良性互动和协同发展。共组织动力的学术化论述在于，它强调了内外元素的交融与整合对大学发展的综合驱动作用。这种驱动作用不是简单叠加或替代，而是通过一种复杂的、非线性的作用方式，产生出一种新的、更高层次的发展动力。这种动力具有整体性、协同性和创新性的特点，能够推动大学在不断变化的环境中保持领先性和竞争优势。

（四）高质量发展动力机制的路径拓展

职业本科大学高质量发展的动力机制需要从需求、条件、评价和创新四个层面进行路径拓展。通过满足多元化需求、保障条件支持、建立科学评价体系和鼓励创新实践等措施，可以推动职业本科大学实现更高质量、更可持续的发展。需求层面是动力机制运行的基础。职业本科大学的发展必须紧密围绕学生需求、行业需求以及社会需求展开。为了满足这些多元化的需求，

---

① 李延平，刘旭旭. 日本专门职业大学质量保障体系的制度设计及运行特点 [J]. 职业技术教育，2023，44（24）：67-74.

职业本科大学应不断优化学科设置，更新教学内容和方法，以培养出更多符合社会需求的高素质人才。[①] 同时，学校还应积极与企业、行业合作，共同研发新技术、新产品，推动产业升级和社会进步。条件层面是动力机制运行的保障。职业本科大学的高质量发展离不开充足的资源投入、优秀的师资队伍、完善的教学设施等条件支持。[②] 因此，学校应努力争取政府、企业等社会各界的支持，加大资源投入力度，改善办学条件。[③] 同时，学校还应加强师资队伍建设，引进和培养一批高水平、有实践经验的教师，提高教学水平和人才培养质量。评价层面是动力机制运行的导向。职业本科大学应建立科学、合理的评价体系，对学校的教学质量、科研水平、社会服务等方面进行全面、客观的评价。[④] 通过评价结果的反馈，学校可以及时发现自身存在的问题和不足，并采取有效措施进行改进。同时，评价还可以激励学校和教师不断追求卓越，推动学校整体水平的提升。创新层面是动力机制运行的核心。在快速发展的时代背景下，职业本科大学必须不断创新才能保持竞争力。学校应鼓励教师和学生进行科研创新、教学创新和管理创新等方面的探索和实践。通过创新，学校可以培养出更多具有创新精神和实践能力的人才，为经济社会发展提供有力支持。

二 职业本科大学高质量发展的内部运行机制

在推动职业本科大学高质量发展的进程中，构建和拓展科学、高效的运行机制至关重要。斯哥特（Scorrt）认为，共生是生物体生命周期的永恒特征和生理上彼此平衡的状态。[⑤] 这一机制以"和谐共生"为目标，旨在理顺办学机制、管理机制、人才培养机制和招生就业机制等多重内部运行机制的

① 郝天聪. 交叉学科：职业技术大学学科建设的定位与方略 [J]. 教育发展研究，2022, 42 (21)：53-60.

② 王媛媛. 职业本科院校师资队伍建设 [D]. 重庆：四川外国语大学，2023.

③ 陈绍勇. 泉州市高等职业教育发展中的政府行为研究 [D]. 泉州：华侨大学，2023.

④ 肖纲领. 职业本科院校应用型科研生态建设：理论阐释与推进策略 [J]. 当代教育论坛，2024, (01)：19-25.

⑤ 袁纯清. 共生理论——兼论小型经济 [M]. 北京：经济科学出版社，1998：7.

关系，确保大学能够在不断变化的环境中保持稳健的发展态势。①

职业本科大学高质量发展的和谐共生内部运行机制的理论基础主要包括共生理论的应用与拓展、和谐共生的理念以及共生环境的优化等。这些理论基础为职业本科大学的高质量发展提供了有力的理论支撑和实践指导。② 首先，是共生理论的应用与拓展。共生原为生物学概念，描述了不同生物之间共同生存的现象，后逐渐引入社会科学领域，用以分析不同组织、个体间的相互依存与协作关系。③ 在职业本科大学的发展中，共生理论提供了一个全新的视角，即将学校、教师、学生、企业等视为共生单元，他们之间通过知识传授、技能培养、科研合作等活动形成紧密的联系，共同构成一个共生系统。在这个系统中，各共生单元之间相互影响、相互依赖，共同推动着职业本科大学的发展。④ 其次，和谐共生的理念是职业本科大学高质量发展的核心追求。和谐共生强调的是各共生单元之间的协调与平衡，即在保持各自特色的基础上，实现融合发展。这种理念与职业本科大学的发展目标高度契合，因为职业本科大学本身就是一种融合了职业教育与普通高等教育特色的新型教育机构，其发展目标就是要培养既具有职业技能又具备创新能力的高素质人才。因此，和谐共生不仅是职业本科大学发展的必然要求，也是其实现高质量发展的关键所在。最后，共生环境的优化是职业本科大学高质量发展的重要保障。共生环境是共生关系存在和发展的外部条件，对于职业本科大学而言，其共生环境主要包括政策环境、经济环境、社会文化环境等。这些环境因素对职业本科大学的发展有着至关重要的影响，如政策的扶持可以推动学校的快速发展，经济的繁荣可以为学校提供更多的资源和市场机会，社会文化的认同可以提升学校的品牌形象和社会地

① 金盛. 职业教育统筹发展：治理体系与时代特征［J］. 职业技术教育，2015，36（07）：40-44.

② 张诗亚. 和谐之道与西南民族教育［J］. 西南师范大学学报（社会科学版），2007，（1）：65.

③ 萧灼基. 共生理论序言［M］. 北京：科学技术出版社，1988：8.

④ 池云霞，谢园，李新丽. 系统观念下职业本科学校内部质量保证体系诊改工作路径探析［J］. 中国职业技术教育，2021，（35）：24-29.

位。因此，优化共生环境是职业本科大学实现高质量发展的重要保障。

（一）办学机制：强化教育与社会经济的紧密联系，提升适应性与创新性

党的二十大报告强调，统筹职业教育、高等教育、继续教育（以下简称"三教"）协同创新，推进职普融通、产教融合、科教融汇（以下简称"三融"），优化职业教育类型定位，为高质量教育体系建设指明了方向、提供了根本遵循。[①] 职业本科大学的高质量发展，离不开其独特的办学机制。这一机制，深深根植于教育与社会经济的紧密联系之中，既彰显了大学的适应性，又体现了其不懈的创新追求。大学在构建办学机制时，对社会经济的发展趋势和行业需求保持高度关注。这种关注转化为实际行动，便是及时调整专业设置和课程内容，确保所培养的人才能够满足社会的迫切需求。专业的调整与课程的更新，不是简单地随波逐流，而是在深入研究社会经济的发展规律和行业特点后，作出的明智抉择。[②] 与此同时，创新教育理念和方法在职业本科大学中得到了广泛应用。在这里，学生被鼓励去挑战传统，去勇敢地探索未知的领域。通过创新创业活动，他们的创新精神和实践能力得到了极大的锤炼和提升。而这些充满活力和创造力的学生，正是未来社会所需要的宝贵人才。办学机制的构建，还体现在与产业界的深度融合上。职业本科大学通过校企合作、产学研结合等多种模式，与企业携手共进，共同推动社会的进步和繁荣。这种深度融合，不仅为学生提供了更为广阔的实习和就业平台，更为大学注入了源源不断的创新活力和实践机会。在职业本科大学的办学过程中，自我反思和调整也始终贯穿其中。通过不断地评估和改进，大学确保其办学机制始终与时俱进，保持在最佳状态。而这种永不停歇的追求和完善，正是职业本科大学能够实现高质量发展的关键所在。正是这样一套独特而富有活力的办学机制，为职业本科大学的高质量发展奠定了坚实的基础。在这里，教育与社会经济紧密相连，创新与适应性并驾齐驱，共

---

① 吴学敏，王振杰，刘彩琴，娄小娥. 发挥高质量职业本科牵引作用加速现代职业教育体系建设 [J]. 中国职业技术教育，2023，（09）：5-12.
② 徐俊生，张国铺，高羽. 职业本科院校一流专业建设的价值、机制与路径 [J]. 教育与职业，2022，（09）：57-63.

同推动职业本科大学在培养高素质人才、服务社会经济发展的道路上阔步前行。

（二）管理机制：优化治理结构，提升管理效率，完善评价体系

职业本科大学作为中国高等教育的新兴力量，迫切需要构建符合教育发展规律的现代化治理体系，以推动职业本科教育的高质量发展。这一治理体系是多元主体共同参与、协同合作的高质量生态体系，它涵盖了治理理念、治理结构、治理制度以及治理文化等多个要素，并体现出融合性、发展性、创新性和智能化的特点。然而，在构建现代化治理体系的过程中，职业本科大学面临着诸多挑战，如治理决策缺乏科学理念的指导、多元治理主体之间的内外融通存在障碍、治理制度难以适应职业本科教育的快速发展，以及治理文化受到行政文化的束缚等。为了优化现代化治理体系，学校应该从以下四个方面着手：首先，树立以数据驱动决策为核心的院校研究治理理念，确保决策的科学性；其次，优化多元相关利益主体的治理结构，形成强大的治理合力；再次，完善职业本科学校的治理制度体系，规范各项治理行为；最后，打造具有职业本科大学特色的治理文化，进一步提升治理效能。[①]

管理机制在职业本科大学的高效运行中扮演着举足轻重的角色。从学术视角出发，构建管理机制时，必须聚焦于管理流程的精细化、管理效率的提升以及评价体系的完善。在职业本科大学的语境下，管理流程的科学与规范是高效运行的基石。大学应致力于建立一套逻辑严密、操作便捷的管理流程体系，以确保从教学到行政，从科研到学生事务等各项工作均能井然有序地推进。这种流程的优化不仅要求大学对现有管理实践进行深入反思，更需要借鉴前沿的管理理论，以实现管理流程的最优化。与此同时，管理效率的提升是管理机制优化的另一重要维度。通过引入现代化管理手段，如信息化管理平台、大数据分析技术等，大学能够显著提高管理决策的精准性和时效性。这些技术手段的运用，不仅能够降低管理成本，更能在提升管理质量的

---

① 鲍东杰，郑煜煊，吕婷．职业技术大学现代化治理体系研究［J］．教育与职业，2023，（04）：28-35.

同时，为大学的发展注入新的活力。评价体系的完善则是管理机制构建中不可或缺的一环。一个全面、客观且富有激励性的评价体系，能够对大学的办学水平、教育质量以及管理绩效进行准确评估。这种评估不仅为大学的持续改进提供了明确的方向，更为其长远发展奠定了坚实的基础。因此，大学在构建管理机制时，必须高度重视评价体系的科学性与系统性。

（三）人才培养机制和招生就业机制：培养高素质应用型人才，满足社会需求

人才培养机制是职业本科大学的核心任务。在构建人才培养机制时，应注重培养高素质应用型人才，满足社会的多样化需求。大学应根据人才培养目标和定位，制订科学合理的人才培养方案和教学计划，注重理论与实践的结合，强化学生的实践能力和职业素养。同时，大学还应积极开展校企合作、产教融合等人才培养模式创新实践，拓展学生的实践平台和就业渠道，提高人才培养质量和效益。[①] 人才培养机制的完善需要大学深入研究人才培养的规律和特点，把握社会需求的变化和发展趋势。通过不断优化课程设置和教学方式，大学可以更好地培养学生的综合素质和应用能力，为社会的持续发展提供源源不断的人才支持。

招生就业机制是职业本科大学与社会对接的重要桥梁。[②] 在构建招生就业机制时，应注重完善招生政策、提升就业质量，实现招生与就业的良性循环，完善职业本科学位制度。[③] 大学应根据社会需求和人才培养目标，制订科学合理的招生计划和政策，吸引优质生源报考。同时，大学还应加强就业指导和服务工作，帮助学生树立正确的就业观念和职业规划意识，提高毕业生的就业竞争力和满意度。此外，大学还应积极与企业和社会各界建立广泛的合作关系，拓展毕业生的就业渠道和发展空间。招生就业机制的完善需要

---

① 江春华．高质量发展职业本科教育的内涵要义、治理价值与实践进路［J］．中国职业技术教育，2022，（25）：57-61.

② 张维．职业教育要为高质量就业提供强大支撑［N］．法治日报，2024-03-10（006）．

③ 冯东，张海瑞．高职本科教育学位制度的当下问题与推进思路［J］．职业教育研究，2023，（02）：10-14.

大学深入研究招生和就业市场的变化和发展趋势，把握社会对人才的需求特点和要求。通过不断调整、优化招生政策和就业服务策略，大学可以更好地满足社会的需求，实现人才培养与社会需求的紧密对接。

三　职业本科大学高质量发展的外部联动机制

职业本科大学的高质量发展离不开与区域社会的紧密融合。通过构建与区域需求相适应的教育模式，大学能够更高效地服务于经济建设和社会进步，同时提升自身的办学实力和社会影响力。这种协调发展不仅促进了高等教育的社会化进程，也为区域经济的转型升级提供了有力支撑。此外，职业本科大学在传承地域文化的同时，还应积极拥抱多元文化，借鉴并融合各方优秀教育资源，以培养具备国际视野的高素质人才，为区域文化的持续创新与发展注入新的活力。

（一）职业本科大学与区域社会联动发展：构建适应性教育模式，实现有机融合

1. 联动机理

职业本科大学与区域社会并非孤立存在，而是相互依存、共生共荣的有机整体。二者之间的互动关系深刻而复杂，彼此在多个层面相互塑造、共同演进。作为社会公共事业的重要组成部分，职业本科大学不可避免地融入区域社会的经济、政治和文化发展之中，其均衡发展不仅体现了区域社会和谐发展的内在要求，更是推动社会全面进步的重要力量。

区域社会的和谐稳定为职业本科大学提供了必要的物质基础和广阔的发展空间。教育事业的均衡发展离不开和谐社会的资源供给与环境保障，特别是职业本科大学，其注重实践与应用的特点更加依赖于区域社会提供的丰富资源和广阔平台。因此，区域社会的和谐发展是职业本科大学均衡发展的前提和基础。

同时，职业本科大学的均衡发展又反过来促进区域社会的和谐与进步。通过培养高素质人才、推动科技创新、传承优秀文化等方式，职业本科大学为区域社会注入了源源不断的活力与创新力量。其均衡发展不仅提升了教育

自身的质量与效益，更为区域社会的经济繁荣、政治稳定和文化昌盛作出了积极贡献。

职业本科大学与区域社会之间的互动关系是通过一系列关联性要素来实现的，包括资本、技术、劳动力和政策等。这些要素在二者之间发挥着桥梁和纽带的作用，既是职业本科大学均衡发展与区域社会和谐发展的投入要素，也是二者发展成果的体现。通过这些要素的协调发展与合理配置，职业本科大学与区域社会得以在更高水平上实现良性互动与共同发展。

2. 联动路径

职业本科大学与区域社会的联动发展，其核心在于构建一种适应性教育模式，该模式旨在实现教育与社会的有机融合。这种融合不仅体现在人才培养的目标和内容上，还贯穿于教育教学的全过程以及大学与社会的互动合作中。

首先，在人才培养目标上，职业本科大学应紧密对接区域社会的需求，特别是产业结构和职业岗位的变化。通过深入的市场调研和行业分析，大学可以明确各专业的培养方向和技能要求，确保所培养的人才具备与区域社会需求相匹配的知识、能力和素质。其次，在教育教学过程中，职业本科大学应注重实践性和应用性。通过校企合作、工学结合等方式，将理论教学与实践训练相结合，让学生在真实的工作环境中学习和锻炼，提高其职业技能和解决实际问题的能力。同时，大学还应积极引入行业企业的最新技术和标准，更新教学内容和手段，确保教育的先进性和实用性。最后，在大学与社会的互动合作中，职业本科大学应主动与区域社会各行业、企业建立紧密的合作关系。通过共同开展人才培养、科技研发、社会服务等活动，实现资源共享、优势互补和互利共赢。这种合作不仅可以为大学提供丰富的实践资源和教学案例，还可以为区域社会提供有力的人才支持和智力支撑。

（二）职业本科大学与区域经济协调发展：培养专业技能人才，助力经济转型升级

1. 联动机理

职业本科大学与区域经济之间的联动关系体现在相互驱动、相互促进的

过程中。区域经济的协调发展为职业本科大学提供了更多的发展机遇和要求，而职业本科大学的均衡发展则为区域经济的持续健康发展提供了重要的人才支撑和智力支持。二者共同推动区域的经济社会进步，实现了教育与经济的良性互动和共同发展。

区域经济的协调发展对职业本科大学具有显著的驱动作用。首先，经济的持续增长和产业结构的优化升级为职业本科大学提供了更多的发展机遇。随着新兴产业的崛起和传统产业的转型升级，对高素质技能人才的需求日益旺盛，这为职业本科大学的专业设置和人才培养提供了广阔的空间。其次，区域经济的协调发展也要求职业本科大学实现均衡发展。这包括教育资源的均衡配置、专业结构的均衡调整以及教育质量的均衡提升等方面，以确保职业本科大学能够更好地服务于区域经济的发展需求。

同时，职业本科大学的均衡发展对区域经济的协调发展也具有重要的支撑作用。首先，职业本科大学通过培养具备专业技能和创新精神的高素质人才，为区域经济的发展提供了源源不断的人才支持。这些人才在推动产业创新、促进科技成果转化等方面发挥着重要作用，为区域经济的转型升级注入了新的活力。其次，职业本科大学还通过与企业合作、开展社会服务等方式，与区域经济形成了紧密的互动关系。这种互动不仅有助于提升企业的竞争力，推动产业的集群发展，还能够促进区域经济的整体繁荣。①

2. 联动路径

职业本科大学作为高等教育体系的重要组成部分，在推动区域经济发展方面具有独特的优势和使命。为了实现区域经济协调发展，职业本科大学需要紧密对接区域经济的需求，培养具备专业技能的高素质人才，助力经济的转型升级。第一，在优化专业设置方面，职业本科大学应根据区域经济的产业结构和发展趋势，调整和完善专业设置。通过增设与区域经济主导产业和

① 陆宇正，曾天山. 职业本科教育办学实践的意蕴解析与行动策略 [J]. 大学教育科学，2023，（03）：108-117.

新兴产业相关的专业，撤销或改造过时专业，大学可以确保所培养的人才符合区域经济的实际需求。同时，大学还应注重专业的交叉融合，培养具备跨学科知识和技能的复合型人才，以适应区域经济日益复杂的发展需求。第二，在加强与区域经济对接方面，职业本科大学应积极开展与地方政府、行业企业等的合作与交流。通过共建实训基地、开展订单式培养、实施产学研合作等方式，大学可以深入了解区域经济的实际需求和发展趋势，为人才培养和科技创新提供有力支撑。同时，这种合作与交流也有助于提升大学的社会服务能力和影响力，推动区域经济的持续发展。第三，在推动科技成果转化和应用方面，职业本科大学应注重科技创新与区域经济的紧密结合。通过建立完善的科技成果转化机制，加强与行业企业的技术合作与交流，大学可以将科研成果转化为实际生产力，为区域经济的转型升级提供有力支持。同时，大学还应注重培养学生的创新精神和实践能力，鼓励其积极参与科技创新和创业活动，为区域经济的创新发展注入新的活力。

（三）职业本科大学与区域文化联动发展：弘扬地域文化特色，培育文化底蕴深厚的人才

1. 联动机理

职业本科大学与区域文化之间存在着深刻的共生发展互动机理。文化共生，作为这一互动的内在动力，既展现了多元文化的可能性，又揭示了其不确定性。这种共生状态不仅仅是双方互动的终极目标，更是社会和谐发展的必然要求。它根植于人类社会的发展需求，与文化功能理论的观点相互呼应。深入探究这一共生的动力来源，可以发现它源于文化内部的驱动力与外部环境的压迫力共同作用。这两者紧密相连，共同构成了推动文化共生的强大力量。而这一切，都是基于对发展的不懈追求，源于对满足需求的渴望。职业本科大学与区域社会的互动，其基础在于满足城乡各自不同的利益需求。城市和乡村，因其功能与社会身份的差异，有着不同的利益诉求和责任范畴。因此，推动区域社会的整体发展，必须同时考虑城市和乡村的利益，实现双方的共同发展。从文化的视角来看，区域社会的文化共生为职业本科大学的发展提供了丰厚的"土壤"。这种共生的肥沃程度，直接影响着职业

本科大学的成长与发展。区域社会的发展状况，会在很大程度上影响到职业本科大学的课程设置、人才结构以及学校规模等方面。同时，职业本科大学也通过其办学理念和价值取向，回应了区域社会整体发展的需求。它不仅为区域社会提供了必要的技术支持和人才保障，还促进了城市和乡村文化的各自繁荣与发展。这种互动与共生，使职业本科大学与区域社会之间形成了紧密的联系和共同的发展目标。最终，从文化共生的角度看，职业本科大学通过塑造具有职业素养的人才身份，进一步推动了区域社会的文化共生。这种身份认同超越了城乡的界限，促进了城乡之间的互动与交流，实现了城乡文化的和谐共存与共同发展。

2. 联动路径

在区域发展的综合体系中，文化不仅是精神内核，也是推动社会进步和经济发展的深层动力。职业本科大学作为文化传承与创新的重要基地，理应与区域文化形成紧密的联动发展关系，共同促进文化的繁荣和进步。

为了实现这一目标，一是职业本科大学需要深入挖掘和利用地域文化资源。这包括对区域历史、民俗、艺术、科技等各方面文化的系统研究和整理，以及对这些文化资源的创新利用。通过将地域文化特色融入课堂教学、实践活动、校园景观等各个环节，大学可以营造出具有鲜明地域特色的教育环境和文化氛围。二是职业本科大学应注重将地域文化特色融入人才培养过程。这要求大学在制定人才培养方案时，充分考虑区域文化对人才素质的要求，将文化素养、文化创新能力等纳入培养目标和评价体系。同时，大学还应通过开设地域文化特色课程、举办文化实践活动等方式，增强学生的文化体验和认同感，培育具备地域文化底蕴的高素质人才。三是职业本科大学还应积极开展文化交流与合作。这包括与地方政府、文化机构、企业等各界的密切合作，共同开展文化传承、文化创新和文化产业发展等项目。通过搭建文化交流平台、推动文化资源共享，大学可以促进区域文化的传播和影响力提升，为区域文化的繁荣发展作出积极贡献。四是职业本科大学在弘扬地域文化特色的同时，还应注重文化的多元性和包容性。通过引入和借鉴其他地区的优秀文化成果，大学可以丰富自身的文化内涵和教育资源，提升教育的国际化和现代化水平。这将有助于培养具有国际视野和跨文化沟通能力的高素质人才，为区域文化的创新发展注入新的活力。

四 职业本科大学高质量发展机制的关系分析

职业本科教育不仅服务于经济的高质量发展，更致力于培养高素质人才，因此具有深远的时代意义。回顾过去，职业本科大学的办学治理始终遵循着适应社会发展、规范各方行为、服务于人才培养的实践逻辑，展现出办学与治理相互融合、共同发展的协同共生之路。然而，审视当前现状，发现办学治理过程中仍存在治理理念不明确、治理主体不紧密、治理制度不均衡的问题，这些问题严重影响了人才培养质量的提升。展望未来，必须树立协同发展的理念，构建协作共赢的组织架构，并制定共同治理的制度，从而构建起一个"自治性、协同化、紧密型"三位一体的办学治理框架，以推动职业本科教育实践的稳步发展和提升。[①] 职业本科大学高质量发展的三重机制相互关联、相互作用，共同推动着大学的全面、协调和可持续发展。动力机制为大学发展提供了强劲的驱动力，内部运行机制确保了大学内部管理的高效和教育质量的提升，而外部联动机制则增强了大学的社会服务能力和区域影响力。

（一）动力机制：激发内外部元素的活力

动力机制是职业本科大学高质量发展的核心引擎，它涉及自组织动力、他组织动力和共组织动力三个层面。自组织动力源于教育理念、目标等内部元素的互动与激发，为大学发展提供了内在的驱动力。他组织动力则来自政治、经济等外部元素的引导与推动，为大学创造了有利的发展环境。而共组织动力则是内外元素的交融与整合，实现了内外部资源的优化配置和高效利用。这三股力量的有机结合，共同构成了职业本科大学高质量发展的强劲动力。

---

① 陆宇正，曾天山.协同共生：职业本科教育办学治理的逻辑生成与运行机制［J］.国家教育行政学院学报，2022，（11）：48-55.

（二）内部运行机制：优化内部管理，提升教育质量

内部运行机制是职业本科大学实现高质量发展的关键。办学机制方面，通过强化教育与社会经济的紧密联系，提升大学的适应性和创新性，确保教育内容与社会需求紧密相连。管理机制上，通过优化管理流程、提升管理效率和完善评价体系，实现大学内部资源的高效配置和利用。人才培养机制则聚焦于培养高素质应用型人才，以满足社会对不同层次和类型人才的需求。而招生就业机制则通过完善招生政策和提升就业质量，实现招生与就业的良性循环，进一步增强大学的吸引力和影响力。[①]

（三）外部联动机制：与区域社会、经济、文化联动发展

外部联动机制是职业本科大学实现高质量发展的重要保障。通过与区域社会的联动发展，构建适应性教育模式，实现教育与社会的有机融合。与区域经济的协调发展则有助于培养专业技能人才，为经济转型升级提供有力的人才支撑。而与区域文化的联动发展则能够弘扬地域文化特色，培养具有深厚文化底蕴的高素质人才。这种外部联动机制不仅有助于提升职业本科大学的社会服务能力和影响力，还能够促进大学与所在区域的共同发展和繁荣。

第二节　职业本科大学高质量发展的治理逻辑

当前，我国职业本科教育办学治理过程中仍存在治理理念漂移、治理主体松散、治理制度失衡等问题，阻碍了人才培养质量的提升。[②] 若要进一步优化高质量职业本科教育治理体系，需要深刻分析多元治理主体之间的价值冲突和相互关系，建立健全符合新时代职业本科教育特点的治理机制，以构

---

① 冯东，林树萍．职教高考制度的逻辑起点、当下问题与关键环节［J］．湖北招生考试，2023，（02）：4-9.

② 陆宇正，曾天山．协同共生：职业本科教育办学治理的逻辑生成与运行机制［J］．国家教育行政学院学报，2022，（11）：48-55.

筑良好的教育生态环境,^① 进而为职业本科教育的高质量发展提供新的思路和实践指引。

一 职业本科教育治理多元主体的价值逻辑与依存关系

职业本科大学现代化治理体系是多元主体协同治理的高质量治理生态体系,涵盖治理理念、治理结构、治理制度、治理文化等要素,具有融合性、发展性、创新性、智能化的特征。^② 职业本科大学的治理模式将随着时代变迁而调整。从治理的制度逻辑看,知识、区域和企业构成外三角,增强学校的社会适应力和竞争力;学术、市场和国家则形成内三角,保持大学本质。这种内外三角结构体现了职业本科大学治理模式的独特特征。^③ 职业本科教育的高质量发展涉及多重治理逻辑,这些逻辑包括国家追求的公平与和谐、地方政府以效率为目标的发展、职业院校基于利益的进步、公众与社会的问题解决导向,以及用人单位对收益最大化的追求。这些治理逻辑之间既相互协同,共同推动职业本科教育的发展,又存在一定的张力,需要在实践中不断平衡和调整。然而,当前职业本科教育高质量发展的多重治理面临着诸多问题和挑战,这些问题的存在不仅影响了治理效果,也制约了职业本科教育的进一步发展。

（一）职业本科教育发展治理的多元主体的价值取向

在推动职业本科教育发展的进程中,多重治理逻辑相互交织、相互影响,共同构建了复杂的治理体系。^④ 这些逻辑包括国家的逻辑、地方政府的逻辑、职业院校的逻辑、公众与社会的逻辑,以及用人单位的逻辑（见表6-1）。

---

① 江春华.高质量发展职业本科教育的内涵要义、治理价值与实践进路［J］.中国职业技术教育,2022,(25)：57-61.

② 鲍东杰,郑煜煊,吕婷.职业技术大学现代化治理体系研究［J］.教育与职业,2023,(04)：28-35.

③ 张小敏.本科职业技术大学治理模式选择的制度逻辑和类型特征［J］.高教探索,2022,(04)：15-20.

④ 朱德全,李鹏.论统筹城乡职业教育的多重治理逻辑［J］.西南大学学报（社会科学版）,2013,39（04）：43-52+173-174.

表6-1　职业本科教育发展的多元治理主体对比

治理主体	价值取向	核心关注点	实施策略	目标追求
国家	以公平为起点的和谐共生	教育公平、社会和谐	制定公平教育政策、监督实施	提升整体教育质量和国际竞争力
地方政府	以效率为目标的科学发展	地方经济、教育资源优化	地方特色教育政策、资源配置	促进地方经济科学发展和社会进步
职业院校	以发展为核心的差序进步	市场需求、学生就业	合作育人、提升办学水平	吸引更多学生和企业合作，改善办学条件
公众与社会	问题得以解决的善治理想	教育公平、教育质量	舆论监督、参与决策	实现职业本科教育良性发展和社会进步
用人单位	以收益为最大的追求目标	高素质技能人才、创新成果	合作育人、关注实践能力	提升竞争力和市场地位，降低招聘成本

1. 国家的逻辑：以公平为起点的和谐共生

国家作为宏观治理的主体，在职业本科教育中扮演着规划者、引导者和监督者的角色。国家的治理逻辑主要体现在对公平的追求上，即确保所有公民都能享有平等的受教育机会，无论其性别、地域、经济条件等背景如何。通过制定公平的教育政策，国家努力打破阶层固化，促进社会流动，实现和谐共生。同时，国家还注重提升职业本科教育的整体质量和国际竞争力，以更好地服务于经济社会发展全局。[①]

2. 地方政府的逻辑：以效率为目标的科学发展

地方政府在职业本科教育治理中扮演着执行者和协调者的角色，与地方经济社会发展紧密相关，地方政府的治理逻辑更加注重效率，即如何有效地利用有限的教育资源，实现最大的教育产出。地方政府通常会根据地方产业结构和人才需求状况，制定有针对性的教育政策，优化教育资源配置，推动职业本科教育与地方经济的深度融合。通过提高教育效率，地方政府旨在促进地方经济的科学发展和社会的全面进步。

---

① 付从荣，许佳丽. 职业本科教育缘何成为国家行动——基于多源流理论视角 [J]. 教育理论与实践，2023，43（21）：19-25.

3. 职业院校的逻辑：以发展为核心的差序进步

职业院校作为职业本科教育的实施主体，其治理逻辑主要围绕自身发展展开。在激烈的市场竞争中，职业院校需要不断提升自身的办学水平和教育质量，以吸引更多的学生及获得与企业合作的机会。因此，职业院校在治理过程中会更加注重市场需求和学生就业导向，积极与企业开展合作，共同制订人才培养方案和教学计划。同时，职业院校也会关注自身的利益诉求，比如争取更多的政策支持和资金投入，以改善办学条件和提高教师待遇，建立发展性教师职称评审制度和"双师型"教师队伍。[①] 这种以发展为核心的差序进步逻辑在一定程度上推动了职业本科教育的高质量发展。

4. 公众与社会的逻辑：问题得以解决的善治理想

公众和社会是职业本科教育治理的重要参与者和监督者。他们的治理逻辑主要体现在对善治的追求上，即希望政府、学校和企业等各方能够协同合作，共同解决职业本科教育发展中遇到的问题。公众和社会关注教育公平、教育质量、学生就业等方方面面的问题，并通过舆论监督、参与决策等方式表达自己的诉求和意见。他们期望通过多方共治实现职业本科教育的良性发展和社会的全面进步。

5. 用人单位的逻辑：以收益为最大的追求目标

用人单位作为职业本科教育的重要利益相关者和合作者，其治理逻辑主要体现在对收益的追求上。用人单位希望通过参与职业本科教育治理，获得更多的高素质技能人才和创新成果，以提升自身的竞争力和市场地位。因此，用人单位在治理过程中会更加注重培养学生的实践能力和职业素养，积极与学校开展合作育人项目，共同制订人才培养方案和教学计划。同时，用人单位也会关注自身的利益诉求，如降低招聘成本、提高员工忠诚度等。这种以收益为最大追求目标的逻辑在一定程度上推动了职业本科教育与企业需求的紧密对接。

[①] 冯东，李慧心. 高校教师职称评审的行政化问题与规制路径 [J]. 教育评论，2021，（11）：111-117.

（二）职业本科教育发展治理多元主体的依存关系

职业本科教育高质量发展多重治理逻辑间的相互关系错综复杂，各治理主体在追求各自目标的同时，也相互影响、相互制约。[①]

1. 协同与张力共存的职业本科教育发展之路

国家追求公平和谐的治理目标与地方政府追求效率科学的发展目标在宏观层面相互补充。国家制定公平的教育政策，为地方政府提供指导；地方政府则结合地方实际，制定更具针对性的政策，实现教育资源的优化配置。二者共同推动职业本科教育的普及与提升。地方政府注重提升教育效率，推动经济发展，而职业院校关注自身利益，追求差序进步。这两者之间存在一定程度的张力，但也存在合作的空间。地方政府通过政策引导和资源配置，激励职业院校提升办学水平；职业院校则通过提升教育质量，为地方经济发展提供人才支撑。职业院校以利益为核心，而公众和社会追求问题得以解决的善治理想。职业院校在追求自身利益的同时，需要关注公众和社会的诉求，确保教育公平和质量。公众和社会则通过舆论监督、参与决策等方式，推动职业院校更好地服务社会、培养人才。[②] 公众和社会关注教育公平、质量等问题，而用人单位追求收益最大化。这两者之间存在利益共同点，即都希望提升职业本科教育的质量，以满足社会需求和市场需求。公众和社会通过监督、参与等方式，促使用人单位承担更多的社会责任；用人单位则通过与公众和社会合作，共同提升职业本科教育的社会认可度。国家追求和谐共生，注重提升整体教育质量，而用人单位追求收益最大化，注重人才培养的实用性。这两者之间存在一定程度的矛盾，但也存在协同的可能。国家通过制定宏观政策，引导用人单位参与职业本科教育治理；用人单位则通过提供实践平台、参与课程设计等方式，推动职业本科教育与市场需求紧密对接。[③]

① 唐晓冰，张莉初. 职业本科教育：内涵诠释、发展指向与治理理路 [J]. 新疆职业大学学报，2023，31（04）：5-11.
② 叶琼茹. "职业本科"视域下福建省高职院校服务贡献能力建设——基于福建省 5 所"双高"建设院校 2021 年质量年度报告数据分析 [J]. 黎明职业大学学报，2022，（04）：34-41.
③ 陆宇正，赵文君. 类型化视域下职业本科教育的生态定位与办学策略 [J]. 职业技术教育，2023，44（07）：60-66.

2. 权威与共谋下的困境与寻求职业本科教育发展之路

在职业本科教育的治理体系中，国家、地方政府和职业院校形成了紧密的"委托—管理—代理"三方关系。国家制定政策与目标，通过地方政府传达给职业院校，形成了一种向上负责的行政发包模式。然而，由于信息不对称和治理主体的不对等，这种体系也存在行为偏差的风险，地方政府和职业院校可能会为追求共同利益而采取掩盖问题的策略。这种治理困境反映了当前职业教育治理体系中的巨型科层组织特点，过多强调权威与服从，导致民主参与不足和效率低下。为推动职业本科教育的高质量发展，必须优化治理结构，促进信息公开与共享，打破传统科层制的束缚。①

职业本科教育的高质量发展需要各治理主体间的有效协作和共同努力。然而，在当前的治理体系中，由于多重制度阻隔和信息不对称，各治理主体在自由博弈的过程中可能会出现治理行为偏差。这种偏差体现在地方政府和职业院校为应对上级检查而采取的掩盖问题、上下共谋的策略上。这种被动应对的心态和行为不仅影响了治理效果，也损害了职业教育的公信力和可持续发展。

职业本科教育的治理体系类似于一个巨型的科层组织，其治理困境主要体现在过多强调权威与服从、民主参与不足以及信息不对称等方面。这些问题导致了治理主体间出现分散治理的循环怪圈和治理效率低下。为打破这一困境，需要推进治理体系的改革和创新，加强民主参与和信息公开，建立公平竞争和责任追究机制，以提升职业教育治理的效能和公信力。② 同时，各治理主体也应转变观念，从被动应对转向主动作为，共同推动职业本科教育的高质量发展。

二 职业本科教育高质量发展多重治理的价值意蕴与突出问题

职业本科教育高质量发展的多重治理在新时代背景下具有重要的时代价

---

① 石宏武. 现实困境、改革思路与突破路径：职业本科教育外部生态治理［J］. 天津职业大学学报，2023，32（03）：14-20.

② 池云霞，谢园，李新丽. 系统观念下职业本科学校内部质量保证体系诊改工作路径探析［J］. 中国职业技术教育，2021，（35）：24-29.

值。它通过与经济的协同升级、推动教育现代化进程以及促进社会公平等方面的努力与实践，不仅能提升自身的办学水平和教育质量，也为国家的经济发展、社会进步和国际竞争力的提升作出积极贡献。未来，随着治理体系的不断完善和教育改革的深入推进，职业本科教育将继续发挥其在人才培养、科技创新和社会服务等方面的重要作用，为构建人类命运共同体贡献中国智慧和中国力量。

（一）职业本科教育高质量发展多重治理的价值意蕴

1. 增强经济适应性，职业本科教育与产业结构的协同升级

随着全球经济的深度融合和我国产业结构的不断优化升级，对人才的需求发生了深刻变化。新时代要求人才不仅具备扎实的专业知识，还要有良好的职业素养、创新能力和跨界融合的思维。职业本科教育作为连接高等教育与职业市场的桥梁，其高质量发展的多重治理正是为了更好地适应这一经济发展的新常态。[①] 通过多重治理，职业本科教育能够更加精准地对接产业需求，优化专业设置，更新课程内容，确保所培养的人才与市场需求紧密契合。同时，通过与行业企业的深度合作，实现产教融合、校企合作，不仅为学生提供了实践锻炼的平台，也为企业提供了源源不断的人才储备。这种协同升级的模式，有效促进了教育资源与经济资源的优化配置，为经济的高质量发展注入了持续动力。

2. 加快教育现代化，职业本科教育引领教育创新潮流

教育现代化是国家现代化的基石，而职业本科教育的高质量发展是推动教育现代化的重要力量。多重治理的理念要求职业本科教育在办学模式、教学方法、师资队伍等方面进行全面创新，以适应新时代对教育的更高要求。[②]

在办学模式上，职业本科教育积极探索多元化、开放式的办学路径，与

---

① 张昊楠，徐碧琳. 产教城融合背景下职业本科教育的审视与突破 [J]. 中国轻工教育，2023，26（03）：29-36.

② 陆宇正，汤霓. 未竟的转型：职业本科教育办学模式的演进与进路 [J]. 高教探索，2023，（06）：117-122.

地方政府、行业企业、社会组织等建立广泛的合作关系，共同构建协同育人的新格局。在教学方法上，注重理论与实践的结合，强调学生的主体地位，倡导案例教学、项目式教学等互动式、启发式的教学方法，以培养学生的批判性思维和解决问题的能力。[①] 在师资队伍上，坚持"双师型"教师的培养与引进，构建专兼结合、结构合理的教师团队，为提升教育质量提供有力保障。[②] 通过这些创新举措，职业本科教育不仅提升了自身的办学水平和教育质量，也为其他类型的教育提供了可借鉴的经验和模式，推动了整个教育体系的现代化进程。

3. 提升社会公平性，拓宽职业本科教育人才成长通道

社会公平是构建和谐社会的基石，而教育公平是社会公平的重要体现。职业本科教育的高质量发展及其多重治理，旨在打破传统教育的壁垒和偏见，为更多人提供平等、公正的教育机会。通过多重治理，职业本科教育能够更加精准地识别不同群体的教育需求，制定有针对性的教育政策和措施，确保教育资源的公平分配。同时，通过与地方政府的合作，推动职业教育与区域经济的深度融合，为地方经济发展提供人才支撑的同时，也为当地居民提供了更多接受高等教育的机会。这种以需求为导向、以公平为原则的发展模式，有效拓宽了人才成长的通道，促进了社会的公平与和谐。

（二）职业本科教育高质量发展多重治理的突出问题

当前我国职业本科教育高质量发展多重治理还有一些突出问题，[③] 主要表现在国家宏观政策与资源配置、地方政府执行与投入、职业院校教育质量与教学改革、公众与社会的认知与需求以及用人单位的态度与合作等五个方面。

一是国家宏观政策与资源配置方面，国家层面对职业教育的重要性有所

① 冯东，张美玲. 分流视角下职业院校学生生涯发展研究 [J]. 延安职业技术学院学报，2023，37（05）：1-5+40.

② 唐子超. 反思与去除：职业教育"污名化"的实质、困境与逻辑理路 [J]. 机械职业教育，2022，（11）：1-7.

③ 车紫薇. 职业本科院校建设的应然价值、现实困境和实现路向 [J]. 机械职业教育，2023，（05）：1-9.

认识，但在具体政策的制定和执行上，职业本科教育并未能获得与普通本科教育同等的地位。国家在资源配置上，如教育经费、师资力量、教学设施等方面，对职业本科教育的投入相对不足，这直接制约了其高质量发展。此外，国家在职业教育法律体系的建设上仍有待完善，以明确职业本科教育的定位、权责和发展路径。存在问题的原因一方面是受传统教育观念的影响，国家在制定教育政策时往往更倾向于普通本科教育，导致职业本科教育在资源配置上处于劣势；另一方面是国家职业教育法律体系尚未完善，对职业本科教育的地位、权责和发展路径等缺乏明确规定，导致其发展受到制约。

二是地方政府执行与投入方面，地方政府在落实国家职业教育政策时，往往受到地方经济发展水平和财政收入的影响，从而对职业本科教育的投入不足。一些地方政府在教育资源的分配上更倾向于普通本科教育，而忽视了职业本科教育的发展需求。此外，地方政府在职业教育与区域经济发展的对接上也存在不足，未能充分发挥职业教育服务地方经济的作用。存在问题的原因一方面是不同地区的经济发展水平存在差异，导致地方政府对职业本科教育的投入不均衡；另一方面是一些地方政府在政绩考核中更注重短期效益和形象工程，而忽视了对职业本科教育等长期性、基础性教育的投入。

三是职业院校教育质量与教学改革方面，职业院校作为职业本科教育的实施主体，其教育质量和教学改革直接影响着学生的培养质量。然而，当前一些职业院校在教育理念、师资力量、教学设施等方面存在不足，导致教育质量参差不齐。同时，一些职业院校在专业设置和课程设置上过于追求热门和短期效益，忽视了学生综合素质和职业技能的培养。此外，职业院校在与企业和社会的合作上也不够深入，缺乏实质性的产教融合和校企合作项目。存在问题的原因：一是师资力量薄弱，一些职业院校在师资力量上存在不足，缺乏高素质、专业化的教师团队，影响了教育质量；二是教学设施落后，部分职业院校的教学设施陈旧落后，无法满足现代职业教育的需求，制约了教学改革和人才培养质量的提升；三是市场需求对接不足，一些职业院校在设置专业和课程时未能充分调研市场需求，导致人才培养与市场需求脱节。

四是公众与社会的认知与需求方面，受传统观念的影响，公众与社会对职业本科教育的认知度和认可度相对较低。一些人认为职业教育是"次等教育",只有成绩不好的学生才会选择。这种观念导致职业本科教育的社会地位和吸引力下降,进而影响了其高质量发展。同时,随着经济社会的发展,公众对职业教育的需求也在不断变化,需要职业院校及时调整专业设置和人才培养方向以满足市场需求。存在问题的原因一方面是公众对职业教育存在偏见,认为其不如普通本科教育,导致职业本科教育的社会地位和吸引力降低;另一方面是国家和地方政府对职业教育的宣传引导力度不够,未能有效提升公众对职业教育的认知度和认可度。

五是用人单位的态度与合作方面,用人单位对职业本科教育毕业生的态度直接影响其就业竞争力。当前一些用人单位对职业本科教育毕业生持保留态度,认为其在实际工作中的能力不如普通本科毕业生。这主要是由于一些职业院校在人才培养上未能与市场需求有效对接,导致毕业生在职业技能和综合素质上存在不足。同时,一些用人单位也缺乏对职业教育的深入了解,无法为职业院校提供有效的反馈和建议以改进人才培养质量。存在问题的原因有三点,一是随着经济社会的发展,用人单位对人才的需求也在不断变化,而一些职业院校未能及时调整专业设置和人才培养方向以满足市场需求;二是用人单位与职业院校之间缺乏有效的信息沟通机制,导致双方在人才培养和需求上存在信息不对称的情况;三是校企合作机制尚不健全,缺乏长期稳定的合作关系和实质性的合作项目,影响了人才培养的质量和效果。

三 职业本科教育高质量发展多重治理的协同实践体系

稳步发展职业本科教育是新时代党和国家对职业教育的新定位和新要求,已经成为解决职业教育"卡脖子"问题和提高职业教育适应性的关键突破口。[①] 当前我国职业本科教育高质量发展多重治理的现状问题涉及多个层面和主体,需要国家、地方政府、职业院校、公众与社会以及用人单位等

---

① 王兴,阙明坤.场域理论视域下职业本科发展的现实困境与实践路径 [J].职业技术教育,2021,42(31):20-26.

各方共同努力，采取加强合作与交流、推动政策落实与资源投入、深化教育教学改革、提高教育质量和满足市场需求等措施。从五个责任主体的视角出发，可以构建职业本科教育高质量发展多重治理的实践体系。这一体系涵盖了政策引导、资源配置、教育教学改革、社会参与和用人单位合作等多个方面，有助于推动职业本科教育实现高质量发展。

（一）国家视角下职业本科教育高质量发展的宏观调控与政策引导机制

国家可以为职业本科教育的高质量发展奠定坚实的制度基础，提供有力的政策支持和资源保障，并通过质量评估确保教育质量不断提升，从而满足经济社会发展对高素质技术技能人才的需求。[①]

国家在推动职业本科教育高质量发展方面扮演着至关重要的角色，主要通过宏观调控和政策引导来确保教育的整体进步与提升。具体而言，国家在实践体系中需要关注以下几个方面。一是完善职业教育法律体系。确立职业本科教育在法律框架内的地位，包括其作为高等教育体系一部分的合法性和重要性。界定各级政府、教育机构、企业和社会在职业教育中的权利和责任，确保各方能够在明确的法律边界内有效合作。制定和完善与职业教育相关的法律法规，如《职业教育法》的修订和实施细则，以及针对职业本科教育的专项法规或政策。二是加大对职业本科教育的投入。通过财政预算和政策倾斜，增加对职业本科教育的经费投入，改善学校的基础设施和教学条件。设立专项基金，鼓励和支持职业院校进行教育教学改革、师资培训和科研创新。优化教育资源配置，确保职业本科教育在高等教育体系中的资源占有比例与其重要地位相匹配。三是建立健全职业教育质量标准和评估体系。制定统一且具有国际可比性的职业教育质量标准，涵盖教学、管理、科研和社会服务等方面。建立常态化的职业教育质量评估机制，定期对职业院校进行外部评估，确保其教育质量和标准的持续提升。引入第三方评估机构和社会评价，增强评估的公正性和透明度，同时将评估结果作为政策调整和资源分配的重要依据。

---

① 郭广军，黎梅，李昱，刘亚琴. 高质量职业本科教育人才培养的定位及其落实保障机制研究 [J]. 高等职业教育探索，2023，22（01）：8-16.

（二）地方政府在推进职业本科教育高质量发展中的角色定位与实践策略

在职业本科教育的高质量发展过程中，地方政府扮演着具体执行者和管理者的双重角色。这一地位决定了地方政府在推动职业教育与区域经济的紧密结合、优化教育资源配置以及促进产教融合等方面负有重要责任。[①]

首先，地方政府需要结合地方经济发展需求，制定并实施区域职业教育发展规划。这要求地方政府深入分析区域产业结构、技术发展趋势和劳动力市场需求，以此为基础规划职业教育的专业布局、人才培养规模和层次结构。通过这样的规划，可以确保职业教育与区域经济的协同发展，避免教育资源的浪费和错位。其次，地方政府应加大对职业本科教育的投入，改善办学条件，提升教育水平。这包括增加财政拨款、优化教育经费使用结构、提高生均经费标准等措施。同时，地方政府还应关注职业院校的硬件设施建设、师资队伍培养和教学质量提升等方面，为职业本科教育的高质量发展提供有力保障。最后，地方政府需要加强与职业院校、企业和社会的合作，推动产教融合和校企合作深入发展。这要求地方政府搭建有效的合作平台，促进各方资源的共享和整合。通过校企合作，可以实现人才培养与市场需求的紧密对接，提高学生的实践能力和就业竞争力。同时，产教融合也有助于推动职业院校的科研成果转化和应用，增强其服务区域经济社会发展的能力。地方政府在推进职业本科教育高质量发展的过程中发挥着至关重要的作用。通过制定区域职业教育发展规划、加大投入力度以及促进产教融合和校企合作等措施，地方政府可以为职业本科教育的高质量发展提供有力支持和保障。

（三）职业院校视角下职业本科教育高质量发展的核心要素与实践路径

职业院校作为职业本科教育的直接实施者，其高质量发展的实践路径涉及多个核心要素，这些要素共同构成了提升教育质量、培养符合市场需求人才的基础。

[①] 吴诗敏. 我国职业本科教育政策工具选择研究 [D]. 广州：广州大学，2023.

首先，加强师资队伍建设是提升职业本科教育质量的关键。职业院校需要引进和培养具备行业经验和专业知识的教师，构建结构合理的教师团队。通过提供持续的教师培训和专业发展机会，确保教师能够跟上行业发展和技术更新的步伐。这样的师资队伍不仅能够传授最新的行业知识和技能，还能够为学生提供有效的职业规划和就业指导。[①] 其次，更新教学设施是提升教学效果和效率的必要条件。随着科技的快速发展，现代教学设施如模拟实训室、智能教室等对职业教育来说越来越重要。职业院校需要积极投资于这些设施的建设和更新，以便为学生提供更加真实、先进的学习环境。同时，利用信息技术和在线教育资源，可以打破时间和空间的限制，提供更加灵活多样的学习方式。再者，深化教学改革是对接市场需求、优化专业设置和课程设置的重要途径。[②] 职业院校需要密切关注行业发展趋势和市场需求变化，及时调整专业设置和课程内容。通过引入行业标准、职业资格证书要求等元素，确保所培养的人才具备行业所需的知识和技能。此外，采用以学生为中心的教学方法，如项目式教学、情境教学等，可以增强学生的实践能力和问题解决能力。最后，加强与企业和社会的合作是开展实质性产教融合和校企合作项目的基础。[③] 职业院校需要积极寻求与企业的合作机会，共同制定人才培养方案、开发课程资源、建设实训基地等。通过校企合作，学生可以接触到真实的职业环境和工作任务，提升其实践经验和就业竞争力。[④] 同时，企业也可以参与到学校的教学和管理过程中来，提供宝贵的行业经验和资源支持。

（四）公众与社会参与下的职业本科教育高质量发展：认知提升、多元共治与监督机制

在职业本科教育高质量发展的过程中，公众与社会的参与和监督是必不

---

① 姚琳琳. 职业本科院校师资队伍建设的现状及策略——基于31份质量年报的实证分析 [J]. 教育与职业，2024，（01）：78-85.

② 刘义国，胡希冀. 职业教育教学改革的现状、特点与建议——2022年职业教育国家级教学成果奖"教学改革"主题获奖成果分析 [J]. 中国职业技术教育，2023，（26）：46-53.

③ 张卫民，刘芳雄，王建仙. 职业本科院校社会服务能力的政策愿景与提升路径 [J]. 江苏高教，2024，（02）：116-124.

④ 祝欣月. 高职托育专业校企协同育人探索 [C]//山西省中大教育研究院. 第七届创新教育学术会议论文集. 苏州高博软件技术职业学院，2023：2.

可少的。他们不仅为教育的发展提供广泛的社会基础和资源支持，同时也通过评价和反馈推动教育系统的持续改进。

首先，提升公众对职业教育的认知度和认可度是职业本科教育高质量发展的前提。受传统观念影响，职业教育在一定程度上被误解和低估。[①] 因此，需要通过多种渠道加强宣传和教育，向公众传递职业教育的价值、目标和成果，消除偏见和误解。这包括宣传职业教育的成功案例、展示毕业生的就业成果和社会贡献等，从而提升职业教育的社会形象和吸引力。其次，鼓励社会各界参与职业教育治理，形成多元共治的格局。[②] 职业教育的发展涉及政府、学校、企业、行业协会等多个利益相关者。通过建立有效的合作机制和平台，可以汇聚各方资源和智慧，共同推动职业教育的发展。例如，可以建立职业教育咨询委员会或行业指导委员会等机构，吸纳社会各界代表参与职业教育的决策和管理过程。最后，建立健全职业教育信息公开和社会监督机制是保障公众知情权和监督权的关键。[③] 这要求职业院校和相关机构及时、准确地公开教育信息，包括教学质量、师资情况、学生就业等关键数据。同时，应建立畅通的信息反馈渠道和投诉处理机制，确保公众的声音能够被及时听到并得到回应。通过信息公开和社会监督，可以增强职业教育的透明度和公信力，推动其持续健康发展。

（五）用人单位视角下职业本科教育高质量发展的协同机制与实践策略

在职业本科教育的高质量发展的过程中，用人单位作为毕业生的接收方和评价者，扮演着至关重要的角色。用人单位的需求和反馈，直接影响着职业教育的培养方向和教育质量。因此，从用人单位的视角出发，构建与职业院校的协同机制，并采取相应的实践策略，对于推动职业本科教育的高质量发展具有重要意义。

---

① 马君．职业教育社会认可度：社会认同威胁的解释［J］．职业技术教育，2023，44（13）：1.

② 肖称萍．职业教育校企合作多元治理理念与策略探究——基于互联网思维的视角［J］．职教论坛，2016，（25）：60-64.

③ 董仁忠，李添翼．职业教育政策执行监督问题探析［J］．职教论坛，2018，（09）：74-77.

首先，加强与职业院校的沟通与合作是用人单位实践体系中的核心要素。[①] 与职业院校建立紧密的合作关系，共同制定人才培养标准和方案，可以确保所培养的人才符合市场需求和用人单位的实际需要。这种合作可以包括共同参与课程设置、教学计划的制订以及教材的编写等方面，使教育内容更加贴近实际工作需求。其次，提供实习实训机会和就业指导服务是用人单位帮助学生顺利过渡到职场的重要途径。实习实训不仅可以为学生提供实践经验和技能锻炼的机会，还可以帮助他们更好地了解职场文化和工作环境。同时，就业指导服务可以帮助学生明确职业规划、提升求职技能以及更好地适应职场生活。通过这些措施，用人单位可以降低新员工的培训成本和时间，提高员工的稳定性和工作效率。最后，及时反馈毕业生在工作中的表现和需求变化是用人单位推动职业院校改进教育教学工作的重要手段。通过对毕业生进行跟踪调查和反馈收集，用人单位可以了解毕业生在实际工作中的表现、存在的问题以及需要改进的方面。这些信息可以为职业院校提供宝贵的参考意见，帮助他们及时调整教学内容和方法，提高教育质量和效果。

第三节　职业本科大学高质量发展的四重保障

构建高质量教育体系对于推进国家现代化、优化教育资源分配、应对智能技术挑战至关重要。随着社会的快速发展和产业结构的不断升级，职业本科教育作为培养高素质技术技能人才的重要途径，其重要性日益凸显。然而，职业本科教育面临着诸多挑战，如教育理念相对滞后、教学资源不足、政策支持不够等，这些问题制约了职业本科教育的高质量发展。有学者以"大扩招"和"高质量"为主基调，高职教育需进一步明确"质量"定义，兼顾客体性状与主体需求，同时注重立德树人和服务国家，推动建立立体化

---

① 匡瑛，井文. 深化职业教育评价改革的逻辑起点、实践痛点与出路要点［J］. 教育发展研究，2022，42（Z1）：9-15.

多层次的新型质量保障体系，确保高质量扩招的实现。① 有学者提出"四维度"策略：参与主体多元化、教育质量提升、制度保障强化及质量文化建设，旨在综合提升高职院校的办学能力和教育质量。② 有学者指出为了保障职业本科院校在高质量发展阶段实现特色发展，需要优化评价导向，积极推动分类评价改革，确保科学精准的评价为特色发展提供有效指引；同时，要增强组织实力，通过不断完善内外部治理体系，提升治理效能，为特色发展奠定坚实基础；此外，深化产教双向融合，构建紧密的产教融合生态，将为特色发展注入持续动力，促进教育链、人才链与产业链、创新链的有机衔接。③

整体而言，有学者从多个维度来深入理解高质量教育体系的内涵和特征。从伦理和价值角度看，它强调教育的公共性、公平性和人本关怀；从教育系统自身发展出发，它追求构建一个健康、全面且富有创新活力的教育生态；同时，在教育技术不断发展的背景下，高质量教育也意味着智能化、技术驱动的教育体系和教育生态的形成。然而，建设这样一个体系并非一蹴而就，而是一个持续努力、不断发展的过程。这要求不断深化教育体制机制改革，持续推动教育资源配置、教师发展和教育评价制度的创新，高水平地推进教育治理体系和治理能力的现代化建设。通过构建系统完备、科学规范、运行高效的教育制度体系，将教育制度优势转化为实际的教育治理效能，从而确保高质量教育体系的稳健构建和持续发展。④

仅就职业本科教育高质量发展的制度保障而言。首先，职业本科教育高质量发展的政策制度保障是基础和前提，它为职业本科教育的发展提供了指

① 郭文富. 扩招百万呼唤高职院校建立新型质量保障体系 [J]. 职教论坛，2019，(07)：37-41.
② 李运山，王梅，肖凯成，杨小林. "四维度"策略构建高等职业教育质量保障体系 [J]. 中国职业技术教育，2021，(28)：77-82.
③ 李天源，石伟平. 职业本科院校在高质量发展阶段的特色发展之路：理论原则、关键任务与保障策略 [J]. 中国职业技术教育，2022，(12)：16-20+70.
④ 范国睿. 高质量教育体系建设：价值、内涵与制度保障 [J]. 南京师大学报（社会科学版），2022，(02)：5-13.

导和规范。其次，职业本科教育高质量发展的资源保障是实现高质量发展的关键，它确保了教育资源的充足和合理配置。再次，职业本科教育高质量发展的管理保障是提升教育质量和管理水平的重要手段，它为教育教学的顺利进行提供了有力支持。最后，职业本科教育服务高质量发展的技术保障是推动教育创新和提升服务质量的重要驱动力，它为职业本科教育的现代化和智能化发展提供了技术支撑。

一 确立职业本科教育稳固地位与持续发展的政策制度保障

首要的保障是政策制度保障，因为它是指导和规范职业本科教育发展的基础。没有明确的政策制度，其他保障措施将难以实施和落地。政策制度为整个教育体系提供了方向、目标和规范，确保了教育活动的合法性和有序性。在推动职业本科教育高质量发展的过程中，政策保障起到了关键性的引导和支撑作用。从法律法规的完善到财政政策的支持，再到招生与就业政策的引导以及国际交流与合作的推动，各项政策共同构建了一个全面、系统的保障体系。

（一）法律法规完善：确立职业教育地位，明确各方职责

法律法规是确保职业教育健康发展的基石。通过制定与修订相关法律法规，不仅可以保障职业教育的地位，还能明确政府、企业、学校等各方在职业教育中的职责与权利。这有助于形成一个有序、规范的教育环境，为职业教育的长远发展提供有力保障。

2022 年新修订的《职业教育法》为职业教育高质量发展提供法治保障。新修订的《职业教育法》为职业教育带来了全新的定义和地位，确立其为与普通教育同等重要的教育类型，并明确了职业教育的方向、机制和主体。该法旨在培养高素质技术技能人才，强调职业道德、科学文化与专业知识、技术技能等综合素质的培养。同时，职业教育被视为国民教育体系和人力资源开发的重要组成部分，对于培养多样化人才、传承技术技能以及促进就业创业具有重要意义。在职业教育方向上，新法强调了党的领导、社会主义办学方向、立德树人、产教融合、校企合作等原则，并注重面向市场、实践和

因材施教。在机制上，职业教育实行政府统筹、分级管理、地方为主、行业指导、校企合作、社会参与的机制。此外，新法还鼓励多种层次和形式的职业教育发展，支持社会力量广泛参与，特别强调了企业在职业教育中的重要办学主体作用。为解决职业教育发展中的难题，新法提出了一系列措施，如给予产教融合型企业金融、财政、土地支持及税费优惠，支持面向农村的职业教育，以及鼓励社会力量参与联合办学等。这些改革措施有望为职业教育的高质量发展提供有力保障，推动其更好地服务于经济社会发展和人才培养需求。[①]

最值得称道的是新的《职业教育法》进一步优化了职业教育的体系建设，"促进不同层次职业教育的贯通。相较于原职教法中教育体系的初、中、高三级层次，新职教法取消了初等职业学校教育，但新增了条款将职业教育教学内容前移，鼓励中小学开展职业启蒙、劳动教育等相关活动，从小为孩子培养职业技能的学习兴趣。同时新职教法着力打通职业教育止于专科层次的'天花板'，规定职业教育存在'本科及以上教育层次'，扩展了高等职业学校的发展空间，实现了职业教育体系内中、高、本甚至更高层次的贯通"。[②]

（二）财政、招生与就业政策支持：加大投入、改革制度、拓宽渠道

财政政策是推动职业教育发展的重要手段。加大财政投入力度、提高生均拨款水平，可以为职业教育提供稳定的经费保障，确保其正常运行和持续发展。此外，实施财政优惠政策还能有效鼓励社会力量投入职业教育，形成多元化的投入机制。为了充分发挥财政政策的作用，需要建立完善的经费管理制度和监督机制，确保经费使用合理、高效，避免出现浪费和挪用现象。同时，还要加强与企业的沟通与合作，引导企业加大对职业教育的投入和支持。

---

① 黄亚宇．修订《职业教育法》为职业教育高质量发展提供法治保障［J］．职业技术教育，2022，43（12）：1.
② 曾天山，李杰豪．新《职业教育法》保障职业教育高质量发展［J］．中国职业技术教育，2022，（16）：16-22.

落实财政补助是夯实专门职业大学物质基础的关键。日本专门职业大学通过多渠道引入教育经费，确保持续办学和提升效益。这些学校享受国家财政补贴，且补助与设置基准和追加财政需求相匹配。政府还采取差异化分配措施，以教育成果为依据分配财政补助资金，激发学校活力。此外，积极引入民间资金，与产业界合作，打造灵活的经费投入和筹措机制。① 市场力量的注入不仅带来资金，还起到监督和制衡作用。同时，充分利用厚生劳动省提供的专门实践训练补助金，激发社会面学生的学习热情。② 这些措施共同为日本专门职业大学的稳健发展提供了有力保障。③

招生与就业政策直接关系到职业教育的生源质量和毕业生就业情况。通过改革招生制度、拓宽生源渠道，可以吸引更多有志于从事职业技能工作的学生报考。同时，完善就业政策、提高毕业生就业质量，则有助于增强职业教育的社会认可度和吸引力。④ 为实现这一目标，需要加强与市场需求的对接和预测能力。根据市场需求调整专业设置和招生计划，确保培养的人才符合社会需要。同时，还要加强就业指导和服务工作，帮助学生顺利就业并实现职业发展。

（三）质量保障的外部评估政策设计：政府和第三方协同

经过对党的十八大以来职业教育质量评估政策的深入研究与计量分析，学者们普遍认为，我国已经成功构建了涵盖评估主体、评估方法、评估内容及评估保障等关键要素的职业教育质量评估政策体系。这一体系不仅完整全面，而且展现出显著的政策演进特征：政策价值从单纯服务经济发展逐步提

---

① 稲毛文惠. 専門職大学及び専門職短期大学の創設 ［EB/OL］. (2017-09-08) ［2022-12-25］. https：//www. sangiin. go. jp/japa-nese/annai/chousa/rippou_chousa/backnumber/2017pdf/20170908021. pdf.

② 文部科学省. 専門実践教育訓練の指定基準見直し（キャリア形成促進プログラム及び専門職大学等の課程関係）［EB/OL］. (2018-12-07) ［2022-09-23］. https：//www. mext. go. jp/component/a_menu/education/detail/__icsFiles/afieldfile/2018/12/07/1411515_001. pdf.

③ 李延平，刘旭旭. 日本专门职业大学质量保障体系的制度设计及运行特点 ［J］. 职业技术教育，2023，44（24）：67-74.

④ 曾小敏，云芳. 高职院校社会生源人才培养质量保障路径研究 ［J］. 教育理论与实践，2023，43（33）：27-30.

升至为建设教育强国贡献力量；政策主体由过去的单一主体转变为现在的多元化参与；政策结构也由原先的离散状态逐渐聚合为更加紧密的整体；同时，政策内容也从较为宽泛的一般性规定细化为更加具体、更具操作性的实施指南。这些变化充分彰显我国职业教育在追求高质量发展道路上所迈出的坚实步伐。[①]

政府在外部评估中主要承担政策制定、监管和引导的职责。作为职业教育强国的新西兰在行业培训方面的质量保障与评估机制值得借鉴。[②] 首先，政府需要制定明确的政策框架，为外部评估提供法律和政策依据。这些政策应包括评估标准、程序、周期以及评估结果的使用等。其次，政府应建立有效的监管机制，确保评估工作的公正性、透明性和权威性。最后，政府还应通过财政支持、税收优惠等措施，引导和鼓励教育机构积极参与外部评估，不断提升教育质量。

第三方评估机构在教育质量保障中发挥着独特的作用。这些机构通常具备专业性、独立性和权威性，能够客观、公正地对教育机构进行评估。第三方评估机构应负责具体实施评估工作，包括制定评估方案、组织专家团队、开展现场考察、撰写评估报告等。同时，它们还应为教育机构提供咨询和指导服务，帮助其改进教育质量。

要确保外部评估的有效性，政府和第三方评估机构之间的协同合作至关重要。首先，政府应与第三方评估机构建立紧密的合作关系，共同制定评估政策和标准，确保评估工作的统一性和规范性。其次，政府应加强对第三方评估机构的监管和支持，确保其独立性和权威性不受干扰。同时，政府还应为第三方评估机构提供必要的资源和支持，帮助其提升评估能力和水平。

此外，政府和第三方评估机构还应加强信息共享和沟通协作。政府应及时向第三方评估机构提供相关政策信息和教育机构的基本情况，为其开展评

① 李桂荣，何俊萍. 质量评估政策：职业教育高质量发展的制度保障——党的十八大以来职业教育质量评估政策计量分析 [J]. 教育发展研究，2023，43（07）：28-36.
② 刘昕荷，马君. 新西兰行业培训的质量保障与评估机制研究 [J]. 职教论坛，2020，（03）：170-176.

估工作提供便利。同时，第三方评估机构也应定期向政府报告评估结果和改进建议，为政府制定和调整教育政策提供参考依据。

（四）国际交流与合作政策推动：引进先进理念，共享全球资源

国际交流与合作是推动职业教育国际化的重要途径。通过加强与国际职业教育机构的交流与合作，可以引进国际先进的职业教育理念和资源，提高我国职业教育的国际化水平，服务于"一带一路"倡议及行业企业，深化校企合作与产教融合。这不仅有助于提升我国职业教育的整体实力，还能为培养具有国际视野的高素质技能人才创造有利条件。

为了深化国际交流与合作，需要建立完善的合作机制和平台。加强与国外职业教育机构的联系和沟通，开展多种形式的合作项目和交流活动。要确保国际化办学的成功，高质量的师资、完善的机制及开放包容的文化环境是必不可少的保障。[①] 同时，还要注重引进国外优质的教育资源和先进的教育理念，结合我国实际进行本土化改造和创新发展。

二 构筑职业本科教育高质量发展坚实基础的资源保障

在职业本科教育的高质量发展过程中，资源保障起着举足轻重的作用。从教学资源建设到科研资源投入，再到校企合作资源拓展和信息化资源应用，每一个环节都直接影响着教育的质量和效果。

（一）教学资源建设：以行业需求为导向，强化实践教学能力

教学资源是职业本科教育的基础，其建设必须紧密围绕行业需求，不断优化专业与课程设置。通过对接行业发展趋势和企业用人需求，及时调整专业设置和课程内容，确保教育的前瞻性和实用性。同时，加强实训基地建设是提升实践教学能力的关键。实训基地不仅是学生技能训练的场所，更是连接学校与企业的桥梁。通过引进先进设备、模拟真实工作场景、开展校企合作等方式，打造一流的实训基地，让学生在实践中深化理论认识，提升职业技能。

---

① 刘剑飞、陈彬. 高职院校国际化办学模式和保障措施探析［J］. 中国职业技术教育，2018，（34）：84-87.

1. 优化专业与课程设置，对接行业需求

在职业本科教育中，专业和课程的设置直接关系到人才培养的质量和效果。因此，必须以行业需求为导向，对现有专业和课程进行全面梳理和优化。一方面，要淘汰那些与市场需求脱节、就业前景黯淡的专业和课程；另一方面，要积极开设新兴专业、紧缺专业，并根据行业发展趋势及时调整课程内容。同时，还要加强与企业的沟通与合作，共同制定人才培养方案和教学计划，确保教育的针对性和实用性。

2. 加强实训基地建设，提升实践教学能力

实训基地是职业本科教育的重要组成部分，也是提升学生实践能力的关键环节。因此，必须高度重视实训基地的建设和管理。首先，要加大投入力度，引进先进的实训设备和技术，打造一流的实训环境；其次，要加强与企业的合作，引进企业真实的工作场景和项目案例，让学生在实践中学习和成长；最后，还要建立完善的实训教学体系和管理制度，确保实训教学的有序进行和高效实施。

（二）科研资源投入：以创新驱动发展，服务地方经济

科研是职业本科教育高质量发展的重要驱动力。通过加大科研经费投入、鼓励教师参与科研活动，可以推动教育创新和技术进步。同时，建立科研成果转化机制是服务地方经济发展的关键。通过将科研成果转化为实际生产力，不仅可以推动地方产业升级和经济发展，还可以为学生提供更多的实践机会和就业渠道。

1. 加大科研经费投入，鼓励教师参与科研活动

在职业本科教育中，科研活动对于提升教师水平、推动教育创新具有重要意义。因此，必须加大科研经费的投入力度，为教师提供充足的科研资源和条件。同时，还要建立完善的科研激励机制和评价体系，鼓励教师积极参与科研活动、发表高水平论文、申请专利等。通过这些措施，可以激发教师的科研热情和创新能力，推动职业本科教育的高质量发展。

2. 建立科研成果转化机制，服务地方经济发展

科研成果转化是职业本科教育服务地方经济发展的重要途径。因此，必

须建立完善的科研成果转化机制，推动科研成果向实际生产力转化。一方面，要加强与地方政府和企业的沟通与合作，了解市场需求和产业发展趋势；另一方面，要积极搭建科研成果展示和推广平台，让更多的企业和投资者了解并应用科研成果。通过这些措施，可以实现职业本科教育与地方经济发展的深度融合和互利共赢。

（三）校企合作资源拓展：深化产教融合，共建共享共赢

校企合作是职业本科教育高质量发展的重要途径。通过深化校企合作、共建共享资源，可以实现学校与企业的优势互补和协同发展。同时，拓展企业参与办学的途径与方式也是提升教育质量和效果的关键。2022年8月，职业教育与产业转型发展论坛在国家会展中心（天津）召开。该论坛主要探讨了三个核心议题：职业教育如何适应产业转型的需求、职业教育人才培养模式的创新与变革，以及如何推动现代职业教育的高质量发展。论坛深入剖析了产业转型的最新趋势及其对职业教育质量提升的明确要求，集中讨论了职业教育在政策引导、产教融合及人才培养等多方面如何更好地适应并服务于产业转型的战略措施。[①]

1. 深化校企合作，共建共享资源

校企合作是职业本科教育实现产教融合的重要方式。通过与企业开展深度合作，可以共同建设实训基地、开发课程资源、开展技术研发等。这些合作不仅可以为学生提供更多的实践机会和就业渠道，还可以为企业提供人才支持和技术创新服务。同时，通过共建共享资源，可以实现学校与企业的优势互补和资源共享，提高教育资源的利用效率。

2. 拓展企业参与办学的途径与方式

在职业本科教育中，拓展企业参与办学的途径与方式对于提升教育质量和效果具有重要意义。一方面，可以引导企业参与专业设置和课程开发，根据企业需求和行业标准来设置专业和课程；另一方面，可以邀请企

① 王珩安. 职业教育适应产业转型发展的顶层设计、组织保障与核心工程——职业教育与产业转型发展论坛综述［J］. 中国职业技术教育，2022，（28）：74-79+72-73.

业专家参与教学实施和评价，提供实际案例和实践指导。通过这些措施，可以让学生更早地接触企业实际、了解行业发展趋势、提升职业素养和就业竞争力。

三　提升职业本科教育高质量发展重要手段的管理保障

管理是职业本科教育稳健前行的关键所在，其创新、改革、建设与监控等共同构成了高质量发展的基石。

（一）管理理念创新：以学生为中心，实践与应用并重

发展职业本科不仅在社会层面上有助于推动产业转型升级和经济的高质量发展，而且在受教育者个人层面上也为学生提供了更多高质量的就业机会，并促进他们全面可持续发展。随着技术的不断进步和工作组织模式的持续变革，对技术技能人才的要求也在不断提高。因此，提升学历层次已经成为职业教育发展的一个重要趋势，以满足社会对高素质技术技能人才的需求。职业本科教育的管理理念创新，首要任务就是确立学生在教育过程中的主体地位。[①] 学生不再是被动接受知识的容器，而是教育活动的中心，是知识建构与技能习得的主动参与者。为了满足学生个性化需求和发展目标，教育管理者需要深入了解学生的兴趣、特长和职业规划，进而设计出更符合学生实际需求的教学计划和培养模式。

与此同时，实践与应用在职业本科教育中不可或缺。传统的重理论轻实践的教学模式已经难以适应现代职业教育的需求。因此，教育者需要打破这种固有模式，将更多的实践元素和应用场景融入教学中。通过校企合作、实训基地建设等方式，让学生在真实的工作环境中学习和实践，从而更好地掌握专业知识和技能，提升就业竞争力。

（二）管理体制机制改革：建立现代职业教育治理体系，提升管理效率

为了实现职业本科教育的高质量发展，必须进行管理体制机制的改革，

---

① 吕建强，任君庆. 赋权与增能：新《职业教育法》保障学生权益的内涵解读 [J]. 中国职业技术教育，2022，（34）：17-21+84.

构建政府、学校、企业、社会等多元主体共同参与的现代职业教育治理体系。[①] 在这一体系中，政府发挥着宏观指导和政策支持的作用；学校依法自主办学、民主管理；企业积极参与职业教育办学和人才培养过程；社会则加强对职业教育的监督和评价。通过各主体的协同合作，实现资源共享、优势互补，共同推动职业本科教育发展。

完善学校内部治理结构的重要性。学校需要明确各部门的职责和权限，形成科学决策、民主管理、有效监督的良好机制。这有助于提高学校管理的透明度和效率，减少内部摩擦和浪费，为职业本科教育的高质量发展提供有力保障。

（三）师资队伍建设：引进与培养"双师型"教师，构建教师发展平台

师资队伍是职业本科教育质量的直接决定因素之一。应重视"双师型"教师的引进与培养。"双师型"教师不仅具备扎实的理论知识，还拥有丰富的实践经验和专业技能。他们能够将理论与实践紧密结合，为学生提供更加全面、实用的教学服务。因此，学校需要通过多种渠道引进"双师型"教师，并为他们提供必要的培训和发展机会。

构建多元化的教师发展平台的重要性。教师发展平台是提升教师能力、激发教师潜能的重要途径。学校应该鼓励教师参与科研、教改等活动，为他们提供必要的支持和资源。同时，还应该建立完善的激励机制和评价体系，激发教师的积极性和创造性，推动他们不断提升自身的学术水平和职业素养。

（四）教学质量监控与评估：建立全面质量管理体系，实施常态化评估与反馈

为保证我国职业本科教育的高质量发展，建立职业本科内部教学质量保障体系势在必行。构建我国职业本科内部教学质量保障体系，应树立基于产教融合的质量保障理念、建立以学生为中心的质量保障机构、规范相关的教学质量评估标准、构建相关的教学质量保障系统、创新产教融合型内部教学

---

① 宋依蔓，刘影.多元主体协同的高职院校教育质量保障机制建设［J］.教育与职业，2022，（11）：40-45.

质量保障制度、打造基于产教融合的质量保障文化。①

教学质量监控与评估是保障职业本科教育质量的重要手段。完善的教学质量标准体系应该包括课程设置、教学内容、教学方法、实践教学等各个方面的标准和要求，为教学评估和质量监控提供明确的依据。制定统一、科学、合理的教学质量标准，有助于规范教师的教学行为，提高教学质量的可控性和可预测性。

实施常态化的教学评估与反馈机制的重要性。教学评估是对教学质量进行客观、全面、准确评价的过程。通过定期开展教学评估工作，可以及时发现教学中存在的问题和不足，为改进教学提供有力依据。同时，反馈机制能够将评估结果及时反馈给教师本人和相关部门，帮助教师了解自身的教学情况，明确改进方向，从而不断提升其教学质量和水平。②

四 推动职业本科教育高质量发展驱动力的技术保障

技术保障是推动职业本科教育走向高质量、可持续发展的核心驱动力。它围绕资源建设、辅助系统和数据优化三大支柱，为教师能力提升、资源共享及隐私保护提供坚实支撑。通过技术保障的深入实施，职业本科教育实现在质量上的显著提升、教育模式上的创新突破以及对社会服务的全面升级。这不仅是技术发展的必然结果，也是教育改革和时代进步的共同要求。

（一）技术保障的核心构成：资源建设、辅助系统与数据优化

在推动职业本科教育高质量发展的过程中，技术保障作为重要支撑，其核心构成主要体现在数字化教学资源建设、智能化教学辅助系统以及数据分析与教学优化三个方面。

1. 数字化教学资源建设：丰富与多元的基石

数字化教学资源是现代教育的重要组成部分，它为职业本科教育提供了

---

① 马卫国. 职业本科内部教学质量保障体系建设刍议 [J]. 中国职业技术教育, 2022, (23): 45-51.

② 赵志群. 建立以职业能力评价为核心的学业评价制度, 保障技能人才培养质量和教育强国建设水平 [J]. 职业技术教育, 2023, 44 (12): 13-15.

丰富、多元的教学内容和学习方式。通过电子教材、在线课程等数字化资源，学生可以随时随地获取所需知识，打破时间和空间的限制。[①] 同时，虚拟仿真实训等资源的引入，使学生在安全、可控的环境中进行实践操作，可以有效提升其实践能力。数字化教学资源的建设不仅关注资源的数量和种类，更注重资源的质量和适应性。优质的数字化教学资源能够激发学生的学习兴趣，提高其学习效果。因此，在建设过程中，需要注重资源的筛选、整合和优化，确保其与职业本科教育的培养目标和教学需求相契合。数字技术为学习成果认证的制度建设和实践应用提供了新的机遇与条件。[②]

2. 智能化教学辅助系统：个性与高效的引擎

智能化教学辅助系统是技术保障的关键环节，它利用人工智能、大数据等先进技术，为职业本科教育提供个性化、高效的教学支持。通过对学生学习行为的分析和挖掘，智能化教学辅助系统能够精准地识别学生的学习需求和特点，为其推荐合适的学习资源和路径。同时，智能化教学辅助系统还能够提供即时反馈和评估功能，帮助学生及时了解自己的学习进度和效果，调整学习策略。此外，该系统还能为教师提供教学数据分析和决策支持，协助教师更好地进行教学设计和优化。

3. 数据分析与教学优化：精准与持续改进的保障

数据分析与教学优化是技术保障的重要手段，它通过对教学过程中产生的数据进行收集、整理和分析，为教学改进提供有力支持。数据分析能够揭示学生的学习规律、问题和需求，帮助教师更加精准地进行教学干预和指导。同时，数据分析还能为教学评价和决策提供科学依据。通过对教学效果的定量分析和比较，可以更加客观地评估教学质量和效果，为教学改进提供明确方向。此外，数据分析还能为教育管理者提供宏观层面的决策支持，推动职业本科教育的持续发展和创新。

① 杜德昌.教材改革：新时代职业院校高质量发展的基本保障［J］.中国职业技术教育，2019，（29）：11-14.

② 张伟远，杜怡萍，谢青松，谢浩，李文静.数字时代以质量保障为核心的学习成果认证制度建设［J］.现代远程教育研究，2023，35（06）：74-82.

（二）技术保障的实施重点：教师能力提升、共享资源与隐私保护

在实施技术保障的过程中，需要关注教师技术能力培养、技术资源整合与共享以及信息安全与隐私保护等重点问题。

1. 教师技术能力培养：提升应用与创新能力的关键

教师是职业本科教育的核心力量，他们的技术能力直接影响着技术保障的实施效果。因此，加强对教师的技术培训和支持至关重要。通过定期举办技术培训、工作坊等活动，提高教师对数字化、智能化教学工具的应用能力和创新意识。同时，鼓励教师积极参与教育技术研究和项目开发，推动技术与实践的深度融合。

2. 技术资源整合与共享：促进优质资源的流通与利用

为了避免资源的浪费和重复建设，需要构建校内外、国内外的教学资源共享机制。通过搭建资源共享平台、建立合作联盟等方式，整合和共享优质的教学资源和技术成果。这不仅可以提高资源的利用效率，还能促进教育的公平与均衡发展。同时，鼓励社会各界积极参与资源建设和共享，形成多元化的投入和合作机制。

3. 信息安全与隐私保护：确保安全稳定的教育环境

在利用技术手段促进教育发展的同时，信息安全和隐私保护问题不容忽视。通过建立完善的信息安全体系、加强网络设施安全防护等措施，确保教育信息系统的安全稳定运行。同时，制定严格的隐私保护政策和数据使用规范，保障师生的个人信息安全和合法权益不受侵害。此外，加强师生信息安全教育和培训，增强其信息安全意识和防护能力。

（三）技术保障的预期效果：质量提升、模式创新和服务发展

通过实施有效的技术保障措施，可以期待在以下几个方面取得显著成效。

1. 教学质量提升：优化学习体验与效果

借助先进的技术手段，可以为学生提供更加优质、高效的教学服务。数字化教学资源和智能化教学辅助系统的应用将使学习变得更加便捷、有趣和高效。同时，数据分析与教学优化将持续改进教学质量和效果，满足学生多样化的学习需求。

2. 教育模式创新：推动开放、灵活与高效的教育变革

技术的引入和应用将推动职业本科教育向更加开放、灵活和高效的模式转变。数字化、智能化等技术的应用将打破传统教育模式的束缚，为培养创新型人才提供有力支持。同时，新的教育模式将更加注重学生的主体地位和个性化发展需求。

3. 服务社会经济发展：培养高素质技能人才助力现代化建设

通过培养具备高素质、高技能的劳动者，职业本科教育将更好地适应社会经济发展需求。技术保障将有力推动职业本科教育与产业需求的紧密对接和深度融合，为国家现代化建设作出积极贡献。同时，职业本科教育也将成为推动社会公平和发展的重要力量。

第七章 余论：职业本科大学高质量
发展的相关议题

本章是对全书内容的进一步拓展与深化，聚焦职业本科大学在新质生产力发展中的角色与路径，以及公共英语课程标准编制与实施的重要议题。第一节深入探讨了职业本科教育在新质生产力发展中的战略地位、内在机理及实践原则与多元路径，旨在揭示职业本科教育如何与发展新质生产力紧密契合，如何在新质生产力发展中发挥独特作用，并为其提供实践指导。第二节聚焦于职业本科大学公共英语课程的现状与问题，探讨了课程标准建设的底层逻辑及开发的行动框架，旨在优化职业本科大学公共英语课程标准，提升课程教学质量与效果，为职业本科大学的人才培养提供有力支撑。通过深入剖析公共英语课程标准的编制与实施，为职业本科大学公共英语课程的改革与发展提供有益的思路与建议。

第一节 职业本科教育助力新质生产力的
逻辑与路径

2019 年，国务院印发《国家职业教育改革实施方案》，明确指出开展本科层次职业教育试点。[①] 教育部先后批准 33 所高职院校升格为本科层次职

---

① 袁旗.《国家职业教育改革实施方案》十大概念解读 [J]. 职业技术教育，2019，40（33）：44-47.

业大学。2021 年，教育部《关于推动现代职业教育高质量发展的意见》明确指出，到 2025 年，职业本科教育招生规模不低于高等职业教育招生规模的 10%。① 2023 年，习近平总书记在中央政治局进行第五次集体学习，扎实推动教育强国建设中，明确指示要统筹职业教育、高等教育、继续教育，推进职普融通、产教融合、科教融汇，源源不断培养高素质技术技能人才、大国工匠、能工巧匠。②

新质生产力是以科技创新为主的生产力，它摆脱了传统增长路径，符合高质量发展要求，是数字时代更具融合性、更体现新内涵的生产力。新质生产力以颠覆性技术和前沿技术催生新产业、新模式、新动能，其特点是创新，关键在质优，本质是先进生产力。③ 新质生产力是未来经济发展的重要方向，需要政府、企业和社会各界共同努力。职业本科教育对加强科技创新和人才培养、推动新质生产力的形成和发展十分重要。

一　中国职业本科教育的战略地位

在我国教育改革的浪潮中，职业本科教育崭露头角，其战略地位日益凸显。当前，我们正处在一个科技革命和产业变革交织的时代，发展新质生产力成为国家竞争力的关键。职业本科教育，作为培养高素质技术技能人才的重要基地，与发展新质生产力有着天然的契合点。然而，我国职业本科教育在规模、质量和结构上仍面临挑战。因此，明确战略目标，大力发展职业本科教育，不仅是对接新质生产力发展的迫切需求，也是推动教育现代化、建设人才强国的必由之路。同时，新质生产力的发展也为职业本科教育提供了清晰的发展指引，要求其不断创新人才培养模式，提升服务经济社会发展的能力。

---

① 中共中央办公厅、国务院办公厅：《关于推动现代职业教育高质量发展的意见》[J]. 职业技术教育，2022，43（03）：67.
② 管培俊，刘伟，王希勤等. 学习贯彻习近平总书记在中共中央政治局第五次集体学习时的重要讲话精神（笔谈）[J]. 中国高教研究，2023，（07）：1-8.
③ 许恒兵. 新质生产力：科学内涵、战略考量与理论贡献 [J]. 南京社会科学，2024，（03）：1-9.

（一）发展职业本科教育与发展新质生产力紧密契合

发展我国职业本科教育具有极其重要的战略地位，这主要体现在以下五个方面。[①] 一是完善现代职业教育体系。职业本科教育是构建和完善现代职业教育体系的关键环节。发展职业本科教育，可以填补职业教育在本科层次的空白，实现中等职业教育、高等职业教育和职业本科教育的有效衔接，为学生提供更多元的成长路径。二是服务国家发展战略。职业本科教育紧密对接国家产业发展战略和区域经济社会发展需求，为产业升级、技术创新和经济发展提供有力的人才支撑。通过培养高素质技术技能人才，职业本科教育有助于推动我国经济社会的持续健康发展。三是促进教育公平和人的全面发展。发展职业本科教育有助于打破传统教育观念的束缚，为更多学生提供接受高层次职业教育的机会。这不仅可以满足社会对多样化人才的需求，还能促进学生的全面发展，实现教育公平。四是提升国家竞争力。在全球化的背景下，职业本科教育的发展水平直接关系到国家的国际竞争力。通过培养具有国际视野和创新精神的高素质技术技能人才，职业本科教育有助于提升我国在国际上的地位和影响力。五是推动教育改革和创新。职业本科教育作为教育改革的重要领域之一，其发展将推动整个教育体系的改革和创新。通过探索新的教育模式、教学方法和评价机制，职业本科教育有望为我国教育改革提供有益的经验和借鉴。

在上述五个方面中，与发展新质生产力有直接和间接关系的方面分析如下。其中，直接关系体现在两个方面。一是服务国家发展战略方面。职业本科教育紧密对接国家产业发展战略，特别是针对新兴产业和未来产业的发展需求培养人才。这种对接有助于直接推动新质生产力的发展，因为新质生产力往往依赖于前沿科技和颠覆性技术，而这些都需要有相应的高素质技术技能人才来支撑和实现。二是提升国家竞争力方面。新质生产力是国家竞争力的重要组成部分。职业本科教育通过培养具有国际视野和创新精神的高素质

[①] 袁广林. 职业本科教育的本质内涵与实践逻辑 [J]. 现代教育管理, 2024, (01): 119-128.

技术技能人才，直接提升了国家在新兴产业和未来产业领域的竞争力，从而有助于发展新质生产力。

间接关系体现在三个方面。一是完善现代职业教育体系方面。虽然这更多的是一个教育体系内部的结构完善问题，但一个健全、高效的职业教育体系可以为新兴产业提供更符合需求的人才。这种人才供给的改善可以间接促进新质生产力的发展。二是促进教育公平和人的全面发展。教育公平和人的全面发展可以为更多人提供接触和学习新技术、新知识的机会。当更多人具备这些能力时，整个社会的创新能力和技术吸收能力都会增强，这间接有利于新质生产力的发展。三是推动教育改革和创新方面。教育改革和创新可能会催生出更多符合新质生产力发展需求的教育模式和教学方法。这些新的教育模式和教学方法能够更高效地培养出具备创新精神和实践能力的人才，从而间接促进新质生产力的发展。

（二）当前我国职业本科教育呈现稳步发展态势

随着我国经济的快速发展和产业结构的转型升级，职业本科教育作为培养高素质技术技能人才的重要途径，近年来得到了迅速发展。在教育规模与布局方面，职业本科教育的整体规模不断扩大，学校数量和学生规模均呈现稳步增长的态势。全国 33 所职业本科院校，涵盖了多个学科领域，为各行各业培养了大量的高素质技术技能人才。同时，职业本科教育的专业设置紧密对接市场需求和产业发展趋势，不断优化和调整专业结构，形成了与经济社会发展相适应的专业布局。在教育质量与特色方面，职业本科教育注重实践教学和产学研结合，突出应用型、实践性的特色。通过与企业、行业的紧密合作，共同制定人才培养方案、开发课程、建设实训基地等，实现了教育与产业的深度融合。这种办学模式不仅提高了学生的实践能力和职业素养，也为企业提供了稳定的人才来源和技术支持。在政策支持与发展趋势方面，国家层面出台了一系列政策支持和引导职业本科教育的发展。展望未来，随着产业结构的进一步调整和新兴产业的不断涌现，职业本科教育将面临更多的发展机遇和挑战。一方面，需要继续扩大教育规模，优化专业结构，提高教育质量；另一方面，也需要加强与企业、行业的合作与交流，推动教育链、人才链与产业链、创新链的有机衔接。

根据我国职业教育的战略规划，发展我国职业本科教育的战略目标可以概括为以下几点。一是优化职业教育层次结构。通过大力发展职业本科教育，优化职业教育层次结构，构建中等职业教育、高等职业教育、职业本科教育、专业学位研究生教育相互衔接、协调发展的现代职业教育体系。这有助于满足经济社会发展对不同层次技术技能人才的需求，提高职业教育的整体吸引力和社会认可度。二是扩大职业本科教育规模。根据经济社会发展需求和职业教育发展规律，逐步扩大职业本科教育规模，提高其在整个高等教育体系中的比重。这有助于为更多学生提供接受高层次职业教育的机会，促进教育公平和人的全面发展。三是提升职业本科教育质量。坚持内涵式发展，注重提高职业本科教育的质量和水平。通过加强师资队伍建设、完善课程体系、改革教学方法、加强实践教学等措施，提高学生的职业素养和实践能力，培养符合新质生产力发展需求的高素质技术技能人才。四是强化产教融合、校企合作。深化产教融合、校企合作，推动职业本科教育与产业需求紧密对接。通过与企业合作开展人才培养、科技研发、社会服务等活动，增强职业本科教育的针对性和实用性，提高学生的就业创业能力和社会适应能力。五是增强服务区域经济社会发展能力。紧密结合区域经济社会发展需求，优化职业本科教育布局和专业结构。通过为区域主导产业、新兴产业和现代服务业等提供人才支撑和智力支持，推动区域经济社会持续健康发展。

（三）新质生产力发展要求为职业本科教育提供了发展指引

随着新质生产力的崛起，其对职业本科教育提出了诸多新的要求，这些要求涉及人才培养、专业设置与课程体系、实践教学与校企合作等多个方面。

首先，在人才培养方面，新质生产力对职业本科教育提出了更高的标准。它要求学校不仅要培养学生的基础知识和专业技能，更要注重培养学生的创新精神、实践能力和跨界融合能力。这意味着职业本科教育需要更加注重学生的综合素质教育，通过创新教育模式和方法，激发学生的创新思维和创造力，同时加强实践教学，提高学生的实践能力和解决问题的能力。此外，跨界融合能力的培养也是新质生产力对职业本科教育的新要求之一，它要求学生具备跨学科、跨领域的知识和技能，能够适应不同行业和领域的需求。

其次，在专业设置与课程体系方面，新质生产力要求职业本科教育紧密跟踪行业和技术发展趋势，及时调整专业设置、更新课程内容，构建与时俱进的课程体系。随着科技的快速发展和产业结构的不断升级，一些传统行业和领域正在逐渐被淘汰或转型，而一些新兴行业和领域正在快速崛起。因此，职业本科教育需要密切关注市场动态和技术发展趋势，及时调整专业设置和课程体系，确保所培养的人才符合市场需求和行业发展趋势。同时，课程内容的更新也是非常重要的，它需要与时俱进，反映最新的科技成果和行业实践，使学生能够掌握最前沿的知识和技能。

最后，在实践教学与校企合作方面，新质生产力强调实践能力和工作经验的重要性。它要求职业本科教育加强实践教学环节，提高学生的实践能力和职业素养。这意味着学校需要与企业、行业等紧密合作，共同制定实践教学方案，建设实训基地和实践教学平台，为学生提供更多的实践机会和实践经验。同时，学校还需要加强与企业的沟通和交流，了解企业的需求和用人标准，以便更好地调整人才培养方案和教学模式。通过深化校企合作，职业本科教育可以更好地服务于新质生产力的发展需求，推动教育与产业的深度融合。

二　职业本科教育与新质生产力的内在机理

在探索职业本科教育与新质生产力的紧密逻辑关系时，不难发现两者间存在相互依存与促进关系。首先，从职业本科教育的功能来看，它不仅是知识的传递者，更是能力的培养者。新质生产力的发展，依赖于那些具备高度专业素养和实践能力的人才，而职业本科教育正是这些能力的摇篮。其次，职业本科大学作为教育机构，承载着不可推卸的伦理职责。在推动新质生产力发展的同时，它必须确保所培养的人才具备正确的价值观和伦理观，以确保科技的力量被用于造福社会。

（一）职业本科大学在新质生产力发展中的职责边界

职业本科教育作为高等教育的一种重要类型，其职能定位明确，旨在培养高层次技术技能人才，服务于经济社会发展和产业转型升级。与此同时，新质生产力作为当前经济社会发展的新动力，具有创新性、技术性、融合性等显著特征，对职业本科教育提出了新的要求和挑战。[①]

1. 职业本科教育在发展新质生产力的职责所在

第一，从职业本科教育的职能定位来看，它承担着人才培养、科学研究和社会服务等多重职能。在人才培养职能方面，职业本科教育需要紧密对接新质生产力的发展需求，通过优化专业设置、更新课程内容、创新教学方法等手段，培养出既具备扎实理论知识，又具有较强实践能力的高素质技术技能人才。这种人才的培养需要注重理论与实践的结合，强调知识的应用性和创新性。在科学研究方面，除了人才培养外，职业本科教育还需要承担一定的科学研究职责。这种研究可以包括对新质生产力相关领域的探索和研究，以及对新技术、新方法的研发和应用。通过科学研究，职业本科教育可以为新质生产力的发展提供理论支撑和技术支持。在社会服务方面，职业本科教育还需要通过与企业、行业等社会各界的合作与交流，将教育资源和科技成果转化为实际生产力。这种转化可以通过校企合作、产教融合、科技成果转化等方式实现，从而推动新质生产力的发展和应用。

第二，新质生产力作为一种以创新为核心、以技术进步为驱动的生产力形态，对职业本科教育提出了新的要求。一方面，新质生产力要求职业本科教育培养的人才必须具备创新意识和实践能力，能够适应快速变化的技术环境和市场需求。另一方面，新质生产力的发展依赖于科技创新和成果转化，这就要求职业本科教育加强科研投入，提升科研水平，推动科技创新与产业发展的深度融合。

第三，教育与生产力之间存在着相互促进的关系。职业本科教育通过培养高素质技术技能人才和推动科技创新，为新质生产力的发展提供

---

① 孙传宏. 试论教育是基础生产力 [J]. 江西教育科研，1994，（05）：18-22.

人才和技术支撑。同时，新质生产力的发展又反过来为职业本科教育提供新的需求和动力，推动教育内容和教学方法的改革与创新。这种互动关系使得职业本科教育与新质生产力之间形成了紧密的联系和良性的循环。

2. 职业本科教育在发展新质生产力的职责边界

职业本科教育在发展新质生产力方面的职责边界，实际上是一个动态而复杂的概念，它并非固定不变，更不是无限的。[①] 这意味着职业本科教育不能简单地将所有与新质生产力相关的任务和责任都揽在自己身上，而是需要有所选择、有所侧重。

首先，职业本科教育必须在保持自身教育特色和优势的基础上合理定位。这种特色和优势可能体现在其专业设置的独特性、课程内容的实用性、教学方法的创新性等方面。只有明确了自身的特色和优势，职业本科教育才能在新质生产力的发展中找到自己的位置，发挥出最大的作用。

其次，职业本科教育需要根据新质生产力的发展需求和自身能力来确定自己的职责边界。新质生产力的发展往往伴随着新的科技革命和产业变革，对人才的需求也呈现出多样化和高层次化的特点。职业本科教育需要密切关注这些变化，及时调整自己的专业设置和课程内容，以满足新质生产力发展对人才的需求。同时，职业本科教育也需要量力而行，避免盲目扩张和过度竞争，确保教育质量和教育公平。

再次，职业本科教育还需要与其他教育类型、科研机构、企业等社会各界进行密切合作与协调。新质生产力的发展是一个系统工程，需要各个领域的共同努力和协作。职业本科教育作为这个系统中的一个重要组成部分，需要与其他组成部分保持良好的沟通和合作，共同推动新质生产力的发展。这种合作可以体现在人才培养、科学研究、社会服务等多个方面，通过资源共享、优势互补、协同创新等方式实现共同发展。

最后，职业本科教育需要明确自身的定位和能力范围。在新质生产力的

---

① 徐国庆. 职业教育的边界在哪里 [J]. 职教论坛，2014，（03）：1.

257

发展中，职业本科教育既不能越位也不能缺位，需要找到自己的准确定位和发挥作用的最佳方式。同时，职业本科教育也需要不断提升自身的能力和水平，以适应新质生产力发展的不断变化和挑战。

（二）职业本科教育功能在新质生产力发展中的能力所及

职业本科教育功能与新质生产力发展之间存在着紧密的逻辑关系。通过充分发挥其规范功能和社会功能，职业本科教育能够为新质生产力的形成和发展提供有力支持。同时，我们也应清醒认识到其功能限度，要以更加科学、全面的视角推动职业本科教育的改革与发展。[①]

1. 职业本科教育的规范功能与新质生产力发展

职业本科教育的规范功能对新质生产力发展具有至关重要的影响。在现代社会，新质生产力是推动社会进步和经济发展的核心动力，而职业本科教育则肩负着为新质生产力培养高素质技术技能人才的重要使命。[②] 为了实现这一目标，职业本科教育必须制定并执行严格的教育标准和规范。这些标准和规范不仅涵盖了课程设置、教学方法等教育教学的各个环节，还深入学生的整个学习过程中，确保他们能够系统掌握扎实的理论知识和实践技能。通过规范化的教育，职业本科教育能够培养出具备专业素养和创新能力的技术技能人才，为新质生产力的形成和发展提供坚实的人才基础。这种规范性不仅体现在教育教学的宏观层面，更贯穿于微观的教学实践中。例如，在课程设置方面，职业本科教育注重理论与实践的结合，通过开设与行业需求紧密相关的课程，确保学生所学知识的前沿性和实用性。在教学方法上，职业本科教育倡导以学生为中心的教学理念，采用案例教学、项目教学等多元化的教学方法，激发学生的学习兴趣和主动性，培养他们的创新思维和解决问题的能力。此外，职业本科教育的规范性还体现在对学生的全面素质培养上。在注重专业知识和技能培养的同时，职业本科教育也强调学生的团队协作、沟通表达、职业道德等综合素质的培养。通过全面的素质教育，职业本科教

---

① 韩飞，郭广帅. 新质生产力赋能职业教育高质量发展：逻辑、堵点与路向 [J]. 广西职业技术学院学报，2024，17（04）：1-8.

② 李长萍. 论高等教育对生产力发展的功效 [J]. 生产力研究，2001，（Z1）：59-60+71.

育能够培养出既具备专业技能又具有良好职业素养的高素质人才，为新质生产力的持续发展提供有力的人才保障。

2. 职业本科教育的社会功能与新质生产力发展

职业本科教育的社会功能与新质生产力发展之间存在着密切的联系和深远的影响。在当今快速变化的社会和经济环境中，新质生产力成为推动发展的核心力量，而职业本科教育则在其中扮演着重要的角色，其社会功能不仅局限于教育领域，更延伸到了产业和社会发展的各个方面。① 首先，职业本科教育通过紧密对接行业和区域产业的发展战略，为新质生产力提供了源源不断的人才支持。它不仅仅是一种学历教育，更是一种面向产业需求、服务地方经济发展的教育形式。通过与企业和行业的深度合作，职业本科教育能够及时了解并掌握最新的技术和市场信息，将这些元素融入教学中，使学生所学知识更加贴近实际需求。这样培养出来的人才，不仅具备扎实的理论基础，更有着丰富的实践经验和较强的创新能力，能够迅速融入新质生产力的发展大潮中，为推动产业升级和创新发展作出贡献。② 其次，职业本科教育的社会功能还体现在推动社会公平和进步方面。它为广大社会成员提供了接受高等教育的机会，打破了传统教育中对于学术成绩和家庭背景的过分依赖，使更多人能够通过自己的努力和才能获得专业技能和知识，提升自身价值和社会地位。这种公平性和开放性不仅有助于社会的稳定和和谐，也为新质生产力的发展注入了活力和创造力。因为只有人人都充分发挥自己的才能和潜力，才能实现真正的创新和发展。③ 最后，职业本科教育的社会功能还体现在其与社会的互动和反馈中。它不仅服务于社会，也从社会中汲取养分和灵感，不断完善和发展。通过与企业、社区和各类社会组织的合作和交流，职业本科教育能够及时了解社会的需求和变化，不断调整和优化教育内

---

① 姜朝晖，金紫薇.教育赋能新质生产力：理论逻辑与实践路径 [J].重庆高教研究，2024，12 (01)：108-117.

② 刘新华，王冬琳，王利明，蒋从根.我国职业教育层次结构与生产力发展水平关系的实证研究 [J].中国高教研究，2013，(04)：93-98.

③ 孟凡华，陈衍.职业教育本身就是生产力 [J].职业技术教育，2011，32 (15)：58-61.

容和方式，使之更加符合时代的发展和社会的进步。这种灵活性和适应性不仅有助于提升职业本科教育的质量和水平，也为新质生产力的发展提供了更加坚实的教育支撑。①

3. 职业本科教育的功能限度与新质生产力发展

在探讨职业本科教育与新质生产力发展的关系时，我们不可避免地要谈到职业本科教育的功能限度。尽管职业本科教育在培养技术技能人才、推动社会进步和经济发展方面发挥着重要作用，但其功能并非无限的，而是受到多种因素的制约和影响。②

第一，职业本科教育的功能限度体现在其教育目标和定位上。职业本科教育主要以培养高素质技术技能人才为目标，注重实践技能和职业素养的培养。然而，这种定位可能导致其过于关注职业技能的训练，而忽视了对学生全面素质和创新能力的培养。在新质生产力的发展中，不仅需要具备专业技能的人才，更需要具备创新精神、团队协作能力和跨文化交流能力的高素质人才。因此，职业本科教育需要在保持其职业教育特色的同时，加强对学生全面素质和创新能力的培养。第二，职业本科教育的功能限度还受到教育资源和教育模式的制约。由于教育资源有限，职业本科教育可能无法提供足够多的优质教育资源和先进的教育模式来满足新质生产力发展的需求。例如，一些新兴领域和交叉学科的发展需要跨学科的知识和技能，但现有的职业本科教育可能无法提供足够的跨学科课程和教育资源。此外，随着信息技术的快速发展，在线教育、混合教育等新型教育模式不断涌现，但职业本科教育在整合这些新型教育模式方面可能存在困难。③ 第三，职业本科教育的功能限度还受到社会环境和政策因素的影响。社会环境的变化和政策调整可能对职业本科教育的发展产生重大影响。例如，经济结构的调整、产业升级和科

① 孙喜亭. 再论科学技术·生产力·教育 [J]. 北京师范大学学报（社会科学版），功能 1998，（05）.

② 芦艳. 我国高等职业教育试点：成效、限度与反思 [J]. 职教论坛，2021，37（11）：6-12.

③ 戚瑞双. 我国高等职业教育空间分布与生产力发展水平的关系研究 [J]. 职业技术教育，2013，34（10）：39-45.

技创新等变化可能导致一些传统行业和职业逐渐衰退或消失，而一些新兴行业和职业则不断涌现。这些变化要求职业本科教育及时调整专业设置和课程内容，以适应新质生产力发展的需求。然而，由于教育系统的惯性和稳定性，职业本科教育可能无法及时作出调整或做出足够的调整来满足这些需求。①

因此，在推动新质生产力发展的过程中，需要充分认识职业本科教育的功能限制，并采取有效措施来克服这些限制。例如，加强职业本科教育与普通本科教育、研究生教育等教育类型的衔接和沟通；推动职业本科教育内部的改革和创新；加强与产业界的合作和交流等。通过这些措施，可以更好地发挥职业本科教育在新质生产力发展中的作用，为经济社会的持续健康发展作出更大的贡献。

三 职业本科教育助力新质生产力的实践原则与多元路径

随着新质生产力的不断发展，职业本科教育作为其重要支撑，需要通过一系列实现路径来更好地满足新质生产力的需求。以下是具体的实现路径。②

（一）职业本科教育助力新质生产力的实践原则

职业本科教育在助力新质生产力的实践中，应遵循适应性、创新性、实践性、国际化和可持续发展等原则，以培养出更多适应市场需求的高素质职业人才，为新质生产力的持续发展提供有力支持。

一是适应性原则。职业本科教育应紧密对接产业发展趋势，不断审视并调整其专业设置和课程内容，确保所培养的人才能够精准匹配市场需求，从而在新质生产力的推动下发挥更大的作用。二是创新性原则。职业本科教育必须保持创新精神，这包括鼓励教学方法、课程设置等方面的创新，以激发学生的创新思维和实践能力。同时，加强科研支持，提升职业本科教育的科

---

① 王海平，安江英，王利明，刘新华，王冬琳，王萍.北京市高等职业教育层次结构与生产力发展水平关系的实证研究［J］.职业技术教育，2013，34（07）：40-46.
② 闫志利，王淑慧.职业教育赋能新质生产力：要素配置与行动逻辑［J］.中国职业技术教育（07）3-10.

研水平，为产业发展提供源源不断的创新动力。三是实践性原则。职业本科教育强调实践能力的培养。通过强化实践教学环节，如实习、实训等，学生能够在实践中学习和成长，提升职业技能和素养。此外，深化校企合作，共同构建实践教学体系，为学生提供更多实践机会和就业渠道，使教育更加贴近产业实际。四是国际化原则。在全球化的背景下，职业本科教育应注重培养学生的国际视野和跨文化交流能力。通过拓宽国际视野，学生能够更好地适应全球化背景下新质生产力的发展需求。同时，加强国际合作与交流，引进国外先进的教育理念和教育资源，提升职业本科教育的国际化水平。五是可持续发展原则。职业本科教育在助力新质生产力的同时，也注重可持续发展。这包括关注学生的环保意识和绿色技能的培养，为产业的绿色发展提供人才支持。此外，强调终身学习理念，鼓励学生不断学习和实践，以适应新质生产力的不断发展，实现个人和社会的可持续发展。

（二）职业本科教育助力新质生产力的三重路径

1. 助力新质生产力，发展职业本科教育的学校自身路径

一是优化专业结构与布局。首先，职业本科教育需要根据新质生产力的需求，深入市场和企业进行调研，了解当前和未来一段时间内的产业发展趋势和人才需求状况。然后，结合学校自身的办学特色和资源优势，调整和优化专业结构和布局。例如，增设与新兴产业、高新技术产业等紧密相关的专业，同时淘汰或改造一些不适应市场需求的专业。通过这样的优化，确保教育与产业、市场的紧密对接，提高人才培养的针对性和实效性。①

二是创新人才培养模式。传统的人才培养模式可能无法完全满足新质生产力的需求，因此，职业本科教育需要积极探索和实施创新型人才培养模式。例如，采用项目式学习，让学生在真实的项目实践中掌握知识和技能；实行工学结合，让学生在学习期间就能接触到实际工作环境和任务；推进产教融合，将学校的教学与企业的生产研发紧密结合，共同培养符合市场需求

---

① 王冬琳，刘新华，王利明，蒋从根. 我国职业教育专业结构与生产力发展水平关系的实证研究 [J]. 职业技术教育，2013，34（16）：51-56.

的高素质人才。这些创新模式能够提高学生的综合素质和创新能力，使他们更好地适应新质生产力的要求。

三是加强师资队伍建设。职业本科教育的成功与否，很大程度上取决于师资队伍的质量。为了支持新质生产力的发展，职业本科教育需要构建一支既具备扎实理论知识，又有丰富实践经验的师资队伍。这可以通过引进企业优秀人才、加强教师培训和实践锻炼、建立激励机制等方式来实现。同时，学校还需要与企业建立紧密的合作关系，共同开展教师培训和科研工作，提高教师的专业素养和实践能力。

四是深化产教融合与校企合作。产教融合与校企合作是职业本科教育的重要特色之一，也是其助力新质生产力的关键途径。通过与企业深度合作，共同制定人才培养方案、开发课程、建设实训基地、开展科技研发等活动，可以实现教育与产业的深度融合。这种深度融合不仅能够提高学生的实践能力和职业素养，还可以为企业提供稳定的人才来源和技术支持，推动产业升级和创新发展。

五是推进教育国际化进程。在全球化的背景下，新质生产力的发展也呈现国际化的趋势。因此，职业本科教育需要积极推进教育国际化进程，加强与国际先进职业教育机构和企业的交流与合作。通过引进国外先进的职业教育理念和资源、参与国际教育合作项目、建立海外实训基地等方式，提高学生的国际视野和跨文化交流能力，培养具有国际竞争力的高素质人才。同时，教育国际化也可以促进职业本科教育的改革与创新，提升其在国际上的影响力和竞争力。

2. 解放新质生产力，发展职业本科教育的国家政策路径

在助力新质生产力的大背景下，实施职业本科教育的国家政策需要精细化的策略与具体的建议来确保政策的有效落地和目标的顺利实现。[①]

一是顶层设计与战略规划的实施策略。成立专门的职业本科教育发展委员

---

① 翁伟斌. 面向 2035 的地方政府履行发展职业教育的职责要义［J］. 吉首大学学报（社会科学版），2020，41（03）：17-19.

会，汇聚政府、企业、行业和教育界的专家，共同制定和修订职业本科教育的发展规划。开展定期的需求调研，确保职业本科教育的专业设置、课程内容和教学方法与新质生产力的需求保持同步。强化产教融合的顶层设计，通过政策引导，鼓励企业与教育机构深度合作，共同开发课程和教材，实现教育与产业的深度融合。

二是法律法规与政策保障的具体建议。加快职业本科教育的立法进程，明确职业本科教育的法律地位和基本制度，为其发展提供坚实的法律支撑。制定针对职业本科教育的财政、税收等优惠政策，吸引更多的社会资本投入职业本科教育。设立校企合作专项基金，鼓励和支持企业与职业本科教育机构开展深度合作，共同培养符合新质生产力需求的高素质人才。

三是教育改革与创新的行动方案。推行以实践为主导的教学模式，增加实践教学的比重，让学生在真实的职业环境中学习和成长。创新人才培养模式，引入现代学徒制、工学结合等多元化培养方式，提高学生的职业素养和实践能力。加强师资队伍建设，建立教师培训和进修机制，提高教师的专业水平和实践教学能力。

四是质量监控与评估的完善措施。建立多元化的评价体系，引入行业、企业和社会等多方评价主体，确保评价的全面性和客观性。实施动态的质量监控机制，对职业本科教育机构进行定期的质量评估和专项检查，及时发现问题并整改。加强与国际职业教育评价机构的合作与交流，借鉴国际先进的评价理念和方法，提升我国职业本科教育的评价水平。

3. 形成新质生产力，形成职业本科教育的社会支持体系

随着科技的进步和产业结构的升级，新质生产力逐渐成为推动社会经济发展的新动力。职业本科教育作为培养高素质技术技能人才的重要途径，对于适应新质生产力发展需求、促进产业升级和创新驱动具有重要意义。然而，职业本科教育的发展不仅需要政府的引导和推动，还需要广泛的社会支持和参与。[①] 因此，构建助力新质生产力、发展职业本科教育的社会支持体

---

① 申家龙. 论职业教育校企合作的效率边界 [J]. 教育发展研究，2012，32（11）：19-24.

系至关重要。

第一，企业参与和支持。企业作为市场经济的主体，对职业本科教育的需求和发展具有敏锐的洞察力。企业可以通过多种方式参与和支持职业本科教育，如提供实习实训岗位、共建实训基地、参与课程开发、提供兼职教师等。此外，企业还可以与职业本科教育机构合作开展技术研发、成果转化等活动，推动教育与产业的深度融合。企业的参与和支持不仅有助于提升职业本科教育的实践性和应用性，还能促进人才培养与市场需求的有效对接。

第二，行业协会与中介机构的作用。行业协会和中介机构在职业本科教育中发挥着桥梁和纽带的作用。它们可以及时了解行业动态和技术发展趋势，为职业本科教育提供最新的市场信息和人才需求预测。同时，行业协会和中介机构还可以组织行业内的企业和专家参与职业本科教育的课程开发、教学评估等活动，推动教育与行业的紧密合作。此外，它们还可以为职业本科教育机构提供就业推荐、人才交流等服务，帮助学生更好地融入市场、实现就业。[①]

第三，社会舆论与文化的引导。社会舆论和文化对于职业本科教育的发展具有重要的影响。通过媒体宣传、文化活动等方式，可以提高社会对职业本科教育的认知度和认可度，消除对职业教育的偏见和误解。同时，积极营造尊重技术技能人才、崇尚创新创业的社会氛围，激发年轻人对职业本科教育的兴趣和热情。此外，还可以加强对职业本科教育优秀成果的展示和推广，让更多人了解职业本科教育的价值和贡献。

第四，国际合作与交流。随着全球化进程的加速，国际合作与交流在职业本科教育中的作用日益凸显。通过与国际职业教育机构的合作与交流，可以引进先进的职业教育理念、教学方法和优质教育资源，提升我国职业本科教育的国际化水平。同时，还可以借鉴其他国家在职业教育方面的成功经验

---

① 吴婷琳.边界消弭与多元合作：我国高等职业教育资源配置的路径选择［J］.江苏高教，2018，（01）：104-107.

和做法，结合我国实际进行本土化改造和创新。此外，还可以为我国职业本科教育机构提供国际交流的平台和机会，拓展学生的国际视野和跨文化交流能力。

第二节　职业本科大学公共英语课程标准编制与实施

公共英语课是职业本科教育的必修课，课程标准是职业本科教育人才培养的前提和必要条件。现阶段，国家颁布的职业专科和普通本科公共英语课程标准既不符合职业本科公共英语教学的实际需求，也难以有效指导相应层次和类型的课程内容更新与评估改革，出现了职业本科大学公共英语课程标准"缺位"。随着职业本科教育快速发展，公共英语课程标准影响也愈加深远。为了科学编制职业本科大学公共英语课程标准，切实满足教学和人才培养的迫切需求，确保职业本科大学人才培养质量，亟须早日构建科学的职业本科大学公共英语课程标准。

一　职业本科大学公共英语课程的现状与问题

当前职业本科大学的公共英语课程面临着一系列问题与挑战。学界层面，大学公共英语课程标准仅限于职业专科和普通本科，职业本科大学公共英语课程标准的研究相对缺乏。实践层面，课程标准的缺乏、逻辑不清晰、体系有待优化等问题尤为突出，这不仅影响了教学质量，也制约了学生英语应用能力的提升。

（一）高等学校公共英语课程标准的发展脉络和研究现状

新中国成立以来，我国高等学校公共英语课程标准的变革轨迹可以大致划分为以下几个阶段。①初步探索阶段（1949~1977年）。在这个阶段，我国大学英语课程初始以公共外语课程的形式设立，但外语语种的选择并不稳定，同时因为大学生规模较小且受到"文化大革命"的干扰，公共英语课程的发展受到制约，水平相对较低。②缓慢发展阶段（1978~1986年）。随着高考恢复，大批学生进入大学，公共英语课程开始受到重视。然而，由于新生的英语水平普遍较低，且许多教师是从俄语转教英语，因此公共英语课程的教学水平仍然有限，课程目标和要求也相对模糊。③快速发展阶段（1987~2001 年）。1987 年，全国大学英语四、六级考试正式开始实行，这不仅成为大学英语课程分级教学的评估体系，也成了教委检查各大学英语课程质量的依据。这一举措极大地推动了公共英语课程的建设与教学改革，提升了大学生的英语学习水平。④蓬勃发展阶段（2002 年以来）。由教育部统一颁布的中等职业、普通高中、高等职业和大学本科英语课程标准《普通高中英语课程标准（2017 年版）》《中等职业学校英语课程标准（2020 年版）》《高等职业教育专科英语课程标准（2021 年版）》《大学英语教学指南（2020 版）》，为本科职业英语课程标准的开发提供了重要参考。

学界围绕《高等职业教育专科英语课程标准（2021 年版）》的研制背景、核心理念、实施建议、课程结构、学业质量以及具体教学实践等方面进行了深入的探讨和研究。文秋芳和张虹详细阐释了《高等职业教育专科英语课程标准（2021 年版）》的研制背景、过程和特色，强调了课程标准的育人性、学段衔接性和职业性。① 常红梅和刘黛琳回顾了高等职业教育专科英语课程标准的历史沿革，并提出了新版课程标准的实施建议，以推动高职英语教学改革深化和质量提高。② 文秋芳和张虹解读了《高等职业教育专科英语课程标准（2021 年版）》中确立的核心素养依据及其内涵，包括职场涉外沟通、多元文化交流、语言思维提升和自主学习完善。③ 马俊波等探讨了《高等职业教育专科英语课程标准（2021 年版）》课程结构的理据和要点，强调课程结构应与课程内容、课程目标、学业质量等协同落实。④ 李霄

---

① 文秋芳，张虹．《高等职业教育专科英语课程标准（2021 年版）》核心素养的确立依据及其内涵解读［J］．外语界，2021，（05）：2-9.
② 常红梅，刘黛琳．高等职业教育专科英语课程标准的历史沿革与新版课程标准的实施建议［J］．外语界，2022，（05）：29-33.
③ 文秋芳，张虹．《高等职业教育专科英语课程标准（2021 年版）》核心素养的确立依据及其内涵解读［J］．外语界，2021，（05）：2-9.
④ 马俊波，王朝晖，凌双英，周瑞杰．《高等职业教育专科英语课程标准（2021 年版）》课程结构的理据和要点［J］．外语界，2021，（05）：10-15.

翔等研究了《高等职业教育专科英语课程标准（2021年版）》中的学业质量定位和功能，并提出了基于学业质量的课程设计、教学策略和教学评测等方面的具体建议。① 韩玉和徐涵则更广泛地讨论了高等职业教育课程标准与学业质量标准联动编制的必要性和合理性，以及当前面临的挑战。② 常红梅和刘黛琳对《高等职业教育专科英语课程标准（2021年版）》的课程实施部分进行了详细解读，包括教学要求、学业水平评价、教材编写、课程资源开发与利用等方面。③ 肖桂兰等基于校本实践提出了高职英语多维混合式教学模式，以落实新课标的要求，并探讨了该模式的构建原则、框架和实施路径。④ 总体来看，这些文献共同构成了对《高等职业教育专科英语课程标准（2021年版）》全面而深入的理解和研究体系，为高等职业教育专科英语课程的教学改革和质量提升提供了重要的理论支持和实践指导。但是，这些研究主要侧重具体的旅游管理专业⑤、电工电子技术实训⑥等专业，或者系统观念视角的宏观方面⑦，可喜的是蒋仕林等围绕职业本科公共英语课程标准开发的背景、过程、原则与路径进行了研究。⑧ 可见，现阶段对于职业本科大学公共英语课程标准的研究，整体相对简单，学理阐述不够，开发指引不明，亟待深入。

---

① 李霄翔，吴寒，韩茂源.《高等职业教育专科英语课程标准（2021年版）》中的学业质量研究［J］. 中国外语，2021，18（05）：21-25.

② 韩玉，徐涵. 高等职业教育课程标准与学业质量标准联动编制研究［J］. 现代教育管理，2022，（07）：67-74.

③ 常红梅，刘黛琳. 高等职业教育专科英语课程标准的历史沿革与新版课程标准的实施建议［J］. 外语界，2022，（05）：29-33.

④ 肖桂兰，曹兰，李霄翔. 高职英语多维混合式教学模式研究——基于《高等职业教育专科英语课程标准（2021年版）》的校本视角［J］. 外语界，2021，（05）：16-22.

⑤ 梁秋萍，余冯蓬. 职业本科旅游管理专业课程标准的研发［J］. 冶金管理，2021，（05）：160-161.

⑥ 赵亚丽，高超. 职业本科电工电子技术实训课程标准的制定与实施［J］. 创新创业理论研究与实践，2023，6（24）：102-104.

⑦ 田辉，郭姝萌，韩彦龙，等. 系统观念下职业本科课程标准研制逻辑与路径探索［J］. 中国职业技术教育，2023，（11）：81-85.

⑧ 蒋仕林，莫兼学，向林峰. 职业本科公共英语课程标准开发探索——背景、过程、原则与路径［J］. 湖南工业职业技术学院学报，2023，23（06）：99-103.

（二）契合职业本科大学公共英语课程标准的政策亟待确立

课程标准是课程设计、实施和评价的基础，它对于确保教育质量、提高教学效果具有重要意义。课程标准是实施教学和课程质量的基本保证，课程标准的价值主要体现在5个方面。一是指导课程设计和实施。课程标准规定了课程的目标、内容、结构和方法，为教师提供了具体的指导和规范，有助于保证课程的质量和效果。二是统一教学内容。课程标准对课程的各个方面进行了统一和规范，使教学内容具有连贯性和系统性，有助于学生掌握系统的知识和技能。三是促进教学评价。课程标准规定了课程评价的原则和方法，为教师进行有效的教学评价提供了依据，有助于提高教学质量和效果。四是推动教育改革。课程标准是教育改革的重要组成部分，通过制定课程标准，可以促进教育公平、提高教育质量，推动教育事业的不断发展。五是为学生发展提供支持。课程标准关注学生全面发展，注重培养学生的创新能力、实践能力和综合素质，为学生未来的发展提供支持。

职业本科大学公共英语课程标准的价值不仅体现在提高教育质量、培养高技能人才方面，还对推动职业教育的改革和发展起着至关重要的作用。首先，课程标准是实现教育目标的重要保障，它不仅规定课程的基本要求，还明确学生的学习成果和行为表现，为教学提供明确的方向和标准。其次，课程标准有助于提高职业本科大学公共英语教育的质量和水平，通过制定统一的标准和要求，使教学更加规范、科学、有效。最后，课程标准还能够促进学生的全面发展，培养学生的英语应用能力和跨文化交际能力，增强他们的综合素质，提高其就业竞争力。

当前，职业本科大学公共英语课程标准政策亟待确立。这主要是由当前职业教育公共英语课程面临的一系列挑战和需求决定的。首先，随着职业本科教育的快速发展，公共英语课程作为培养学生综合素质和国际视野的重要环节，其地位日益凸显。然而，目前尚缺乏明确、针对职业本科教育的公共英语课程标准，这在一定程度上制约了课程教学的质量和效果。其次，职业本科教育的学生来源多样，英语基础和学习需求差异较大。因此，需要确立一个既符合职业教育特点，又能满足学生个性化需求的公共英语课程标准。

这个标准应该注重实用性和职业性，强调英语应用能力的培养，同时兼顾学生的可持续发展和终身学习需求。此外，随着全球化进程的加速和信息技术的快速发展，职场对人才的英语能力要求也在不断提高。确立契合职业本科教育的公共英语课程标准，有助于提升学生的英语应用能力和就业竞争力，从而更好地适应未来职场的需求。

（三）职业本科大学公共英语类型化课程标准的逻辑亟待厘清

职业本科大学公共英语类型化课程标准的逻辑亟待厘清，这主要源于职业本科教育的特殊性和公共英语课程在其中的重要地位。这不仅有助于满足不同类型职业本科教育的需求，提升公共英语课程的教学质量和效果，还能为学生的职业发展提供有力的英语能力支撑。因此，相关教育部门和职业本科大学应高度重视此问题，积极推动公共英语课程的类型化改革与实践。第一，职业本科教育旨在培养具备专业技能和职业素养的高层次人才，其课程设置需紧密围绕职业需求和学生未来的职业发展。公共英语课程作为职业本科教育的重要组成部分，不仅承担着提升学生英语应用能力的任务，还需注重与学生所学专业的有机融合，以更好地服务于学生的职业发展。第二，随着职业本科教育的不断发展，公共英语课程的类型化需求日益凸显。不同类型的职业本科大学，如工科、商科、医科等，对公共英语课程的需求和侧重点各不相同。因此，亟须根据不同类型的职业本科教育特点，制定相应的公共英语课程标准，以满足不同专业学生的实际需求。第三，公共英语课程的类型化还有助于实现教学的针对性和实效性。通过明确不同类型课程的教学目标、内容和方法，教师可以更加精准地进行教学设计和实施，从而提高教学效果和学生的学习满意度。

（四）职业本科大学公共英语课程标准的评价体系亟待优化

职业本科大学公共英语课程标准评价体系亟待优化，这主要基于以下几个方面的原因。首先，当前的评价体系过于注重终结性评价，如期末考试等，而忽视了学生学习过程中的形成性评价。这种评价方式无法全面反映学生的学习情况，也难以激发学生的学习兴趣和积极性。因此，需要优化评价体系，引入更多形成性评价方式，以更全面地评估学生的学习成果。其次，现有的评价体系缺乏职业特色，未能充分体现公共英语课程在职业本科教育中的重要作用。职业本科教育旨在培养具有专业技能和职业素养的高层次人才，而公共英语课程是提升学生英语应用能力和国际视野的重要环节。因此，评价体系应更加注重考查学生的英语实际应用能力和职业素养，以更好地适应职业本科教育的需求。最后，优化公共英语课程标准评价体系也是提高教学质量的必然要求。通过完善评价体系，教师可以更加精准地了解学生的学习情况，及时调整教学策略和方法，从而提高教学效果。同时，学生也可以更加清晰地认识自己的学习目标和方向，更加积极地投入学习中去。

（五）职业本科大学公共英语课程标准实施的实证分析

2020 年开始，作者团队对 2019 年国家公布的 15 所职业本科试点大学公共英语的课程实施和教学活动进行了调查研究和访谈，发现当前职业本科大学公共英语课程标准的制定和实施还存在一些问题。①

1. 职业本科大学公共英语课程实施的整体与个案分析

本研究对 15 所职业本科试点大学公共英语课程的实施进行了全面分析，发现存在以下问题。一是尽管思政育人与英语课程融合初见成效，但如何更深入地结合仍有待探索，确保自然地培养学生的价值观。二是职业本科大学对学生英语能力要求逐渐提高，但仍有部分学生难以达到本科层次的英语水平，需加强指导和培训。三是教学改革虽取得一定成效，但部分教师在新技术应用上的熟练度不足，影响了教学改革的效果。四是尽管教学质量稳步提升，但仍需进一步优化课程内容和教学方法，以满足学生多样化的需求，并提升他们的学习兴趣和参与度。

个案分析中发现 X 职业本科大学公共英语课程存在以下问题。一是课程目标虽明确双重属性，但实际教学中可能偏重工具性，需加强人文性教育。二是课程内容围绕教材展开，但推荐书目、在线资源等辅助材料的使用不够充分。三是课程实施主要采用传统讲授和讨论法，需探索更多元化、创新性的教学手段。四是课程评价方式过于依赖绝对评价，过程性考核权重较

---

① 郭霞. 职业本科大学公共英语课程标准的开发研究［D］. 西安：西安外国语大学，2023.

低，应增加形成性评价的比重。

2. 职业本科大学公共英语课程的大纲文本问题

通过对当前 X 职业本科大学公共英语课程大纲文本进行分析，发现其不足之处主要表现在以下四个方面。一是文本样式陈旧片面。目前，职业本科大学仍采用"教学大纲"作为文本模式。然而，教学大纲仅限于描述教学目标、内容和评价等方面，未充分规划课程资源、学业质量和教学管理等问题，对实际教学的指导作用较为有限。二是教学方法传统单一。在职业本科大学的英语课堂中，教师多倾向于采用传统的讲授法，重视任务式学习产出。尽管讲授法在教学效率方面具有一定优势，但受制于时间和空间限制，其传授的知识类型有限，导致学生的实践操作能力和语言实际应用能力受到削弱。三是课程内容更新缓慢。当前教材已使用多年，与我国经济社会发展出现的巨大变化不相符。教材内容未能与时代发展前沿热点密切联系，导致课程内容容易与学生生活脱节，对学习兴趣、教学质量以及人才培养质量产生一定影响。四是课程评价过于绝对。课程评价主要由 80% 的考试成绩和 20% 的平时表现构成，其中闭卷考试形式过于侧重基本语言技能和知识应用，而平时表现仅依据出勤和作业，忽视了学生在实践性活动中的能力表现，如课堂参与度、学习参与度等。因此，需要建立更全面的考核标准，强调学生个体进步，以提升学习效果。

二　职业本科大学公共英语课程标准建设的底层逻辑

现代职业教育中，公共英语课程在培养学生跨文化交际和实际应用能力方面扮演着至关重要的角色。职业本科教育的类型特点和人才培养定位对大学英语课程提出了新的要求，大学英语需要在课程建设和开展中体现高层次定位，彰显职业性特点。然而，相较于该课程在普通本科教育和专科层次职业教育的积淀，职业本科教育大学英语课程建设的基础则显得相对薄弱。①

---

① 郑弼权. 职业本科教育大学英语课程的特征、困境和路向［J］. 职业教育研究，2023，(07)：34-38.

（一）价值逻辑：立德树人、通专结合的育人理念

职业本科大学公共英语课程标准的开发必须遵循立德树人为根本、课程育人为途径和应用能力为导向的基本原则。这些原则不仅有助于培养有德有才的人才，引领学生树立正确的人生观和价值观，更能使他们具备实际应用英语的能力，为其未来的学业和职业发展奠定坚实基础。

（二）特征逻辑：清晰课程定位，服务人才培养的基本主旨

职业本科大学公共英语课程标准的基本特征在于对其本质的深刻理解。为了洞察其本质，需从通识性、职业性、层次性、服务性以及指导性等五个方面开展研究。

1. 定位通识性：厘清公共英语课程标准与专业英语课程标准之间的关系

通识性是探讨公共英语课程标准与专业英语课程标准之间的关系。职业本科大学公共英语课程作为公共基础课，教育部文件明确要求，要"开齐开足公共基础课程"，且"将外语列为必修课或限定选修课"。[①] 英语作为世界通用语言，既扮演着增进专业知识国际交流的角色，又承担着内在理解西方文化、增强民族语言思维比较的思维框架作用。[②] 高职公共基础课程在培养学生文化素质、科学素质和综合能力方面又扮演着重要角色。然而，近年来，我国高等职业院校英语学科发展遭遇了削减课时、分流教师以及教学管理减少的挑战。[③] 英语教育地位下降引发了对英语课程工具性和人文性的反思。因此，职业本科大学公共英语课程标准应强调其双重特征，即通识性和人文性。要求其不仅能够满足不同专业学生的语言需求，且能够促进学生未来职业可持续发展。

2. 坚持职业性：明确职业教育课程标准与普通教育课程标准之间的不同

职业性指的是职业教育课程标准与普通教育课程标准之间的关系。2019

---

① 教育部关于职业院校专业人才培养方案制订与实施工作的指导意见［EB/OL］．（2019-06-11）［2022-11-09］．http://www.moe.gov.cn/srcsite/A07/moe_953/201906/t20190618_386287.html.

② 尤西林.通识教育的公共性与本科公共课的深度定位［J］.高等教育研究，2019，40（04）：70-74.

③ 马俊波，常红梅.高职公共英语教育发展报告（2009—2019）［J］.中国职业技术教育，2020，（29）：67-72.

年 1 月 24 日，国务院印发实施的《国家职业教育改革实施方案》开篇就提出"职业教育与普通教育是两种不同教育类型，具有同等重要地位"。[①] 2022 年 5 月 1 日，新修订实施的《中华人民共和国职业教育法》中明确表示，职业教育的培养目标是"高素质技术技能人才"，规定"高等职业学校教育由专科、本科及以上教育层次的高等职业学校和普通高等学校实施"。[②] 职业本科教育以培养技术技能人才为目标，这种人才具备一定的学科知识和技术理论基础，对于理论与技术的转换非常熟练，熟悉具体的操作过程，能运用学科知识以及技术理论将概念性的东西转换为具体的操作技术。[③] 因此，职业本科大学公共英语课程应当具备职业素养培养的特点，注重培养学生在职业领域所需的语言能力和技能。

3. 落实层次性：区分本科层次课程标准与专科层次课程标准之间的差异

层次性是指对本科层次课程标准与专科层次课程标准的关系进行区分。专科层次与本科层次的学业标准要求不同。《中华人民共和国高等教育法》第二章第十六条明确说明："高等学历教育分为专科教育、本科教育和研究生教育。"[④] 专科层次与本科层次的人才培养目标不同。职业专科院校的人才培养定位是培养专门化技能人才，职业本科大学的人才培养目标是培养专业型技能人才。专门化技能人才和专业型技能人才，按照知识的掌握程度划分，前者只是掌握专门知识，后者则需要掌握专业领域的复杂理论知识。按照工作的内容划分，前者需要掌握某一项或几项专门技能，后者则需要掌握复合型技能。从工作范围的广泛性来说，前者是解决本领域内的一定技术难

---

① 国务院印发《国家职业教育改革实施方案》[EB/OL].（2019-02-13）[2022-12-28]. http：//www.gov.cn/xinwen/2019-02/13/content_5365377.htm.

② 全国人民代表大会常务委员会．中华人民共和国职业教育法 [EB/OL].（2022-04-21）[2023-01-08].http：//www.gov.cn/xinwen/2022/04/21/content_5686375.htm.

③ 徐国庆，王笙年．职业本科教育的性质及课程教学模式 [J].教育研究，2022，43（07）：104-113.

④ 全国人民代表大会常务委员会．中华人民共和国高等教育法 [EB/OL].（2019-01-07）[2022-12-28].http：//www.npc.gov.cn/npc/c30834/201901/9df07167324c4a34bf6c44700fafa753.shtml.

题，后者要能够在专业领域进行设计和研发。[①] 2021 年 3 月 23 日，教育部发布了《职专英语标准》，该文件对我国高等职业教育专科阶段的公共英语教育具有重要的指导作用。该标准中明确将职场涉外沟通、多元文化交流、语言思维提升和自主学习完善作为学科核心素养，[②] 并对各个素养之间的具体目标进行了明确规定。故职业本科大学公共英语课程标准应当符合本科教育水平的要求，既与本科的人才培养目标以及学业标准相融合，又与专科层次的课程标准有所区别。

4. 着眼服务性：把握职业本科教育课程标准与人才培养方案的指向关系

服务性指的是课程标准与人才培养方案的关系。职业本科大学课程标准的制定是其"课程开发、课程实施、课程管理与评价的准绳"，[③] 是对学校自身人才培养方案的回应，也是我国职业本科大学人才培养目标的具体体现。课程标准开发应该是以人才培养方案中人才的具体需求为依据，结合课程定位和性质，依据标准的规范和框架编写。并且按照一定的周期或者社会发展需求的变化对课程标准的内容及时地进行修订完善，保证其科学性和时效性。持续聚焦全球科技尖端、经济核心战场、国家重大需求和人民生命健康，全面推进新时代人才强国战略，立体式地培养、引进并优化利用人才资源，以加速构建全球重要的人才和创新高地。[④] 因此，公共英语课程标准应当与学校的人才培养方案相匹配，培养学生的语言能力，以满足他们未来职业发展的需求。

5. 理解指导性：理顺职业本科教育课程标准与教学方案之间的逻辑关系

指导性主要论述课程标准与教学方案之间的关系。公共英语课程标准在教学方案上具有指导性。这些标准是根据人才培养目标制定的，为教师

---

① 李胜，徐国庆. 职业本科教育发展背景下职业专科教育定位研究 [J]. 中国高教研究，2022，（02）：106.

② 教育部. 高等职业教育专科英语课程标准（2021 年版）[M]. 北京：高等教育出版社. 2021：3.

③ 何玉海，王传金. 论课程标准及其体系建设 [J]. 教育研究，2015，36（12）：89-98.

④ 王立非，栗洁歆. 国际语言服务本科专业培养方案的设计与实现 [J]. 外语教育研究前沿，2023，6（02）：44-51+94.

编写教学方案提供指引。编写教学方案是教师将育人理念、教学方法和教学目标具体化的过程。同时，教学方案的实施也反过来指导人才培养方案和课程标准的制定。职业本科大学的人才培养方案影响公共英语课程标准，而这些标准又引导教学方案的设计。最终，教学方案的执行效果反过来影响人才培养质量。这种相互关系构成了一个闭环，确保了英语课程与整体人才培养体系的协调和质量的提升。故公共英语课程标准应当为教师提供指导，以制定相应的教学方案，确保教学内容和教学方法与课程标准相一致。

通过对这五个特性的研究，我们可以对职业本科大学公共英语课程标准的本质有一个清晰的认识。这有助于制定和实施更符合学生需求和教育目标的课程标准，促进学生的综合语言能力提升和职业发展。

（三）实践逻辑：问题导向、技术引领的改革方法论

课程标准的开发是一个受到政策环境、开发技术、实践基础等多个因素综合作用的过程。只有在这些因素的协同推动下，才能制定出符合学生需求和教育目标的高质量课程标准。

1. 课程政策指引的关键作用

首先，课程政策方向对于课程标准的开发起到了关键的支持作用。近年来，国家出台相关政策文件，鼓励进行职业教育标准建设。《国家职业教育改革实施方案》中提到要构建职业教育国家标准，要做到"持续更新并推进专业目录、专业教学标准、课程标准、顶岗实习标准、实训条件建设标准（仪器设备配备规范）建设和在职业院校落地实施"。[①] 2021 年，教育部颁布了《高等职业教育专科英语课程标准（2021 年版）》和《高等职业教育专科信息技术课程标准》，从相关的文件中可以看出国家政策在课程标准开发以及试点优化方向上给予了大力支持。政策环境的积极引导和指导为课程标准的开发提供了良好的环境。因此，政策应当明确教育目标、发展方向和

---

① 国务院印发《国家职业教育改革实施方案》［EB/OL］.（2019-02-13）［2022-12-28］. http://www.gov.cn/xinwen/2019-02/13/content_5365377.htm.

教学要求，为课程标准的制定提供指导和依据。

2. 课程开发技术的必要条件

课程开发技术基础是课程标准开发的必要条件。20 世纪 90 年代以来，我国职业教育一直在进行课程改革，尝试多种开发模式，而在英语课程开发技术上，关于行业英语、专业英语的开发技术也相对成熟。[①] 无论是专业课程开发还是行业英语、专业英语的开发，各个地区、各个学校都在进行积极探索，并且不断将国外课程开发技术与我国职业教育的实际结合，这些尝试与实践都是职业本科大学公共英语课程标准开发的理论与技术基础。因此在开发课程标准时，需要运用先进的教育技术、教学设计和评价方法。教育技术的应用可以提升课程设计的创新性和互动性，使课程标准更加适应学生的学习需求。

3. 课程实践基础的支撑保障

课程实践建设基础对于课程标准的开发也至关重要。课程的实践层面需要与课程标准紧密结合，通过实际的教学实践来验证和优化课程标准的有效性。实践基础可以包括教学资源、教学设施和实践环境等，这些都为课程标准的开发提供了实践层面的支持。课程标准的开发经验对于确保课程标准开发的工作质量和效率至关重要。通过总结和分享以往的开发经验，可以避免重复劳动，提高开发效率。经验的积累还可以帮助开发者更好地理解学生需求和教学实践，从而制定出更为科学和实用的课程标准。

三 职业本科大学公共英语课程标准开发的行动框架

发展职业本科教育是打破专科层次职业教育"天花板"，完善中国特色现代职业教育体系，构建横向融通、纵向贯通的高质量职业教育的需要，更是提高职业教育吸引力，解决我国高端技术技能人才匮乏，提升职业教育人

[①] 郭士香. 校企合作行业英语课程开发研究与实践——以电子行业为例 [J]. 中国成人教育，2012，（12）：89-91.

才培养质量，促进和引领经济高质量发展的迫切需要。① 为满足学生的职业发展需求和提高教学质量，职业本科大学公共英语课程的开发设计变得至关重要。这些关键问题的解答将有助于形成科学有效的教学标准，促进学生在语言技能、跨文化交际等方面的全面发展，同时提升教师的专业水平和教学效果。

（一）基本原则

课程标准作为国家课程的核心指导文件，不仅为基础教育课程设定了基本规范与质量标准，还为教材编撰、教学实践、教育评估及考试出题提供了根本遵循，同时，它也构成了国家课程管理与评价的重要基石。② 它反映了国家对于不同阶段的学生在知识技能、过程方法、情感态度与价值观等方面的基本期望，明确了各门课程的性质、目标及内容构架，并针对教学与评价环节给出了具体建议。职业本科大学公共英语课程标准开发应该遵循如下原则。

1. 立德树人为根本

人无德不立，任何知识和技能的学习首先要从人才品质的培养入手，注重思想意识和价值引领。立德树人是我国教育的根本任务，也是我国各级各类人才培养的基本要求。公共英语课程作为一门人文性与工具性兼具的课程，不仅仅是传授学生英语基础知识和基本技能，更应该在教学的过程中用正确的价值观做引领，用优秀的品格做要求，用关键的能力定目标，帮助学生在实现自我的同时增强其文化自信心和民族自豪感。

2. 课程育人为途径

将公共英语课堂教学作为公共英语课程育人的主要途径。教育部门在教材的编写上要牢牢把握意识形态的根本要求，注重对学生在思想层面上的引领。学校在教材的选取上应该充分结合当地社会经济发展的要求、学校的办学定位和目标、本科专业特色以及学生自身的能力水平，注重课程

---

① 王国英. 高等职业院校促进开封中小微企业高质量发展问题研究 [J]. 中国多媒体与网络教学学报，2021，（06）：179-181.

② 崔允漷. 国家课程标准与框架的解读 [J]. 全球教育展望，2001，（08）：4-9.

内容对未来学生发展的影响。教师在设计课程内容时，将理论学习与育人理念有机融合，拓宽学生的视野，培养学生的自我发展意识和终身学习能力。

3. 应用能力为导向

职业本科大学公共英语课程最主要的就是培养学生的英语应用能力。英语应用能力包括语言知识的能力、跨文化交际能力和职场应用能力。语言知识的能力指的是学生在公共英语课程学习中所应该具备的学习能力和思维能力。跨文化交际能力侧重于学生将所学语言知识和技能结合中西方文化的不同特点合理转换的能力。职场应用能力强调学生在未来的个人职业生涯发展中能够针对职业需要进行具体的应用。公共英语课程不仅要关注学生的知识学习，更要考虑学生未来的职业、学业以及个人发展。

（二）职业本科大学公共英语课程标准的框架结构

框架结构是课程标准的显性标志，对课程标准具有提纲挈领的作用，是依据课程标准的核心概念提出。21世纪开始，我国逐渐用课程标准取代教学大纲，最早开始应用于基础教育的各个学科，现在基础教育和普通高中教育主要学科的课程标准均已制定修订多次。《中等职业学校英语课程标准》和《高等职业教育专科英语课程标准》的颁布实施表明，在职业教育领域，英语课程作为公共基础课程已经开始走向国家标准阶段。职业教育英语课程标准结构框架如表7-1所示。

当前我国在中等职业教育、高等职业教育专科阶段的英语课程标准整体框架清晰合理、逻辑严密、内容全面、对英语教学有很强的指导作用。为确保育人成效的衔接性以及内容的完整性，职业本科大学公共英语课程标准的框架结构也应与中等职业教育、高等职业教育专科阶段的保持一致。主体内容应由六部分构成，第一部分是课程性质与任务，第二部分是学科核心素养和目标，第三部分是课程结构，第四部分是课程内容，第五部分是学业质量，第六部分是课程实施，在最后将词汇表以及相关材料以附录形式呈现。

表 7-1 职业教育英语课程标准框架结构

颁布时间	名称	框架
2020 年	《中等职业学校英语课程标准》	一、课程性质与任务 二、学科核心素养与课程目标 三、课程结构 四、课程内容 五、学业质量 六、课程实施 （一）教学要求 （二）学业水平评价 （三）教材编写要求 （四）课程资源开发与利用 （五）对地方与学校实施本课程的要求 附录
2021 年	《高等职业教育专科英语课程标准》	一、课程性质与任务 二、学科核心素养与课程目标 三、课程结构 四、课程内容 五、学业质量 六、课程实施 （一）教学要求 （二）学业水平评价 （三）教材编写要求 （四）课程资源开发与利用 （五）教师发展 （六）教学管理 附录

（三）职业本科大学公共英语课程标准的内容要点

按照当前职业教育公共英语课程标准的一般框架，将需求分析的结果与国家相关政策文件要求相结合，设计职业本科大学公共英语的课程标准。职业本科大学公共英语课程标准由课程性质、课程目标、课程结构、课程内容、学业质量和课程实施等六部分组成。其中，课程实施部分又包括教学要求、学业水平评价、教材编写要求、课程资源开发与利用、教师发展和教学管理。[①]

① 王昌军. 准确把握中职历史课程标准适应新要求搞好历史教学 [J]. 现代职业教育，2020，
（20）：88-89.

1. 课程性质要兼具工具性和人文性

课程性质反映的是课程的根本特征，体现的是本课程与其他课程的本质区别，取决于课程内容和形式。首先，要定义公共英语课程的性质就要了解英语本身的性质。英语是印欧语系，作为国际通用语言在世界经济、政治、科技、文化等交流活动中被广泛应用。其作用主要表现在，促进国际交流与合作，传播人类文明成果，帮助世界了解中国的同时也使中国走向世界，对构建人类命运共同体具有重要作用。① 作为一种语言，英语本身历史演变就带有人文性，英语作为一种通用语言被广泛使用，具有很强的工具性。其次，要了解英语课程在我国各阶段教育中的作用。从义务教育到高等教育，英语课程都是我国国际化人才培养、国家发展战略支撑的重要组成部分。职业本科大学英语课程应该延续英语课程本身的性质，在职业本科阶段一以贯之。因此，公共英语课程应该是职业本科大学人才培养课程体系的重要组成部分，兼具工具性和人文性。

2. 课程目标要关注办学和培养目标

课程目标在课程标准研制的起点。无论是课程内容、课程性质还是课程评价都是对课程目标的回答。职业本科大学公共英语课程标准的课程目标的确定，首先，要明确职业本科大学的办学定位。要根据职业本科大学的办学定位制定课程目标，牢牢把握职业教育的类型和本科教育的层次。结合类型与层次对职业本科大学的公共英语课程目标定位。其次，准确把握职业本科大学的人才培养目标。职业本科大学坚持人才培养的需求导向，注重培养学生扎实的基础、实践能力、岗位适应能力、创新能力以及奉献精神。最后，根据职业本科大学的人才培养目标确定公共英语课程的目标。职业本科大学公共英语课程的目标应该是使学生系统地掌握英语学科所必需的基本知识、技能、方法，使学生在未来的工作和学习中具备一定的专业能力和研究能力，为高素质技术技能人才的培养奠定基础。

---

① 梅德明. 正确认识和理解英语课程性质和理念——基于《义务教育英语课程标准（2022年版）》的阐述 [J]. 教师教育学报，2022，9（03）：104-111.

3. 课程结构要符合国家和学生要求

课程结构主要包括对课程模块、学分以及课时的具体安排。首先，公共英语课程结构的设计要符合国家对课程类型的要求。2019 年 6 月，《教育部关于职业院校专业人才培养方案制订与实施工作的指导意见》中明确要求职业院校要"严格按照国家有关规定开齐开足公共基础课程"，其中，外语必须作为高等职业院校必修课或限定选修课进行开设。[①] 但是在近 10 年，我国高等职业院校英语学科发展的主要问题表现为英语课程课时总量被有意识削减，英语教师被分流，公共英语教学管理部门也开始减少或者撤并。[②] 严重影响职业教育公共英语课程的地位。职业本科大学应该重视公共英语课程的作用，严格按照国家要求设置课程，公共英语课程要做到保质保量。

其次，英语课程课时的设置应该能充分考虑人才培养全过程的需求。当前职业本科大学的公共英语课程开设在第一和第二学年，一共 8 个学分。每个学分为 16~18 学时，总学时大概为 128~144 学时。第三学年和第四学年公共英语课程的缺失会导致学生英语能力退化，制约学生的就业、升学或者难以满足学生自身兴趣发展的需要。并且现在统一的课程安排对于不同层次、不同需求的学生而言存在一刀切的现象，不同层次的学生在学习过程中的要求难以满足。当前学生需求中占比最高的是希望公共英语既有必修课又有选修课，并且大部分学生希望每周有 2 课时，但是也有部分学生希望是 4 课时、少量学生希望是 6 课时、个别学生需要 8 课时。对于学生的就业需求、升学需求以及个人素养提升需求都应该予以考虑。学校应该对本科生开展全面调研，结合学生的高考英语成绩，满足学生对于课程设置的基本要求，并对少数人的英语学习需求加以照顾。

---

① 教育部关于职业院校专业人才培养方案制订与实施工作的指导意见 [EB/OL]. (2019-06-11) [2022-11-09]. http://www.moe.gov.cn/srcsite/A07/moe_953/201906/t20190618_386287.html.

② 马俊波，常红梅. 高职公共英语教育发展报告（2009—2019）[J]. 中国职业技术教育，2020，(29): 67-72.

4. 课程内容要满足个人和社会需要

课程内容的开发要改变应试教育思想、从学生的课程学习目标入手，利用教师的专业特长与优势。首先，改正学生的应试教育思想。在调查中，有部分学生都认为，英语学习的目的是取得学分或者四六级证书。学生应试教育的学习目的一方面是学校或者教师在课堂中不自觉地评价结果所导致。学生将英语学习认定为取得学分或者毕业证的要求，更多的是基于完成学业任务的要求。另一方面也可能由于当前职业本科大学学生英语能力等级评定暂时还未出台国家标准，因此，本科生会将普通本科学生的英语等级考试的要求对接成职业本科大学学生英语能力等级的要求。其次，要满足职业、升学以及个人素养提升等不同类型的学习目标。由于学生在未来个人发展中存在不同选择，课程内容不应该采取统一化的内容。公共英语课程内容应该根据学生不同需求设定，供学生进行选择。最后，要组织教师选择不同类型的教材，并充分结合教师自身专业特长，组织教师进行课程内容的开发与拓展。鼓励教师利用自己专业进行模块化授课，对于教师的教学技能进行充分挖掘。例如，英语口语能力突出的教师可以选择口语模块的教学，写作课程由写作能力表现突出的教师承担。

5. 学业质量要依照英语能力的标准

学业质量标准是对学生某一阶段学习的应然水平以及应然行为标准进行的规定，更加关注学生最终的学习成果。[①] 2018 年 4 月 12 日，教育部颁布了首个面向中国英语学习者的能力标准《中国英语能力等级量表》，并从 2018 年 6 月 1 日正式实施。该量表是教育部响应国务院《关于深化考试招生制度改革的实施意见》提出的增强"外语能力测评体系建设"[②] 要求正式组织编制的标准统一、功能多元的英语评价量表，国家英语等级考试将以此为参照，改革考试内容，整合考试形式，满足学生对于升学、就业、出国等对于英语语言能力的全方位需求。目前该等级量表已经实现了与国际雅思、

---

① 雷新勇. 构建国家基础教育学业质量标准的思考 [J]. 基础教育课程，2012，(07)：58-61.
② 国务院关于深化考试招生制度改革的实施意见 [EB/OL]. (2014-09-03) [2024-02-13]. http://www.gov.cn/gongbao/content/2014/content_2750413.htm.

普思考试之间的对接,《职业本科大学英语课程标准》中学业质量也应实现和《中国英语能力等级量表》对接,以教学目标和达成程度作为主评价维度。

《职业本科大学英语课程标准》的学业质量应该参照《中国英语能力等级量表》对国家英语等级考试中对本科学生英语能力的描述,按照整体标准和语言技能标准展开。整体标准主要是对学生在语言知识与技能、职场应用能力和语言素养能力的要求;语言技能标准则从听、说、读、写、译五个层面对三个阶段的学业成果提出要求。职业本科大学应结合学校自身条件、专业特色和学生实际进行具体调整,制定符合本校实际的英语课程学业质量标准。

6. 课程实施要实现全方位协同育人

课程实施要实现全方位协同育人,涉及教学要求、学业水平评价、教材编写要求、课程资源开发与利用、教师发展和教学管理六方面。一是教学要求应服务于立德树人任务,遵循语言学习规律,体现职业教育特色,满足学生多元需求。二是学业水平评价应全面、多元,利用评价功能引导学生英语学习,激励其认识英语对未来职业和个人发展的作用。三是教材编写要求融合多元文化,引导价值观,结合学科和职业教育特色,听取多方意见保障质量。四是课程资源开发与利用应以课程思政为根本,全面利用文本、数字和实践资源,服务课程目标,推进人才质量建设。五是教师发展要重视师德师风,适应新时代要求,提升教师专业能力,加强师资队伍建设。六是教学管理需明确教育行政部门和学校职责,完善制度建设,建立清晰的督查体制,保障教学和科研工作稳步发展。

（四）课程标准的开发路径按照上下结合的循环方式

随着各行业对高端技术技能人才的迫切需求,职业本科院校的地位和作用也尤为凸显。[①] 实现职业本科院校的发展定位,可以采取自下而上的探索、自上而下的开发和上下结合的循环三步。

---

① 李军,刘畅. 职业本科院校的发展定位及实现路径研究 [J]. 哈尔滨职业技术学院学报,2021,（06）：1-4.

自下而上的探索是职业本科大学公共英语课程标准开发的第一步。学校应该正视在实施公共英语课程过程中遇到的真实问题，包括育人质量受到影响的根本问题。学校可以通过多种途径探索与自身人才培养目标相适应的新标准。这包括认真观察实践中的需求和问题，勇于实施改革并检验其有效性，形成学校自身的公共英语课程标准，并将经验总结为真实的实践经验，提供给国家教育部门参考。

自上而下的开发是职业本科大学公共英语课程标准制定的第二步。在这一阶段，国家教育部门将组建由专家团队、英语学科专家、职业本科院校负责人、研究机构人员、行业企业代表和教师代表等组成的团队。这个团队将进行广泛调研，了解职业本科大学的需求，并形成总需求分析报告。然后，团队将制定课程标准的框架和具体内容要求，将国家发展理念和教育理念贯穿其中，充分考虑职业本科教育的定位，编制初稿，并征求各方意见进行修订和完善，最后由专家审议部门审议和复核，确保标准的质量和效用。

上下结合的循环是职业本科大学公共英语课程标准开发的第三步。这种循环是学校标准的探索与国家标准的开发相互影响和促进的过程。学校自下而上探索出的公共英语课程标准开发经验可以为国家标准的开发提供借鉴，而国家标准的开发也将为学校的课程实施提供科学指导。在实践中，学校会发现新的问题并形成新的标准，从而促进国家标准的修订。这种上下结合的循环可以使职业本科大学公共英语课程标准不断完善且适应不断变化的需求和环境。通过动态的课程标准开发循环，可以不断提升公共英语课程的质量和有效性。

结　语

本书对职业本科大学的高质量发展进行了全面而深入的研究。通过历史溯源、宏观分析、微观考察、质量评估、政策诉求以及多重支撑等多个维度的研究，试图为职业本科教育的改革与发展提供有益的参考与借鉴。本书首先对职业本科大学的历史进行了详尽梳理，揭示了职业本科教育在中国的发展历程及其在政策和实践中的演进路径。在宏观分析和微观考察部分，深入剖析了职业本科教育的层次质量和类型质量，指出了办学过程中存在的问题，并构建了一套全面的办学质量评估指标体系。这一体系不仅为职业本科大学的自我评估提供了依据，也为外部监督提供了有力的工具。通过对首批15所职业本科试点大学的评估，充分展示了这些学校的优势和潜力。此外，本书还深入探讨了职业本科教育高质量发展的政策环境和社会需求，提出了政策扩散的可能模式和潜在问题，并构建了高质量发展的支撑体系。本书的核心观点在于，职业本科教育的高质量发展对于提升国家竞争力、促进经济转型升级具有重要意义。我们相信，通过完善政策体系、优化资源配置等措施，可以推动职业本科教育走向更高水平的发展阶段。

尽管本书力求全面而深入，但仍然存在局限性。数据获取方面存在一定的难度，部分学校信息公开程度有限，这在一定程度上影响了研究的全面性和准确性。相对缺乏大规模的实证研究和统计分析，这也是未来研究可以进一步深入的地方。本书的研究主要聚焦整体情况和发展趋势，对不同类型、地区的职业本科大学之间的差异性和特殊性关注不够，这也是未来可以进一步拓展的研究领域。基于当前的研究成果和存在的局限性，未来研究关注将以下几个方面。首先，深化实证研究，加强对职业本科大学的实地调研和数据分析，以更准确地把握职业本科教育的实际情况。其次，拓展研究范围，针对不同类型、地区的学校进行专门研究，以揭示不同地区、不同类型职业本科大学的差异性和特殊性。此外，还将关注政策效果，跟踪评估高职升本政策的实施效果，为政策制定和调整提供科学依据。同时，强化比较研究也是未来研究的一个重要方向，通过与国际职业教育发达的国家和地区进行比较，可以更好地借鉴他国的成功经验并推动我国职业本科教育的持续改进。最后，跨学科研究也是未来研究的一个重要趋势，通过形成跨学科的研究合力，可以更全面地揭示职业本科教育的本质特征和内在规律。

展望未来，相信职业本科教育将在国家发展战略和经济转型升级中扮演更加重要的角色。随着政策的不断完善和社会认可度的提升，职业本科教育将迎来新的发展机遇。期待涌现更多高质量的职业本科大学，为培养更多高素质技术技能人才作出贡献。同时，希望本书的研究成果能够为决策者、实践者和研究者提供有益的参考和启示。期待通过持续努力和探索，推动职业本科教育在高质量发展的道路上不断前行。为此，我们期盼广大读者和同行继续深入研究相关议题，共同推动中国职业教育事业的繁荣发展。

参考文献

2021年全国教育事业统计主要结果［EB/OL］. (2022-03-01) ［2022-05-20］. http：//www. moe. gov. cn/jyb ＿ xwfb/gzdt ＿ gzdt/s5987/202203/t20220301 ＿ 603262. html.

鲍东杰，郑煜煊，吕婷. 职业技术大学现代化治理体系研究［J］. 教育与职业，2023，(04)：28-35.

别敦荣. 大学管理与治理——演讲录［M］. 青岛：中国海洋大学出版社，2021：218.

曹靖，方娇. 高职院校办学质量评价体系的构建——基于"地校合作"的视角［J］. 职教通讯，2016，(07)：8-12.

曹轩. 职业本科视角下学生创新实践途径与产业转化机制研究［J］. 现代职业教育，2022，(39)：18-20.

曹政. 义务教育阶段学生课后服务省级政策完善研究［D］. 长春：东北师范大学，2022.

常红梅，刘黛琳. 高等职业教育专科英语课程标准的历史沿革与新版课程标准的实施建议［J］. 外语界，2022，(05)：29-33.

超火！一大批高职，或将升本！_职业_本科_层次［EB/OL］. (2022-12-19) ［2024-02-13］. https：//learning. sohu. com/a/619033489_121124030.

车静. 地方院校"专升本"热的政策反思与建议［J］. 理论导刊，2007，(09)：49-52.

陈宝华，陈朝萌．高职院校"升格热"背后的政策反思［J］．职业技术教育，2006，27（07）：9-11．

陈宝华．本科层次高职教育问题研究综述［J］．职教通讯，2013，（07）：53-56．

陈虹羽，曾绍玮．类型教育视角下职教高考制度建设的逻辑要求、难点及对策［J］．教育与职业，2021，（10）：13-20．

陈群．新时期我国本科层次职业教育试点研究［J］．教育与职业，2020，（07）：19-25．

陈绍勇．泉州市高等职业教育发展中的政府行为研究［D］．泉州：华侨大学，2023．

陈淑维．高职院校教师专业发展评价制度构建策略［J］．中国职业技术教育，2017，（35）：91-95．

陈伟．高等学校的差序格局及其变革［J］．高等教育研究，2015，36（06）：1-8．

陈小荣，朱运利，周海君．"3+2"分段培养本科层次职业教育的探索与思考［J］．中国职业技术教育，2016，（13）：58-61．

陈由登．教师发展视域下新时代高校教师评价改革研究［J］．中国成人教育，2021，（19）：24-27．

陈悦，吴雪萍．多元共治视域下的高职学校教师绩效评价探究［J］．职教论坛，2020，36（09）：6-11．

池云霞，谢园，李新丽．系统观念下职业本科学校内部质量保证体系诊改工作路径探析［J］．中国职业技术教育，2021，（35）：24-29．

崔奎勇，蔡云，史娟．职业本科教育质量指数构建研究［J］．中国高教研究，2022，（3）：94-98．

崔奎勇，刘广耀，史娟．我国本科职业教育质量辨析［J］．中国高教研究，2021，（02）：98-103．

崔清源，颜韵．高职院校人才结构理论探讨［J］．教育与职业，2010，（24）：19-21．

崔淑淇，姚聪莉．本科层次职业教育人才培养的内在逻辑、目标定位与实现路径 [J]．现代教育管理，2023，（04）：97-108.

崔岩．类型定位视域下职业本科教育办学特色创建研究 [J]．中国职业技术教育，2022，（04）：28-32.

崔允漷．国家课程标准与框架的解读 [J]．全球教育展望，2001，（08）：4-9.

崔志钰，陈鹏，倪娟．我国职业教育政策制定的基本逻辑、现实问题与对策建议 [J]．西南大学学报（社会科学版），2023，49（03）：167-177.

党的二十大报告全文 [EB/OL]．（2022-11-02）[2024-02-13]．https：//jbm.cq.gov.cn/article/2022-11/02/content_1899.html.

稲毛文惠．専門職大学及び専門職短期大学の創設 [EB/OL]．（2017-09-08）[2022-12-25]．https://www.sangiin.go.jp/japa－nese/annai/chousa/rippou_chousa/backnumber/2017pdf/20170908021.pdf.

邓丰，赵昕，赵哲．系统哲学视域下职业本科教育质量的解读及形成 [J]．中国职业技术教育，2022，（12）：5-10.

邓蕊，吕肖君．职业生涯规划对大学生就业选择的影响研究——基于江苏高校大学生就业调查的分析 [J]．价值工程，2013，32（09）：263-266.

邓小华．论职业本科院校的职能定位 [J]．中国职业技术教育，2021，（30）：5-12.

第五届全国人民代表大会．中华人民共和国国民经济和社会发展第六个五年计划（1981—1985）[EB/OL]．（1982-12-10）[2019-03-16]．http：//www.npc.gov.cn/wxzl/gongbao/1982-11/30/content_1478459.htm.

董泽芳，聂永成．关于新建本科院校转型分流现状的调查与分析 [J]．高等教育研究，2016，37（04）：23-30.

杜德昌．教材改革：新时代职业院校高质量发展的基本保障 [J]．中国职业技术教育，2019，（29）：11-14.

杜时贵．高职应适度发展本科层次教育 [J]．教育与职业，2008，（31）：6.

范国睿．高质量教育体系建设：价值、内涵与制度保障［J］．南京师大学报（社会科学版），2022，（02）：5-13.

方泽强．本科层次职业教育：概念、发展动力与改革突破［J］．职业技术教育，2019，40（13）：18-23.

方泽强．本科层次职业教育的人才培养目标及现实问题［J］．职业技术教育，2019，40（34）：6-11.

冯东，林树萍．职教高考制度的逻辑起点、当下问题与关键环节［J］．湖北招生考试，2023，（02）：4-9.

冯东，张海瑞．高职本科教育学位制度的当下问题与推进思路［J］．职业教育研究，2023，（02）：10-14.

冯东，张美玲．分流视角下职业院校学生生涯发展研究［J］．延安职业技术学院学报，2023，37（05）：1-5+40.

冯胜清．"入学即入职"须压实校企责任［N］．中国教育报，2020-06-04（2）.

冯小红，陈俊杰．本科层次职业教育人才培养实践——以重庆机电职业技术大学工程造价专业为例［J］．高等建筑教育，2021，30（02）：154-161.

付悦．推进新时代地方高校发展职业本科教育的策略研究［J］．齐齐哈尔师范高等专科学校学报，2022，（06）：10-12.

高等职业教育质量年度报告［EB/OL］．（2023-01-18）［2024-02-13］．https：//www.tech.net.cn/column_rcpy/index.aspx.

古翠凤，张雅静．类型教育视角下中高职人才贯通培养的协同机制研究［J］．职业技术教育，2022，43（25）：24-30.

顾坤华．积极发展高等职业教育本科是理性选择［J］．职业技术教育，2010，31（36）：58-61.

《关于全面深化新时代教师队伍建设改革的意见》引起热烈反响［EB/OL］．（2018-02-02）［2024-02-13］．http：//www.moe.gov.cn/jyb_xwfb/s5147/201802/t20180202_326366.html.

关于做好本科层次职业学校学士学位授权与授予工作的意见［EB/OL］．（2021－11－18）［2024－02－13］．http：//www.moe.gov.cn/srcsite/A22/yjss_xwgl/moe_818/202112/t20211203_584502.html.

管培俊，刘伟，王希勤等.学习贯彻习近平总书记在中共中央政治局第五次集体学习时的重要讲话精神（笔谈）　［J］.中国高教研究，2023，（07）：1－8.

郭福春，徐伶俐.本科层次职业教育发展路径探析［J］.中国职业技术教育，2017，（33）：23－26.

郭广军，蒋晓明.高质量现代职教体系的发展逻辑、主要特征与实践路径［J］.教育与职业，2023，（19）：30－36.

郭广军，李昱，刘亚琴.高质量职业本科教育的教育目标、关键特征及推进策略［J］.教育与职业，2022，（22）：44－47.

郭士香.校企合作行业英语课程开发研究与实践——以电子行业为例［J］.中国成人教育，2012，（12）：89－91.

郭文富.扩招百万呼唤高职院校建立新型质量保障体系［J］.职教论坛，2019，（07）：37－41.

郭霞.职业本科大学公共英语课程标准的开发研究［D］.西安：西安外国语大学，2023.

国务院办公厅.李克强主持召开国务院常务会议——部署加快发展现代职业教育审议通过《事业单位人事管理条例（草案）》［EB/OL］.（2014－02－26）［2019－03－16］.http：//www.gov.cn/ldhd/2014－02/26/content_2622673.htm.

国务院办公厅关于深化产教融合的若干意见［EB/OL］.（2017－12－19）［2024－02－13］.http：//www.gov.cn/zhengce/content/2017－12/19/content_5248564.htm.

国务院关于加快发展现代职业教育的决定［EB/OL］.（2014－05－02）［2019－03－16］.http：//www.gov.cn/zhengce/content/2014－06/22/content_8901.htm.

国务院关于深化考试招生制度改革的实施意见［EB/OL］.（2014-09-03）［2024-02-13］.http：//www.gov.cn/gongbao/content/2014/content_2750413.htm.

国务院关于印发国家职业教育改革实施方案的通知［EB/OL］.（2019-02-13）［2024-02-13］.http：//www.gov.cn/zhengce/content/2019-02/13/content_5365341.htm.

国务院印发《国家职业教育改革实施方案》［EB/OL］.（2019-02-13）［2022-12-28］.http：//www.gov.cn/xinwen/2019-02/13/content_5365377.htm.

韩博天.通过试验制定政策：中国独具特色的经验.当代中国史研究.2010,17（03）：103-112+128.

韩飞,郭广帅.职业教育驱动新质生产力：逻辑意蕴与实践路径［J/OL］.职业技术教育,1-7［2024-11-26］.

韩玉,徐涵.高等职业教育课程标准与学业质量标准联动编制研究［J］.现代教育管理,2022,（07）：67-74.

郝天聪,石伟平.职业本科教育的社会认同困境及化解策略——社会建构主义知识论的视角［J］.南京师大学报（社会科学版）,2022,（06）：34-43.

郝天聪,庄西真.地方本科院校转型之路：回归职业教育的本质［J］.中国职业技术教育,2015,（30）：80-84.

郝天聪.交叉学科：职业技术大学学科建设的定位与方略［J］.教育发展研究,2022,42（21）：53-60.

何俊峻,陈森锵.自主评聘背景下高职教师专业发展评价模式研究［J］.中国职业技术教育,2017,（26）：88-92.

何邵平.中国城市住房限购政策扩散的机理和方式——基于政策扩散理论的实证解释［J］.四川行政学院学报,2020,（05）：5-14.

何世松,贾颖莲.独立学院与高职院校合并转设本科层次职业大学的路径、运行与评价［J］.江苏高职教育,2021,21（03）：8-17.

何寿奎.学校办学质量影响因素分析及改进对策［J］.重庆交通学院学报（社会科学版）,2003,（S1）：7-8.

何为.职业本科教育：时代价值与策略选择［J］.教育理论与实践，2021，41（33）：21-24.

何玉海，王传金.论课程标准及其体系建设［J］.教育研究，2015，36（12）：89-98.

胡剑锋，畅立丹，许倩婷，念潮旭.类型教育定位下职教师资培养的价值意蕴、现实困境与实践路径［J］.中国高教研究，2024，（05）：101-108.

胡茂波，王思言.职业教育国家教学标准体系的价值诉求与实施策略［J］.职业技术教育，2018，39（10）：24-28.

胡晓霞.高职院校教师考核评价机制构建的实践探索与思考——以国家示范高职院校 A 学院为例［J］.职教论坛，2015，（14）：14-17.

胡耀宗，蒋帆.以教育财政体制机制改革保障教育强国建设［J］.教育学术月刊，2023，（12）：3-12.

华玉，范红辉，李亚平等.唐山高等教育百年发展回顾与展望［J］.唐山学院学报，2012，25（06）：1-5.

黄斌.职业教育作为类型教育的内涵、特征及其培育［J］.中国职业技术教育，2020，（01）：67-72.

黄文伟.我国高职院校升格的政策学分析［J］.教育与职业，2011，（08）：14-16.

黄文秀，徐勤荣.中外高校大学生专业选择的比较分析［J］.长春大学学报，2016，26（10）：59-62.

黄旭强，韩双玉，柳劲松."双高"院校专业群建设：行动策略与实施绩效——基于 56 所"双高"院校《2019 年中国高等职业教育质量年度报告》的实证［J］.广东职业技术教育与研究，2022，（05）：65-71.

黄亚宇.修订《职业教育法》为职业教育高质量发展提供法治保障［J］.职业技术教育，2022，43（12）：1.

姬慧，周璠.高职"专升本"存在的问题与对策分析［J］.教育理论与实践，2009，29（18）：26-27.

江春华.高质量发展职业本科教育的内涵要义、治理价值与实践进路

［J］. 中国职业技术教育，2022，（25）：57-61.

江苏省教育厅. 公告［EB/OL］.（2021-06-27）［2024-02-13］. http：//jyt. jiangsu. gov. cn/art/2021/6/7/art_58320_9842095. html.

姜朝晖，金紫薇. 教育赋能新质生产力：理论逻辑与实践路径［J］. 重庆高教研究，2024，12（01）：108-117.

姜大源. 论职业教育体制机制改革的应然之策——关于《职业教育法》修订的跨界思考［J］. 中国职业技术教育，2015，（27）：5-9.

蒋仕林，莫兼学，向林峰. 职业本科公共英语课程标准开发探索——背景、过程、原则与路径［J］. 湖南工业职业技术学院学报，2023，23（06）：99-103.

教育部：全国共有各级各类学历教育在校生2.91亿人［EB/OL］.（2024-03-01）［2024-03-22］. http：//www. moe. gov. cn/fbh/live/2024/55831/mtbd/202403/t20240301_1117755. html.

教育部. 高等职业教育专科英语课程标准（2021年版）［M］. 北京：高等教育出版社.2021：3.

教育部办公厅关于公布国家级职业教育"双师型"教师培训基地（2023—2025年）的通知［EB/OL］.（2022-12-20）［2024-02-13］.http：//www. moe. gov. cn/srcsite/A10/s7034/202212/t20221220_1035227. html.

教育部办公厅关于印发《本科层次职业教育专业设置管理办法（试行）》的通知：教职成厅〔2021〕1号［A］.2021-01-22.

教育部办公厅关于做好职业教育"双师型"教师认定工作的通知［EB/OL］.（2022-10-27）［2023-8-7］. http：//www. moe. gov. cn/srcsite/A10/s7034/202210/t20221027_672715. html.

教育部等九部门关于印发《职业教育提质培优行动计划（2020—2023年）》的通知：教职成〔2020〕7号［A］.2020-09-16.

教育部等六部门关于印发《现代职业教育体系建设规划（2014—2020年）》的通知：教发〔2014〕6号［A］.2014-06-16.

教育部等四部门关于公布首批全国职业教育教师企业实践基地名单的通

知〔EB/OL〕. （2019-10-16）〔2024-02-13〕. http：//www. moe. gov. cn/srcsite/A10/s7034/201910/t20191016_403871. html.

教育部等四部门关于印发《深化新时代职业教育"双师型"教师队伍建设改革实施方案》的通知〔EB/OL〕. （2019-10-16）〔2024-02-13〕. http：//www. moe. gov. cn/srcsite/A10/s7034/201910/t20191016_403867. html.

教育部关于"十一五"期间普通高等学校设置工作的意见〔EB/OL〕. （2006-09-26）〔2019-03-16〕. https：//wenku. baidu. com/view/97c23214866fb84ae45c8dbe. html.

教育部关于全面提高高等职业教育教学质量的若干意见〔EB/OL〕. （2006-11-16）〔2020-08-31〕. ht-tp：//old. moe. gov. cn/publicfiles/business/htmlfiles/moe/moe_737/201001/xxgk_79649. html.

教育部关于印发《本科层次职业学校设置标准（试行）》的通知：教发〔2021〕1号〔A〕. 2021-01-27.

教育部关于印发《高等职业教育创新发展行动计划（2015—2018）》的通知：教职成〔2015〕9号〔A〕. 2015-10-19.

教育部关于职业院校专业人才培养方案制订与实施工作的指导意见〔EB/OL〕. （2019-06-11）〔2022-11-09〕. http：//www. moe. gov. cn/srcsite/A07/moe_953/201906/t20190618_386287. html.

教育部教师工作司、高等教育教学评估中心负责人就《职业技术师范教育专业认证标准》和《特殊教育专业认证标准》答记者问〔EB/OL〕. （2019-11-01）〔2024-02-13〕. http：//www. moe. gov. cn/jyb_xwfb/gzdt_gzdt/s5987/201911/t20191101_406369. html.

教育部教师工作司负责人就《深化新时代职业教育"双师型"教师队伍建设改革实施方案》答记者问〔EB/OL〕. （2019-10-17）〔2024-02-13〕. http：//www. moe. gov. cn/jyb_xwfb/s271/201910/t20191017_404115. html.

教育部职业教育与成人教育司负责人就《本科层次职业教育专业设置管理办法（试行）》答记者问〔EB/OL〕. （2021-10-29）〔2024-02-13〕. http：//www. moe. gov. cn/jyb_xwfb/s271/202101/t20210129_511661. html.

金盛.职业教育统筹发展：治理体系与时代特征［J］.职业技术教育，2015，36（07）：40-44.

井文，匡瑛.我国本科职业教育专业设置的逻辑机理与管理机制——基于类型教育的视角［J］.中国职业技术教育，2021，（15）：13-20.

井文.改革开放40年我国高等职业教育结构的历史演进与未来展望［J］.职教通讯，2019，（07）：53-59.

景德镇高校转设"职业大学"遇阻，学生宁不要大学，也不愿有职业［EB/OL］.（2020-11-20）［2024-02-13］.https：//baijiahao.baidu.com/s?id=168379855 6002230278.

雷世平，姜群英.专科高职院校升格本科的"政策口子"缘何不能开［J］.河南职业技术师范学院学报（职业教育版），2005，（01）：22-24.

雷新勇.构建国家基础教育学业质量标准的思考［J］.基础教育课程，2012，（07）：58-61.

李必新，李仲阳，唐林伟.职业本科学位设置：类型要义、主要争议及路径选择［J］.现代教育管理，2022，（02）：119-128.

李长萍.论高等教育对生产力发展的功效［J］.生产力研究，2001，（Z1）：59-60+71.

李桂荣，何俊萍.质量评估政策：职业教育高质量发展的制度保障——党的十八大以来职业教育质量评估政策计量分析［J］.教育发展研究，2023，43（07）：28-36.

李桂霞，刘丽敏.关于高职人才培养方案研制的思考［J］.教育与职业，2013，（15）：169-170.

李红卫.我国高职专升本政策回顾与展望——兼论我国发展高职本科的路径［J］.职教论坛，2010，（07）：29-32.

李慧心.职业本科大学办学质量评估指标体系构建研究［D］.西安：西安外国语大学，2023.

李军，刘畅.职业本科院校的发展定位及实现路径研究［J］.哈尔滨职业技术学院学报，2021，（06）：1-4.

李骏.中国高学历劳动者的教育匹配与收入回报［J］.社会，2016，36（03）：64-85.

李妮，阮宜扬.职业院校部分专业率先升本的政策意涵及组织困境［J］.云南开放大学学报，2023，25（01）：69-74+102.

李鹏，石伟平.中国职业教育类型化改革的政策理想与行动路径——《国家职业教育改革实施方案》的内容分析与实施展望［J］.高校教育管理，2020，14（01）：106-114.

李胜，徐国庆.职业本科教育发展背景下职业专科教育定位研究［J］.中国高教研究，2022，（02）：106.

李天源，石伟平.职业本科院校在高质量发展阶段的特色发展之路：理论原则、关键任务与保障策略［J］.中国职业技术教育，2022，（12）：16-20+70.

李霄翔，吴寒，韩茂源.《高等职业教育专科英语课程标准（2021年版）》中的学业质量研究［J］.中国外语，2021，18（05）：21-25.

李晓丹，李丹."双高"建设背景下高职学校专业课教材评价指标体系建设研究［J］.现代职业教育，2021，（38）：108-109.

李晓锦，尹珊珊.发展高等职业本科教育刍议［J］.河北师范大学学报（教育科学版），2014，16（4）：93-95.

李晓明.产业转型升级与高职本科教育发展——以地方应用型本科转型高职本科为选择［J］.教育发展研究，2012，32（3）：18-23.

李新发.职业教育作为一种教育类型的典型特征辨析［J］.职业技术教育，2022，43（33）：35.

李雪峰，王志洁.改进教师评价，解决教师职业倦怠，促进教师发展——荷兰瓦格宁根大学与国内大学教师评价比较研究［J］.呼伦贝尔学院学报，2008，（04）：80-84.

李延平，刘旭旭.日本专门职业大学质量保障体系的制度设计及运行特点［J］.职业技术教育，2023，44（24）：67-74.

李越恒.高职院校教师绩效评价探析［J］.中国成人教育，2014，

（21）：103-105.

李云华．高职院校升本的困境与应对策略［J］．大众标准化，2021，（06）：190-192.

李运山，王梅，肖凯成，杨小林．"四维度"策略构建高等职业教育质量保障体系［J］．中国职业技术教育，2021，（28）：77-82.

李泽彧，陈杰斌．关于我国新建本科院校研究动态的探讨——基于1999—2006年"中国知网"的统计与分析［J］．教育研究，2008，（03）：95-99.

梁成艾，朱德全，金盛．论城乡职业教育统筹发展的动力机制［J］．职业技术教育，2011，32（13）：15-21.

梁克东．职业本科教育的实践探索、发展瓶颈与推进策略［J］．中国高教研究，2021，（09）：98-102.

梁秋萍，余冯蓬．职业本科旅游管理专业课程标准的研发［J］．冶金管理，2021，（05）：160-161.

梁艳清，杨朝晖，侯维芝．关于发展本科层次高等职业教育的几点思考［J］．教育与职业，2010，（26）：5-7.

梁燕．台湾高等技术与职业教育本科层次课程述评［J］．现代教育管理，2010，（3）：63-66.

刘爱英．中高职教育衔接的政策诉求［J］．中国职业技术教育，2014，（11）：30-35.

刘保胜．大学生生涯自我效能感量表的编制及其应用［D］．曲阜：曲阜师范大学，2011.

刘春光，谢剑虹．职业本科院校学生职业素养评价指标体系的探索与构建［J］．当代教育论坛，2023，（02）：68-76.

刘春生，马振华．发达国家职业教育发展趋势述略［J］．职教论坛，2003，（21）：62-66.

刘翠兰，征艳珂．职业教育背景下民办高校教师能力评价模型构建及评价要素分析［J］．中国职业技术教育，2015，（19）：80-84.

刘虎．由遮蔽走向真实：职业教育学生学业评价的反思与超越［D］．

上海：华东师范大学，2014.

刘剑飞，陈彬．高职院校国际化办学模式和保障措施探析［J］．中国职业技术教育，2018，（34）：84-87.

刘芹茂，杨东．我国教育发展的动力机制［J］．教育与经济，1992，（3）：45-48.

刘晓，乔飞飞．发展本科层次职业教育：路径选择与机制保障［J］．职教论坛，2015，（22）：35-39.

刘晓宁．高职院校企业兼职教师考核与评价体系构建［J］．中国职业技术教育，2017，（06）：72-77.

刘昕荷，马君．新西兰行业培训的质量保障与评估机制研究［J］．职教论坛，2020，（03）：170-176.

刘新华，王冬琳，王利明，蒋从根．我国职业教育层次结构与生产力发展水平关系的实证研究［J］．中国高教研究，2013，（04）：93-98.

刘绪军．新时代职业教育高质量发展的机遇、挑战及应对策略［J］．教育与职业，2022，（20）：43-48.

刘自团．我国不同家庭文化背景大学生择校差异研究［J］．高教探索，2012，（05）：134.

卢卓．高等教育层次结构、技术进步与经济高质量发展［J］．统计与决策，2023，39（01）：115-119.

芦艳．我国高等职业教育试点：成效、限度与反思［J］．职教论坛，2021，37（11）：6-12.

陆素菊．试行本科层次职业教育是完善我国职业教育制度体系的重要举措［J］．教育发展研究，2019，39（07）：35-41.

陆宇正，曾天山．协同共生：职业本科教育办学治理的逻辑生成与运行机制［J］．国家教育行政学院学报，2022，（11）：48-55.

陆宇正，曾天山．职业本科教育办学实践的意蕴解析与行动策略［J］．大学教育科学，2023，（03）：108-117.

吕建强，任君庆．赋权与增能：新《职业教育法》保障学生权益的内

涵解读 [J]. 中国职业技术教育, 2022, (34): 17-21+84.

吕玉曼, 徐国庆. 从强化到优化: 职业教育类型属性确立的实践路径 [J]. 现代教育管理, 2022, (02): 111-118.

罗克全, 高芳芳. 夯实职业本科教育高质量发展根基 [J]. 中国高等教育, 2022, (21): 59-61.

罗校清, 李锡辉. 职业本科的内涵、定位及发展路径探析 [J]. 教育与职业, 2023, (04): 21-27.

马俊波, 常红梅. 高职公共英语教育发展报告 (2009—2019) [J]. 中国职业技术教育, 2020, (29): 67-72.

马俊波, 王朝晖, 凌双英, 周瑞杰.《高等职业教育专科英语课程标准 (2021 年版)》课程结构的理据和要点 [J]. 外语界, 2021, (05): 10-15.

马陆亭. 新时代高等教育的结构体系 [J]. 中国高教研究, 2021, (09): 18-24.

马廷奇, 陈辉. 现代职业教育体系建设与职业教育高质量发展 [J]. 职业技术教育, 2022, 43 (21): 7-12.

马卫国. 职业本科内部教学质量保障体系建设刍议 [J]. 中国职业技术教育, 2022, (23): 45-51.

马晓慧, 周保平. "类型教育"背景下现代职业教育体系的完善策略 [J]. 中国职业技术教育, 2023, (10): 48-53.

马燕. 发展本科层次职业教育: 动因、问题与出路 [J]. 中国职业技术教育, 2014, (20): 14-18.

马振华. 发展本科和研究生层次高等职业教育的理论与实践研究 [D]. 天津: 天津大学, 2004.

梅德明. 正确认识和理解英语课程性质和理念——基于《义务教育英语课程标准 (2022 年版)》的阐述 [J]. 教师教育学报, 2022, 9 (03): 104-111.

孟凡华, 陈衍. 职业教育本身就是生产力 [J]. 职业技术教育, 2011, 32 (15): 58-61.

孟景舟. 文本之误：职业教育的语言学与历史学视角（下）——职业教育名称之争的原由 [J]. 机械职业教育，2005，(11)：5.

孟庆男. 本科层次职业教育试点探究 [J]. 职教论坛，2021，37（12）：79-85.

孟瑜方，徐涵. 本科层次职业教育研究综述 [J]. 高等职业教育探索，2020，19（06）：9-15.

孟宇，沈伟. 质性数据分析的科学性——兼论 NVivo 在教育领域中的应用 [J]. 苏州大学学报（教育科学版），2024，12（01）：24-34.

面向 21 世纪教育振兴行动计划 [EB/OL]. (1998-12-24) [2019-03-16]. http：//old. moe. gov. cn/publicfiles/business/htmlfiles/moe/s6986/200407/2487. html.

聂伟，王军红. 论职业教育质量监测指标的逻辑及其自洽 [J]. 中国高教研究，2020，(07)：98-102.

聂永成，董泽芳. 新建本科院校的"学术漂移"趋向：现状、成因及其抑制——基于对 91 所新建本科院校转型现状的实证调查 [J]. 现代大学教育，2017，(01)：105-110.

牛晶晶，刘惠琴. 我国专业学位教育制度变迁的动力机制与内在逻辑 [J]. 教育研究，2023，44（11）：115-126.

潘海生. 建体系，强机制，立法规职业教育走在类型教育高质量发展大道上 [J]. 职业技术教育，2022，43（21）：1.

潘懋元，董立平. 关于高等学校分类、定位、特色发展的探讨 [J]. 教育研究，2009，30（02）：33-38.

潘懋元. 分类、定位、特点、质量——当前中国高等教育发展中的若干问题 [J]. 福建工程学院学报，2005，(2)：103-108.

潘懋元. 教育基本规律及其在高等教育研究与实践中的运用 [J]. 上海高教研究，1997，(02)：3-9.

潘懋元. 中国高等教育的定位、特色和质量 [J]. 中国大学教学，2005，(12)：4-6.

裴云.论应用技术大学背景下现行高职院校升本分析［J］.继续教育研究，2015，（03）：30-32.

彭华安.教育政策的伦理基础及其价值诉求［J］.江苏高教，2010，（05）：19-21.

戚瑞双.我国高等职业教育空间分布与生产力发展水平的关系研究［J］.职业技术教育，2013，34（10）：39-45.

秦胜龙，李闽.高职院校教师工作评价机制的构建［J］.中国职业技术教育，2018，（04）：85-88.

曲洪山，杨晓燕.本科高职与技术本科关系辨析［J］.职教论坛，2012，（34）：40-42.

曲铁华，王瑞君.40年来我国高等职业教育政策演进历程与特点［J］.沈阳师范大学学报（社会科学版），2019，43（04）：96-105.

全国人民代表大会常务委员会.中华人民共和国高等教育法［EB/OL］.（2019-01-07）［2022-12-28］.http：//www.npc.gov.cn/npc/c30834/201901/9df07167324c4a34bf6c44700fafa753.shtml.

全文丨中华人民共和国学位法［EB/OL］.（2024-04-26）［2024-04-30］.https：//k.sina.cn/article_1644114654_61ff32de02001s2xe.html.

阙明坤，武婧，李东泽.本科职业技术大学的兴起背景、国际经验及人才培养机理［J］.教育与职业，2019，（20）：43-48.

任嘉欣.技能型社会建设背景下高职院校"四联动·三融合·五对接"育人体系构建［J］.职业技术教育，2023，44（05）：17-22.

任鹏.新时代中国特色政策制定模式［J］.马克思主义研究，2018，（06）：50-62+159.

如何将"双师型"教师认定落到实处［N］.中国教师报，2022-12-8（14）.

沙鑫美.类型目标：本科层次职业教育的必要指向［J］.教育与职业，2020，（19）：5-11.

陕西省社会科学院.《首批试点职业大学2022年度质量年报分析报告》

发布［EB/OL］.（2022-07-01）［2024-02-13］.http：//www.sxsky.org.cn/detail/7154.

陕西省社会科学院.《首批试点职业大学 2023 年度质量年报分析报告》发布［EB/OL］.（2023-09-05）［2024-02-13］.http：//www.sxsky.org.cn/detail/8152.

申家龙.论职业教育校企合作的效率边界［J］.教育发展研究，2012，32（11）：19-24.

施星君，余闯.职业本科专业评价设计的逻辑与路径［J］.中国高教研究，2022，（05）：102-108.

石伟平，郝天聪.职业教育如何助力技能型社会建设：黄炎培职教思想的当代启示［J］.现代远程教育研究，2023，35（1）：59-67.

石伟平，兰金林，刘笑天.类型化改革背景下本科层次职业教育发展的困境与出路［J］.现代教育管理，2021，（02）：99-104.

石伟平，徐国庆.试论我国技术本科的发展［J］.职业技术教育，2003，24（31）：5-9.

石伟平.STW：世纪之交美国职业教育改革与发展策略的抉择［J］.全球教育展望，2001，（06）：71-76.

石伟平.稳步发展职业本科教育助推技能社会建设［J］.国家教育行政学院学报，2021，（05）：42-44.

事关就业、落户！国务院印发重磅文件，官方解读来了［EB/OL］.（2021-08-30）［2022-04-04］.https：//www.ifnews.com/news.html？aid=201318.

宋依蔓，刘影.多元主体协同的高职院校教育质量保障机制建设［J］.教育与职业，2022，（11）：40-45.

苏志刚.本科层次职业教育的价值取向和路径选择［J］.职教论坛，2021，37（03）：31-35.

孙长远，齐珍.应用型本科发展的历史脉络、困厄与出路［J］.河北师范大学学报（教育科学版），2014，16（05）：68-72.

孙传宏．试论教育是基础生产力［J］．江西教育科研，1994，(05)：18-22．

孙凤敏，孙红艳，邵建东．稳步发展职业本科教育的现实阻碍与破解进路［J］．大学教育科学，2022，(03)：120-127．

孙平．高职院校"升本"冲动的反身性研究［J］．深圳大学学报（人文社会科学版），2014，31(04)：155-160．

孙善学．高校转型的语境整合与路径选择［J］．中国职业技术教育，2016，(18)：5-11．

孙善学．完善职教高考制度的思考与建议［J］．中国高教研究，2020，(03)：92-97．

孙喜亭．再论科学技术·生产力·教育［J］．北京师范大学学报（社会科学版），1998，(05)：5-17．

孙云志．高职院校升本议题的"政策博弈"［J］．教育与职业，2013，(32)：5-8．

唐柳．处于交叉地带的职业本科教育——兼论高质量职业教育体系建设［J］．职业技术教育，2022，43(28)：18-23．

唐淑艳，龚向和．面向高质量发展的职业本科高校学位授予标准与立法路径［J］．大学教育科学，2022，(01)：113-119．

田辉，郭姝萌，韩彦龙，等．系统观念下职业本科课程标准研制逻辑与路径探索［J］．中国职业技术教育，2023，(11)：81-85．

涂向辉．本科层次高等职业教育培养目标及其内涵探析［J］．中国职业技术教育，2012，(27)：15-20．

万崇华，许传志．调查研究方法与分析新编［M］．北京：中国统计出版社，2016：137-138．

王昌军．准确把握中职历史课程标准适应新要求搞好历史教学［J］．现代职业教育，2020，(20)：88-89．

王冬琳，刘新华，王利明，蒋从根．我国职业教育专业结构与生产力发展水平关系的实证研究［J］．职业技术教育，2013，34(16)：51-56．

王飞，李志宏．我国高职学生专升本需求调查与分析［J］．中国职业技术教育，2015，（04）：69-73，96.

王国英. 高等职业院校促进开封中小微企业高质量发展问题研究 [J]. 中国多媒体与网络教学学报，2021，（06）：179-181.

王海平，安江英，王利明，刘新华，王冬琳，王萍. 北京市高等职业教育层次结构与生产力发展水平关系的实证研究 [J]. 职业技术教育，2013，34（07）：40-46.

王珩安. 职业教育适应产业转型发展的顶层设计、组织保障与核心工程——职业教育与产业转型发展论坛综述 [J]. 中国职业技术教育，2022，（28）：74-79+72-73.

王立非，栗洁歆. 国际语言服务本科专业培养方案的设计与实现 [J]. 外语教育研究前沿，2023，6（02）：44-51+94.

王丽娟，刘斌. 数字化背景下职业本科教育教师数字素养的内涵、框架及提升途径 [J]. 西部素质教育，2024，10（01）：14-18.

王明慧. 职业本科院校高质量教学研究 [D]. 秦皇岛：河北科技师范学院，2023.

王明伦. 发展高职本科须解决好三个关键问题 [J]. 职业技术教育，2013，34（34）：12-15.

王明伦. 发展高职本科须解决好三个关键问题 [J]. 职业技术教育，2013，34（34）：12-15.

王浦劬，赖先进. 中国公共政策扩散的模式与机制分析 [J]. 北京大学学报（哲学社会科学版），2013，50（06）：14-23.

王秋霞，莫磊. 会计专业群本科层次职业人才培养模式的实践探索——以广西财经学院为例 [J]. 中国职业技术教育，2019，（23）：81-87.

王笙年，徐国庆. 职业教育高质量发展的关键制度壁垒及其结构性消解 [J]. 高校教育管理，2023，17（01）：92-99.

王思杰. 职业教育法的立法精神与规范体系 [J]. 教育发展研究，2023，43（17）：25-32.

王苏苏，朱云峰，马乔林. 发展我国高职本科教育势在必行 [J]. 当代职业教育，2014，（06）：4-7.

王苏苏，朱云峰，马乔林.试论高职本科教育课程体系的构建［J］.南通航运职业技术学院学报，2014，13（03）：89-92.

王彤，朱科蓉.高职专升本教育的定位分析与改革研究［J］.职教论坛，2011，（13）：21-24.

王兴，吴向明.职业本科教育理论与实践［M］.浙江大学出版社，2022：目录1-3页.

王琰，朱静.职业自我效能感对大学生职业生涯规划的影响及其提升［J］.教育与职业，2015，（06）：119-121.

王燕.本科层次职业教育质量评估指标体系研究［J］.现代职业教育，2021，（40）：36-37.

王艺桦.基于新课标的高职英语课程教学探索［J］.广西教育，2022，（33）：129-132.

王毓.职业本科：人才培养定位与实现路径选择［J］.职业技术教育，2013，34（16）：26-29.

王媛媛.职业本科院校师资队伍建设［D］.重庆：四川外国语大学，2023.

王志.《职业教育法》修订的逻辑与价值研究［J］.天津职业大学学报，2023，32（03）：8-1

魏怀明.职业本科专业群建设之教师发展研究［J］.现代职业教育，2023，（33）：133-136.

文部科学省.専門実践教育訓練の指定基準見直し（キャリア形成促進プログラム及び専門職大学等の課程関係）［EB/OL］.（2018-12-07）［2022-09-23］.https：//www.mext.go.jp/component/a_menu/education/detail/__icsFiles/afieldfile/2018/12/07/1411515_001.pdf.

文秋芳，张虹.《高等职业教育专科英语课程标准（2021年版）》核心素养的确立依据及其内涵解读［J］.外语界，2021，（05）：2-9.

翁伟斌.面向2035的地方政府履行发展职业教育的职责要义［J］.吉首大学学报（社会科学版），2020，41（03）：17-19.

毋磊，周蕾，马银琦．高质量职业本科人才培养模式的现实向度与行动路径——基于21所职业技术大学教育质量报告的文本分析［J］．中国高教研究，2023（05）：101-108．

吴杰．基于岗位评价体系的民办高校薪酬体系研究［J］．湖北开放职业学院学报，2020，33（23）：53-55．

吴明隆．结构方程模型：AMOS的操作与应用［M］．重庆：重庆大学出版社，2010．

吴全全，郝俊琪，闫智勇．职业教育高质量发展背景下职业院校专业建设探析［J］．中国职业技术教育，2022，（35）：11-18．

吴婷琳．边界消弭与多元合作：我国高等职业教育资源配置的路径选择［J］．江苏高教，2018，（01）：104-107．

吴学敏，王振杰，刘彩琴，娄小娥．发挥高质量职业本科牵引作用加速现代职业教育体系建设［J］．中国职业技术教育，2023，（09）：5-12．

吴学敏．开展本科层次职业教育"变"与"不变"的辩证思考［J］．中国职业技术教育，2020，（25）：5-13．

吴学敏等．职业本科教育办学的思考与探索［M］．南京：南京大学出版社，2022：3-5．

伍红军．职业本科是什么？——概念辨正与内涵阐释［J］．职教论坛，2021，37（02）：17-24．

习近平：扎实推动教育强国建设［EB/OL］．（2023-09-15）［2023-10-27］．https：//www. gov. cn/yaowen/liebiao/202309/content_6904156. htm．

习近平谈治国理政（第四卷）［M］．北京：外文出版社，2022：538+538．

萧灼基．共生理论序言［M］．北京：科学技术出版社，1988：8．

肖凤翔，赵懿璇．合作开展本科层次职业教育的经验与困惑［J］．中国职业技术教育，2019，（31）：41-45．

肖福流，宋贝．OBE教育理念下应用型高校专本衔接人才培养优化路径研究［J］．教育与职业，2020，（23）：64-67．

肖纲领．职业本科院校应用型科研生态建设：理论阐释与推进策略

［J］．当代教育论坛，2024，（01）：19-25.

肖桂兰，曹兰，李霄翔．高职英语多维混合式教学模式研究——基于《高等职业教育专科英语课程标准（2021年版）》的校本视角［J］．外语界，2021，（05）：16-22.

肖化移．区域高等职业教育的产教融合：内容体系与实现路径［J］．职业技术教育，2021，42（12）：21-25.

谢剑虹．职业本科教育课程体系构建的内在逻辑与基本原则［J］．当代教育论坛，2022，（05）：116-124.

谢作诗，陈刚，马汴京．大学治理：交易费用经济学的视角［J］．教育研究，2013，34（10）：79-83.

信力建．高学历并非高收入的护身符［J］．教育与职业，2006，（22）：70-71.

邢晖，郭静．职业本科教育的政策演变、实践探索与路径策略［J］．国家教育行政学院学报，2021，（05）：33-41+86.

熊小渊，汪宇凤，张艳艳．新时代背景下职业本科"双师型"教师队伍培育研究［J］．中国成人教育，2023，（18）：72-75.

徐峰，崔宇馨．本科层次职业教育的作用机理与优化效用——基于人力资本理论视角的分析［J］．现代教育管理，2021，（02）：105-111.

徐国庆，王笙年．职业本科教育的性质及课程教学模式［J］．教育研究，2022，43（07）：104-113.

徐国庆．国家专业教学标准建设是实现职业教育现代化的基础［J］．中国职业技术教育，2019，（07）：62-66.

徐国庆．职业教育的边界在哪里［J］．职教论坛，2014，（03）：1.

徐涵．工作过程为导向的职业教育理论与实证研究［M］．北京：商务印书馆，2013：24.

徐俊生，张国镛，高羽．职业本科院校一流专业建设的价值、机制与路径［J］．教育与职业，2022，（09）：57-63.

徐林，王阿舒，汤允凤．类型教育视域下高职实践教学路径创新研究

[J].中国职业技术教育，2020，（32）：33-37.

徐晔.职业教育"类型教育"生态系统的内涵及实践路径[J].教育理论与实践，2021，41（15）：30-33.

许恒兵.新质生产力：科学内涵、战略考量与理论贡献[J].南京社会科学，2024，（03）：1-9.

许红菊.浅谈本科层次高职教育人才培养目标的定位[J].机械职业教育，2013，（07）：8-10.

闫志利，王淑慧.职业教育赋能新质生产力：要素配置与行动逻辑[J].中国职业技术教育，2024，（07）：3-10.

杨庚霞.职业本科教育质量体系与地方经济的协调发展研究[J].甘肃科技纵横，2023，52（01）：83-86.

杨金土.我国本科教育层次的职业教育类型问题[J].教育发展研究，2003，（01）：5-9.

杨金土.本科院校办好高职与本科教育的类型结构改革[J].职业技术教育，2002，23（01）：5-8.

杨磊，朱德全.职业教育高考政策执行的效果评价与完善路径——基于政策执行系统模型的分析[J].云南师范大学学报（哲学社会科学版），2023，55（04）：139-147.

杨铭铎.基于专业建设的本科职业教育发展思考——以烹饪专业为例[J].中国职业技术教育，2019，（26）：21-25.

杨铜铜.高校学位授予标准的合法设定——兼论《学位条例》的修订[J].东方法学，2020，（03）：116-125.

杨晓燕.发展本科高职的理论与策略研究[D].沈阳：沈阳师范大学，2014.

杨旭辉.高职教育类型定位的政策意蕴[J].职业技术教育，2013，34（01）：10-15.

姚会娟，左浩.职业本科院校教师教学能力提升途径的探索与实践——以计算机类课程教学为例[J].大学，2023，（25）：143-146.

姚琳琳．职业本科院校师资队伍建设的现状及策略——基于 31 份质量年报的实证分析［J］．教育与职业，2024，（01）：78-85．

姚文峰．教育政策理性的现实诉求［J］．教育发展研究，2009，29（04）：24-27．

叶宝娟，郑清，刘林林等．职业探索对大学生求职行为的影响：求职自我效能感的中介作用与情绪调节的调节作用［J］．心理发展与教育，2016，（06）：691-697．

叶赋桂，段世飞．深化教育评价体系改革学术研讨会综述［J］．清华大学教育研究，2018，39（06）：123-128．

叶绍梁．学位的概念及其与研究生教育关系的辨析［J］．学位与研究生教育，1999，（05）：65-70．

殷航．本科职业教育专业定位研究［D］．天津：天津大学，2021．

尤西林．通识教育的公共性与本科公共课的深度定位［J］．高等教育研究，2019，40（04）：70-74．

于洪良，卞常红，宋燕．以合作为导向的教师评价改进与发展［J］．中国高等教育，2021，（19）：59-61．

余闯，施星君．创新与突破：职业本科教育发展研究［M］．上海社会科学院出版社，2022：目录 1-2 页．

余秀兰．普通教育抑或职业教育：教育价值观视域下的选择［J］．高等教育研究，2020，41（01）：68-76．

余智慧，陈鹏．科学逻辑主导下职业本科高校发展的现实困境与推进路径［J］．中国高教研究，2021，（12）：97-102．

俞亚萍．高校教师评价制度：问题检视、成因诊断与优化策略［J］．黑龙江高教研究，2018，36（10）：104-107．

袁纯清．共生理论——兼论小型经济［M］．北京：经济科学出版社，1998：7．

袁广林．职业本科教育的本质内涵与实践逻辑［J］．现代教育管理，2024，（01）：119-128．

袁旗．《国家职业教育改革实施方案》十大概念解读［J］．职业技术教育，2019，40（33）：44-47．

云绍辉．"职业生涯规划"线上课程学习行为对学习效果的影响——基于 J 高校 780 名本科生的调查［J］．中国大学生就业，2022，（03）：57-64．

臧志军．产出导向+能力本位：本科层次职业教育评价体系设计的基本原则探析［J］．中国职业技术教育，2020，（25）：20-23．

曾冬梅，席鸿建，黄国勋．专业人才培养方案的构建［J］．清华大学教育研究，2002，（05）：98-101．

曾捷，韦卫，李祥．本科职业大学办什么：人才培养定位再思考——基于 16 所本科职业大学章程的文本分析［J］．成人教育，2021，41（11）：55-62．

曾天山，李杰豪．新《职业教育法》保障职业教育高质量发展［J］．中国职业技术教育，2022，（16）：16-22．

曾天山，汤霓，王泽荣．发展职业本科教育的重要意义、目标定位与实践路径［J］．中国高等教育，2021，（23）：35-37．

曾天山等．职业本科教育发展之道［M］．北京：北京理工大学出版社，2022：9．

曾小敏，云芳．高职院校社会生源人才培养质量保障路径研究［J］．教育理论与实践，2023，43（33）：27-30．

曾元源，伍自强，胡海祥．职业本科教育中现代学徒教育理论与实证［M］．北京：中国纺织出版社，2019：2-4．

翟希东：面向"中国制造 2025"的现代职业教育本科人才培养改革研究［M］．成都：西南财经大学出版社，2021：1-5．

张弛，张磊，徐莉．困境与路径：举办本科层次高等职业教育之思考［J］．职教论坛，2013，（16）：58-61．

张浩．职业本科教育中企业参与校企合作因素分析及对策研究［J］．中国高校科技，2021，（07）：9-13．

张莉．本科层次职业教育试点院校师资队伍建设的困境及优化路径

［J］．中国职业技术教育，2020，（32）：43-48．

张千友．新建本科院校：职业教育转型发展的挑战与应对［J］．职教论坛，2014，（21）：14-18．

张诗亚．和谐之道与西南民族教育［J］．西南师范大学学报（社会科学版），2007，（1）：65．

张维．职业教育要为高质量就业提供强大支撑［N］．法治日报，2024-03-10（006）．

张卫民，刘芳雄，王建仙．职业本科院校社会服务能力的政策愿景与提升路径［J］．江苏高教，2024，（02）：116-124．

张伟远，杜怡萍，谢青松，谢浩，李文静．数字时代以质量保障为核心的学习成果认证制度建设［J］．现代远程教育研究，2023，35（06）：74-82．

赵亚丽，高超．职业本科电工电子技术实训课程标准的制定与实施［J］．创新创业理论研究与实践，2023，6（24）：102-104．

赵志群．建立以职业能力评价为核心的学业评价制度，保障技能人才培养质量和教育强国建设水平［J］．职业技术教育，2023，44（12）：13-15．

郑弼权．职业本科教育大学英语课程的特征、困境和路向［J］．职业教育研究，2023，（07）：34-38．

郑家刚．目标导向的高职学生全面发展质量评价机制研究［J］．中国职业技术教育，2021（19）：92-96．

职业本科，迎来"阵痛期"［EB/OL］．（2023-03-20）［2024-04-20］．https：//m. gmw. cn/2023-03/20/content_1303313440. htm．

中共中央 国务院印发《深化新时代教育评价改革总体方案》［EB/OL］．（2020-10-13）［2024-04-17］．https：//www. gov. cn/gongbao/content/2020/content_5554488. htm．

中共中央办公厅 国务院办公厅印发《关于推动现代职业教育高质量发展的意见》［EB/OL］．（2021-10-12）［2024-02-13］．https：//www. gov. cn/zhengce/2021 - 10/12/content _ 5642120. htm？ eqid = ef85b41d0000cf39000000046497a127．

中华人民共和国职业教育法［EB/OL］.（2022-04-21）［2022-04-22］https：//www. moe. gov. cn/jyb_sjzl/sjzl_zcfg/zcfg_jyfl/202204/t20220421_620064. html.

钟云华. 对高职院校举办高职本科教育的探讨［J］. 职教论坛，2011，（15）：11-14.

钟真宜，姚伟卿，马承荣，叶平. 现代职教体系下高职院校兼职教师资源开发与管理研究［J］. 职业技术教育，2017，38（19）：53-57.

周国华. 教育政策空间：必要性、产生根源与社会诉求［J］. 教育学术月刊，2008，（08）：3-5，16.

周建松，唐林伟. 本科层次高等职业教育：现状、挑战与方略［J］. 大学教育科学，2015，（05）：102-108.

周建松. 发展本科层次高职教育：借鉴与举措［J］. 职业技术教育，2011，32（33）：55-57.

周建松. 新型本科：国家示范性高职院校发展的新路径［J］. 职业技术教育，2014，35（9）：69-71.

周洁，张俊. 中等教育分流与收入差异——普通高中与中等职业学历教育收益率的比较研究［J］. 教育学术月刊，2019，（12）：94-100.

周淼淼. 高质量职业本科教育的发展逻辑、现实困境与前进理路［J］. 教育与职业，2022，（24）：59-64.

朱爱胜，孙杰. 高职教育培养本科应用技术型人才的问题分析与路径探索［J］. 职业技术教育，2017，38（18）：31-33.

朱德全，涂朝娟. 职业本科教育数字化转型的健康新生态［J］. 中国电化教育，2023，（01）：38-45.

朱德全，杨磊. 职业教育高考制度的历史逻辑与伦理向度［J］. 高等教育研究，2022，43（5）：45-54.

朱建新. 地方应用型大学变革研究［D］. 杭州：浙江大学博士学位论文，2019.

庄西真. 普通本科院校转型：为何转 转什么 怎么转［J］. 中国职业技

术教育，2014，（21）：84-89.

庄西真. 我国本科层次职业教育的前世今生——一个历史制度主义视角的分析 [J]. 教育研究与实验，2021，（02）：57-62.

宗诚. 职业本科教育发展路径探析 [J]. 高等工程教育研究，2022，（06）：141-145.

宗亚妹，刘树青，贾茜. 本科层次职业教育实践教学的综合改革 [J]. 职教论坛，2018（11）：56-60.

邹吉权，刘斌. 中国特色高水平高职院校建设的理论与行动框架 [J]. 中国职业技术教育，2018，（34）：35-42.

Bandura, A. Self-fficacy: The Exercise of Control [J]. *Journal of Cognitive Psychotherapy*, 1997, (13), 158-166.

Blau, G. Testinga Two-Dimensional Measure of Job Search Behavior. [J] *Organizational Behaviorand Human Decision Processes*, 1994, (2), 288-312.

Clares PM, Lorente CG. Career Guidance, Employability, and Entering the Work Forceat University through a Structural Equation Model [J]. *Spanish Pedagogy Magazine*, 2018, 76 (269): 119-139.

Fugate, M., Kinicki, A. J., & Ashforth, B. E. Employability: Apsycho-Socialconstruct, its Dimensions, and Applications [J]. *Journal of Vocational Behavior*, 2004 (1), 14-38.

International Standard Classification of Education: ISCED-2011 [EB/OL]. (2020-12-06) [2024-02-13]. http: //uis. unesco. org/en/topic/internation alstandard-classification-education-isced: 52, 49.

Pierson, P. Increasing Returns, Path Dependence, and the Study of Politics [J]. *American Political Science Review*, 2000, 94 (2): 251-267.

Renn, R. W., Steinbauer R, Taylor R, etal. School-to-work Tansition: Mentor Career Support and Student Career Planning, Job Search Intentions, and Self-defeating Job Search Behavior [J]. *Journal of Vocational Behavior*, 2014, (3): 422-432.

后　记

在硕士阶段学习高等教育学的过程中，我曾对高等职业教育和本科教育的性质进行过一些探讨，但当时并未深入职业高等教育这一细分领域。这主要是因为我原先所在的宝鸡文理学院是一所走综合化普通高等教育路径的地方本科高校，同时，我个人的研究焦点也更多地放在了普通高等教育方面。然而，随着我对教育领域的深入了解，尤其是进入陕西师范大学攻读博士学位后，在导师陈鹏教授和师兄祁占勇教授的引导下，开始更多地接触到职业教育学。团队在职业教育研究方面有着深厚的积累，这对我产生了深远的影响。在新一轮国家级课题申报时，我的导师建议我探索职业本科教育这一新领域。2020 年，我有幸获得了国家社会科学基金"十三五"规划教育学一般课题的资助，对首批"本科层次高等职业教育试点大学"进行理论和运行监测研究。

在撰写本书的过程中，我们力求做到全面、深入和客观，但仍不可避免地遇到了一些限制和困难，也存在一些不足之处。尽管我们尽力收集了相关数据和资料，但部分职业本科大学的信息公开程度有限，导致我们无法获取到更详细和全面的数据。这使得我们在进行实证分析和比较研究时受到了一定的制约，可能影响了研究的精确性和深度。本书的研究范围主要集中在首批 15 所职业本科试点大学，而未能涵盖所有职业本科教育机构。因此，我们的结论可能无法完全代表职业本科教育的全貌，这一点需要读者在阅读时予以注意。本书在研究方法上主要采用了文本分析、案例分析等定性研究方法，而相对缺乏大规模的定量研究和统计分析。未来，我们将努力引入更多元化的研究方法，以提高研究的科学性和准确性。我们需要承认，在探讨职业本科教育高质量发展的支撑体系时，我们的分析可能还不够深入和全面。职业本科教育的发展受到多种因素的影响，包括政策环境、社会需求、教育资源等，这些因素之间的相互作用和影响机制需要进一步地深入研究。

在本书的撰写过程中，我得到了许多人的帮助和支持。我要感谢我的导师陈鹏教授和师兄祁占勇教授，他们的引导和支持对我进入职业教育研究领域起到了关键的作用。同时，我也要感谢我的研究生团队，他们在数据收集、资料整理等方面给予了我极大的帮助。他们的辛勤工作和无私奉献是本书得以顺利完成的重要因素。此外，我还要感谢那些为我提供资料和数据的职业本科大学，以及给予我宝贵建议和指导的专家学者。特别是我的硕士研究生李慧心、郭霞、周诺、张美玲、连雨、文若茜等同学勤奋学习，为本书提供了基础性的研究，谢谢你们。

回顾整个研究和写作过程，我深感这是一个不断学习和探索的旅程。我希望通过本书为职业本科教育的高质量发展贡献一份力量，并为后续的研究者提供一些有益的参考和启示。不足之处，请不吝指正。

2024 年 11 月

图书在版编目（CIP）数据

职业本科大学高质量发展研究 / 冯东著 . --北京：
社会科学文献出版社，2024.11. --ISBN 978-7-5228
-4412-1

Ⅰ. G649.21

中国国家版本馆 CIP 数据核字第 202476XW36 号

职业本科大学高质量发展研究

著　　者 / 冯　东

出 版 人 / 冀祥德
组稿编辑 / 吴　敏
责任编辑 / 侯曦轩　王　展
责任印制 / 王京美

出　　　版 / 社会科学文献出版社·皮书分社（010）59367127
　　　　　　地址：北京市北三环中路甲 29 号院华龙大厦　邮编：100029
　　　　　　网址：www.ssap.com.cn
发　　　行 / 社会科学文献出版社（010）59367028
印　　　装 / 三河市龙林印务有限公司

规　　　格 / 开　本：787mm×1092mm　1/16
　　　　　　印　张：20.25　字　数：310 千字
版　　　次 / 2024 年 11 月第 1 版　2024 年 11 月第 1 次印刷
书　　　号 / ISBN 978-7-5228-4412-1
定　　　价 / 89.00 元

读者服务电话：4008918866